Klaus-Henner Riebeling

Eigenkapitalbeteiligungen an projektfinanzierten PPP-Projekten im deutschen Hochbau

GABLER EDITION WISSENSCHAFT

Baubetriebswirtschaftslehre und Infrastrukturmanagement

Herausgegeben von Professor Dr.-Ing. Dipl.-Kfm. Dieter Jacob
Technische Universität Bergakademie Freiberg

Für internationales Zusammenwachsen und Wohlstand spielt gutes Infrastrukturmanagement eine zentrale Rolle. Erkenntnisse der baubetriebswirtschaftlichen Forschung können hierzu wichtige Beiträge leisten, die diese Schriftenreihe einem breiteren Publikum zugänglich machen will.

Klaus-Henner Riebeling

Eigenkapitalbeteiligungen an projektfinanzierten PPP-Projekten im deutschen Hochbau

Perspektive von Finanzintermediären

Mit einem Geleitwort von
Prof. Dr.-Ing. Dipl.-Kfm. Dieter Jacob

GABLER EDITION WISSENSCHAFT

Bibliografische Information der Deutschen Nationalbibliothek
Die Deutsche Nationalbibliothek verzeichnet diese Publikation in der Deutschen Nationalbibliografie; detaillierte bibliografische Daten sind im Internet über <http://dnb.d-nb.de> abrufbar.

Dissertation TU Bergakademie Freiberg, 2008

1. Auflage 2009

Lektorat: Frauke Schindler / Stefanie Loyal

Gabler ist Teil der Fachverlagsgruppe Springer Science+Business Media.
www.gabler.de

Umschlaggestaltung: Regine Zimmer, Dipl.-Designerin, Frankfurt/Main
Gedruckt auf säurefreiem und chlorfrei gebleichtem Papier

ISBN 978-3-8349-1601-3

Geleitwort

Es besteht in Deutschland die klare politische Zielsetzung, die PPP-Quote signifikant zu erhöhen. Gleichzeitig ist aufgrund des steigenden Marktvolumens bei PPP und dem begrenzten Eigenkapital der Sponsoren eine zunehmende Eigenkapitalfinanzierungslücke bei projektfinanzierten PPP-Projekten zu konstatieren. Denn die Projekt(fremd)finanzierung ist risikoadäquat durch Eigenkapital zu ergänzen.

Bei Fremdfinanzierung hat man sich an Begriffe wie Arranger, Packager, Syndizierer als Finanzintermediäre zu den eigentlichen risikotragenden Fremdkapitalgebern längst gewöhnt. Im Bereich des institutionalisierten Eigenkapitals sind Intermediäre aber mindestens genau so wichtig, wenn auch weitgehend noch unbekannt.

Dieser bisher wissenschaftlich stiefmütterlich behandelte Eigenkapital-Finanzintermediär steht im Mittelpunkt der Erkenntnisgewinnung. Es wird schwerpunktmäßig die Schnittstelle zwischen Finanzintermediär, Bieter-Konsortium und der öffentlichen Hand als potentiellem PPP-Kunden wissenschaftlich untersucht. Nicht im Fokus steht dagegen die Refinanzierung mit Portfolioeffekten und Projektbündelungen bzw. die Schnittstelle zwischen Finanzintermediär und eigentlichem Kapitalanleger.

Die Bedeutung des Finanzintermediärs für ein erfolgreiches PPP-Projekt wird sichtbar. Es wird durch die anschließende empirische Untersuchung deutlich, dass es sich um „Bahavioral Finance“ handelt, also subjektive Aspekte und individuelle Marktentwicklungen eine wichtige Rolle spielen.

Es ist dem Doktoranden erfolgreich gelungen, den Investitionszyklus beim Eigenkapital in die drei Teilschritte Investition, Monitoring und Exit zu modellieren. Die Analyse des Leistungsspektrums von Finanzintermediären des Primärmarktes kommt zu folgenden theoretischen Erkenntnissen:

- Finanzintermediäre müssen konzeptionelle Leistungen vor Zuschlagserteilung in PPP-Verfahren erbringen, die fachlich hohe Ansprüche stellen, nicht unerhebliche Kosten verursachen und die Wettbewerbsfähigkeit des Bieterkonsortiums entscheidend prägen.
- Der Investitionsprozess ist an das PPP-Vergabeverfahren anzupassen.

- Das spätere Monitoring konzentriert sich auf das Risikomanagement, weil Einflussmöglichkeiten auf das Unternehmensmanagement und die Projektstruktur nur vergleichsweise schwach ausgeprägt sein können.
- Das Bestehen eines Sekundärmarktes für Eigenkapitalbeteiligungen ist essentiell, um Finanzintermediären und –investoren des Primärmarktes nach den risikobehafteten ersten Lebenszyklusphasen durch einen Exit die vorzeitige Realisierung von Wertsteigerungen zu ermöglichen und für risikoaverse Finanzinvestoren neue Anlagemöglichkeiten am Sekundärmarkt zu schaffen. Die Preisfindung auf dem Primärmarkt ist die zentrale Einflußgröße auf die Rendite der Primär- und Sekundärmarktinvestoren. Die größte Wertschöpfung findet in der stark risikotragenden Planungs- und Bauphase sowie in der frühen Betriebsphase statt; sie konkretisiert sich über Wertsteigerungen durch die erfolgreiche Inbetriebnahme in einem funktionsfähigen Gebäude sowie die dadurch ausgelösten laufenden sicheren Entgeltzahlungen der öffentlichen Hand.

Die empirische Studie bestätigt die theoretische Modellbildung zum Beteiligungsprozess und schärft sie dahingehend, dass für die Investition das Cash-Flow-Risikoprofil das wichtigste Einflusskriterium darstellt und eine projektspezifische Betrachtung deshalb jeweils unumgänglich ist.

Es wird festgestellt, dass Primärmarktengagements für diejenigen risikosuchenden Finanzintermediäre lukrativ sind, die über ein umfassendes fachliches Know-How verfügen und in der Lage sind, die erforderlichen konzeptionellen Leistungen, die Verhandlungen mit der ausschreibenden Stelle sowie das Risikomanagement personell qualifiziert zu erbringen. Sekundärmarktengagements eignen sich für risikoaverse Finanzintermediäre, die ausschließlich geringfügige Betreuungsleistungen erbringen und sich an langfristig stabilen Cash Flows orientieren.

Neben dem theoretischen Teil enthält die Arbeit auch einen äußerst wertvollen empirischen Teil mit einer Rücklaufquote bei der strukturierten Befragung von rund 35%. Diese Quote ist höchst ungewöhnlich und zeigt, wie der Doktorand den „Nerv" bei dem Thema getroffen hat.

Die Erkenntnisse aus der Arbeit werden den weiteren Gesetzgebungsprozess bei PPP maßgeblich beeinflussen. Hier ist insbesondere an das Investmentgesetz und den Vergabeprozess bei PPP zu denken. Es wird auch deutlich, warum manche Eigenkapital-Finanzintermediäre sehr erfolgreich agieren und andere gar nicht ins Laufen kommen. Dem Aufbau eines funktionierenden Sekundärmarktes sollte noch größere Aufmerksamkeit geschenkt werden, weil hier die Brücke zum eigentlichen großen Kapitalmarkt in der Refinanzierung läge.

Mein besonderer Dank gilt meiner früheren Fakultätskollegin Ursula Walther, jetzt Frankfurt School of Finance & Management, für wertvolle Impulse bei der Untersuchungsmethodik und für die engagierte Mitbetreuung.

Der Arbeit ist ein möglichst großer Verbreitungskreis bei allen PPP-Fachleuten zu wünschen.

Prof. Dr. Dieter Jacob

Vorwort

Public Private Partnership (PPP) gewinnt bei der Realisierung öffentlicher Aufträge im öffentlichen Hochbau in Deutschland zunehmend an Bedeutung. Auch wenn in diesem Bereich die Finanzierungsform der Forfaitierung mit Einredeverzicht weit verbreitet ist, sind Projektfinanzierungen, insbesondere vor dem Hintergrund der Risikoallokation zwischen den Projektbeteiligten und hoher Projektvolumen, von elementarer Bedeutung für den PPP-Markt.

Bei projektfinanzierten PPP-Vorhaben sind zur Besicherung des Projektes und der Finanzierung Eigenkapitaleinlagen in die Projektgesellschaft notwendig. In der deutschen PPP-Praxis werden Beteiligungen an Projektgesellschaften zur Stellung des notwendigen Eigenkapitals bisher in erster Linie durch die operativen Projektbeteiligten, wie Baukonzerne, gestellt. Mit steigendem (Eigenkapital-)Finanzierungsvolumen und der Integration des Mittelstandes sind allerdings zusätzliche Eigenkapitalgeber notwendig – die in der Arbeit im Fokus stehenden Finanzintermediäre.

In der Fachliteratur ist die Thematik der Eigenkapitalfinanzierung von PPP-Projekten nur rudimentär behandelt und die praktische Umsetzung von Eigenkapitalbeteiligungen durch Finanzintermediäre, wie Leasinggesellschaften, befindet sich in Deutschland in einer Entwicklungsphase.

Die vorliegende explorative Studie erfasst, strukturiert und analysiert Eigenkapitalbeteiligungen an projektfinanzierten PPP-Projekten im deutschen Hochbau anhand des Private Equity Cycles. Es werden eine theoretische und darauf basierend eine empirische Untersuchung des Themenkomplexes durchgeführt. Zur differenzierten Betrachtung von komplexen PPP-Vorhaben erfolgt dabei eine Untergliederung in den Lebenszyklus von PPP-Projekten.

In den Ergebnissen der Studie schlagen sich neben theoretisch abgeleiteten Überlegungen zum einen die Erfahrungen des Autors bei der Umsetzung und Konzeption von PPP-Vorhaben sowie zum anderen die Erfahrungen und Einschätzungen einer Vielzahl ausgewählter Teilnehmer der empirischen Untersuchung nieder.

Das Buch wendet sich zum einen an Praktiker im Bereich PPP und Finanzierung sowie die öffentliche Hand. Zu den Praktikern im Bereich PPP sind sowohl finanzierende Unternehmen, wie Banken, Investment- und Leasinggesellschaften, beratende Unternehmen, als auch operativ tätige Unternehmen, wie Bauunternehmen und Betreibergesellschaften, zu zählen. Die öffentliche Hand umfasst insbesondere Bund, Länder und Kommunen, die als Abnehmer bzw. Auftraggeber bei PPP-Vorhaben auftreten.

Zum anderen soll das Buch der Forschung und Entwicklung im Bereich PPP dienen. Durch den explorativen Charakter der Arbeit sollen insbesondere die Grundlagen für künftige Forschungsprojekte im komplexen Bereich der Eigenkapitalfinanzierung bei PPP-Vorhaben geschaffen werden. Darüber hinaus können die Erkenntnisse der vorliegenden Arbeit Impulse für die Strukturierung und Konzeption von PPP-Vorhaben und die Verbesserung des PPP-Prozesses liefern.

Mein besonderer Dank gilt Herrn Prof. Dr. Dieter Jacob und Frau Prof. Dr. Ursula Walther, die mich in der Zeit meiner Promotion hervorragend bei der Konzeption der Forschungsarbeit und der Durchführung der empirischen Untersuchung unterstützt haben, sowie den zahlreichen freiwilligen Teilnehmern der empirischen Untersuchung, ohne welche die Erkenntnisse der vorliegenden Arbeit nicht generiert hätten werden können. Darüber hinaus möchte ich meiner Familie und meiner Freundin Tanja für Unterstützung in der Zeit der Anfertigung der Arbeit danken.

Klaus-Henner Riebeling

Inhaltsverzeichnis

Abbildungsverzeichnis

Tabellenverzeichnis

Abkürzungsverzeichnis

AN	Auftragnehmer
AG	Aktiengesellschaft
AktG	Aktiengesetz
APV	Adjusted Present Value
BHO	Bundeshaushaltsordnung
BMVBW	Bundesministerium für Verkehr, Bau und Wohnungswesen
BPS	Basispunkte
BVK	Bundesverband deutscher Kapitalbeteiligungsgesellschaften – German Private Equity and Venture Capital Association e. V.
DCF	Discounted Cash Flow
DD	Due Diligence
D. h.	Das heißt
DIfU	Deutsches Institut für Urbanistik
DSCR	Debt Service Coverage Ratio
EK	Eigenkapital
EURIBOR	European Interbank Offered Rate
EVCA	European Venture Capital Association
FI	Finanzintermediäre
FK	Fremdkapital
GO	Gemeindeordnung
Hrsg.	Herausgeber
I. d. R.	In der Regel
ICR	Interest Coverage Ratio
InvG	Investmentgesetz
IPO	Initial Public Offering
IRB	Internal Ratings Based
IRR	Internal Rate of Return
ISV	Immobiliensondervermögen
JVA	Justizvollzugsanstalt
KAG	Kapitalanlagegesellschaft

KMU	Kleine und mittelständische Unternehmen
LLCR	Loan Life Coverage Ratio
NPV	Net Present Value
NRW	Nordrhein-Westfalen
O. A.	Ohne Angaben
O. E.	Ohne Erscheinungsort
ÖH	Öffentliche Hand
O. V.	Ohne Verfasser
ÖPP	Öffentlich Private Partnerschaft
PDG	Partnerschaften Deutschland Gesellschaft
PFI	Private Finance Initiative
PLCR	Project Life Cover Ratio
PPP	Public Private Partnership
PSC	Public Sector Comperator
PUK	PartnershipsUK
PWC	PricewaterhouseCoopers
REIT	Real Estate Investment Trust
Sog.	So genannt
SPV	Special Purpose Vehicle
T	Zeit
U. U.	Unter Umständen
WACC	Weighted Average Capital Costs

1 Einleitung

1.1 Ausgangssituation und Problemstellung

In Anbetracht der angespannten Haushaltslage von Bund, Ländern und Kommunen sowie eines bestehenden Investitionsstaus ist die öffentliche Hand dazu angehalten, im Rahmen der Erfüllung ihrer gesetzlichen und verfassungsrechtlichen Aufgaben neue Wege zu gehen.[1]

Public Private Partnership (PPP), oder Öffentlich Private Partnerschaft (ÖPP), stellt eine Beschaffungsalternative zur konventionellen Eigenrealisierung dar, bei der private Partner in die Projektierung und Erstellung öffentlicher Bauvorhaben integriert werden. Das zentrale Motiv für PPP ist die Erwartung von Effizienzgewinnen bei Bau und Bewirtschaftung der Gebäude und eine daraus resultierende Entlastung der öffentlichen Haushalte.[2]

PPP wird in Deutschland voraussichtlich stark an Bedeutung gewinnen. Gemäß Wolfgang Tiefensee, Minister für Verkehr, Bau und Stadtentwicklung, besteht eine klare politische Zielsetzung, die PPP-Quote in Deutschland deutlich zu erhöhen.[3]

Die PPP-typische, privatwirtschaftliche Abdeckung des gesamten Lebenszyklus und insbesondere die Erbringung von langfristigen Finanzierungsleistungen bei öffentlichen Aufträgen stellen sowohl die operativen Projektbeteiligten, wie Bauunternehmen und Betreiber, Banken als auch die öffentlichen Auftraggeber vor neue Herausforderungen. Im Rahmen der Finanzierung spielt das Aufbringen des erforderlichen Eigenkapitals als Grundalge für den Risikotransfer bei Projektfinanzierungen eine zentrale Rolle.

Die langfristigen Eigenkapitalanforderungen der Vorhaben übersteigen teilweise die eingeschränkten Finanzierungsmöglichkeiten von Industriellen Sponsoren, wie Bauunternehmen, und die langfristige Beteiligung an PPP-Projekten entspricht nur teilweise der unternehmerischen Zielsetzung. Aufgrund der ein-

---

1 Vgl. Littwin (2006), S. 1.
2 Siehe dazu weiterführend Jacob, Kochendörfer (2002).
3 Vgl. u.a. Die Deutsche Bauindustrie (2006), Scherer-Leydecker (2008).

geschränkten Finanzierungsmöglichkeiten und –interessen Industrieller Sponsoren, des künftig voraussichtlich steigenden Marktvolumens und der langfristigen Ausrichtung von PPP-Konzeptionen ist eine Eigenkapitalfinanzierungslücke bei projektfinanzierten PPP-Projekten zu erwarten.

Zur Schließung dieser Finanzierungslücke kommt vornehmlich die Integration von spezialisierten Finanzintermediären in Betracht. In der aktuellen Entwicklungsphase des deutschen PPP-Marktes sind derartige Eigenkapitalbeteiligungen[4] mangels der Transparenz der operativen Projektbeteiligten und der öffentlichen Hand hinsichtlich der Leistungen und Anforderungen von Finanzintermediären bei Eigenkapitalbeteiligungen problembehaftet. Zudem stellen Beteiligungen an PPP-Projekten Neuerungen für Finanzintermediäre dar. Aufgrund dieser Rahmenbedingungen ist die Gestaltung der Verfahrensabläufe und Finanzierungslösungen erschwert. Ineffizienz bei der Projektvergabe und –umsetzung sowie negative Effekte auf den gesamten PPP-Markt können die Folge sein. Aus wissenschaftlicher Sicht sind zwar die Themenbereiche Eigenkapitalbeteiligungen, Projektfinanzierung und PPP, jeweils separat betrachtet, gut untersucht.[5] Jedoch resultieren aus der spezifischen Konstellation von PPP besondere Anforderungen, die eine Übertragung bekannter Finanzierungslösungen nur in angepasster Form erlauben.

1.2 Ausgewählte Definitionen

Nachfolgend werden ausgewählte Begriffe als Grundlage für die weitere Vorgehensweise definiert.

1.2.1 Public Private Partnership

Im Nachfolgenden soll PPP langfristige, vertraglich geregelte partnerschaftliche Zusammenarbeiten zwischen dem privaten Sektor und der öffentlichen Hand mit der Zielsetzung der Generierung von Effizienzvorteilen bezeichnen. PPP dient als Beschaffungsvariante zur sparsamen und wirtschaftlichen Realisierung öffentlicher Aufgaben.[6] Durch die Berücksichtigung des gesamten

4 Die Begriffe Eigenkapitalbeteiligung und Beteiligung werden synonym verwendet.
5 Siehe dazu weiterführend Kapitel 1.4.
6 Grundsätze der Wirtschaftlichkeit und Sparsamkeit. Vgl. u.a. § 7 BHO.

Lebenszyklus[7] sollen zum einen eine Kostentransparenz auf Seiten der öffentlichen Hand geschaffen und zum anderen ökonomische Vorteile bei der Umsetzung öffentlicher Aufgaben generiert werden.[8,9] Die Vertragslaufzeit von PPP-Projekten in Deutschland liegt in der Regel zwischen 15 und 30 Jahren.[10]

1.2.2 Projektfinanzierung

In der Fachliteratur findet sich eine Vielzahl verschiedener Begriffsbestimmungen für Projektfinanzierungen.[11] Die Grundlage von Projektfinanzierungen bildet die Rückzahlung des Kapitaldienstes durch die Cash Flows, die von dem Projekt erzeugt werden.[12] Die Besicherung der Finanzierung erfolgt in der Regel ausschließlich durch das Projekt. Zur Umsetzung wird in der Regel eine Projektgesellschaft gegründet. Die finanzierende Bank hat keine[13] oder nur eingeschränkte Rückgriffsmöglichkeiten[14] auf die Projektsponsoren.[15]

1.2.3 Finanzintermediäre

Die zentrale Aufgabe von Finanzsystemen besteht aus der optimalen Verteilung von Kapital und Risiken.[16] Risiken sollen auf den Marktteilnehmer übertragen werden, der diese am besten steuern kann und bereit ist, diese zu übernehmen. Kapital soll produktiv von Kapitalgebern an Kapitalnehmer weitergeleitet werden.[17] In Abweichung zur neoklassischen Theorie mit vollkom-

---

7 Der Lebenszyklus umfasst die Leistungen Planung, Bau, Betrieb, Finanzierung und optionale Verwertung. Für den weiteren Verlauf der Arbeit werden ausschließlich Modelle, die den gesamten Lebenszyklus privatwirtschaftlich abdecken als PPP-Modelle betrachtet.

8 Vgl. Finanzministerium des Landes NRW (2007-2), S. 0.

9 In der Praxis werden häufig auch Modelle, die nur Teile des Lebenszyklus umfassen, als PPP-Modelle gewertet.

10 Vgl. BMVBW (2003-1), S. 41.

11 Vgl. u.a. Esty (2004), S. 24ff., Yescombe (2002), S. 5ff., Tinsley (2000), S. 1f., Röver et al. (2007), S. 941ff.

12 Betrachtet wird dabei in der Regel der operative Free Cash Flow, der aus Bankensicht zur zuverlässigen Bedienung des Kredites verfügbar ist. Vgl. Mittendorfer (2001), S. 166.

13 Sog. Non-Recourse Financing.

14 Sog. Limited Recourse Financing.

15 Vgl. Röver (2001), S. 157.

16 Vgl. Polster (2007), S. 7f.

17 Vgl. Trauten (2008), S. 5.

menen Märkten ist in der Realität zur Unterstützung der Finanzmärkte[18] und zur Bereitstellung von Finanzprodukten und –dienstleistungen die Integration weiterer Institutionen notwendig,[19] so genannter Finanzintermediäre. Finanzintermediäre agieren beispielsweise als Mittler zwischen Kapitalangebot und Kapitalnachfrage. Sie ermöglichen Beteiligungen, sammeln Kapital von Kapitalgebern ein und stellen dieses Kapitalnehmern zur Verfügung[20].[21]Als Finanzintermediäre treten beispielsweise Banken, Versicherungen, Fondsgesellschaften, Investmentbanken und Venture Capital Gesellschaften auf.[22]

Nachfolgend werden als Finanzintermediäre Institutionen verstanden, die unter Verwendung von Investitionsvehikel das notwendige Eigenkapital für PPP-Projektgesellschaften stellen.[23]

Bei der Betrachtung von Finanzintermediären besteht häufig eine Verwirrung bezüglich des Investitionsvehikels und der arrangierenden Gesellschaft, die dieses konzipiert bzw. auflegt. Die arrangierende Gesellschaft kann mehrere verschiedenartige Investitionsvehikel auflegen. Das Investitionsvehikel ist eine Einheit, die Kapitel von Kapitalgebern einsammelt und dieses an Kapitalnehmer weiterreicht.[24]

1.2.4 Risiko, Rendite und Finanzierung

Risiko entspricht der Unsicherheit bezüglich künftiger Ereignisse. Die Unsicherheit kann sich positiv als Chance oder negativ als Gefahr auswirken.[25,26] Nachfolgend bezeichnen Risiken Unsicherheiten, die die Entwicklung von Pro-

---

18 Finanzmärkte müssen die folgenden Funktionen erfüllen: Koordinationsfunktion, Allokationsfunktion, Transformationsfunktion. Vgl. Hartmann-Wendels, Pfingster, Weber (2007), S. 4f.

19 Vgl. Bodie, Merton (2003), S. 50.

20 Durch die Konzeption von Investitionsvehikel. Siehe dazu u.a. Scholtens, van Wensveen (2000), S. 1249.

21 Vgl. Hartmann-Wendels, Pfingster, Weber (2007), S. 110.

22 Vgl. Bodie, Merton (2003), S. 50ff.

23 Das notwendige Eigenkapital sammeln Finanzintermediäre entweder vor der Investition, sog. „blind pool", oder nach der Zuschlagserteilung, beispielsweise unter zwischenzeitlicher Verwendung von Platzierungsgarantien oder eigenem Kapital, ein. Eine weiterführende Differenzierung erfolgt in der vorliegenden Arbeit nicht.

24 Vgl. Lyonnet du Moutier (2006), S. 198f.

25 Vgl. Miksch (2007), S. 35.

26 Meistens wird Risiko nur als die Möglichkeit einer negativen Auswirkung betrachtet.

jekten nachhaltig beeinflussen und die Umsetzung der Projektziele gefährden können. Die von Kapitalgebern erwartete Rendite steht in direkter Korrelation zum eingegangenen Risiko.[27] Es kann unterstellt werden, dass mit steigenden Risiken die geforderte Rendite steigt.[28]

Ein zentrales Element der Cash Flow-basierenden Projektfinanzierungen ist die Risikoallokation zwischen den Projektbeteiligten. Die Risikoallokation bildet die Grundlage für die Finanzierbarkeit und die Ausgestaltung von Projektfinanzierungen. Die hohe Bedeutung der Risiken ergibt sich aus deren Einflusspotentialen auf das finanzierte Projekt bzw. die generierten Cash Flows und damit einhergehend ergeben sich Auswirkungen auf das Risiko-Rendite-Profil aller Kapitalgeber.[29]

1.3 Zielsetzung und spezifische Problemsicht

Die Zielsetzung der vorliegenden Arbeit besteht aus der Analyse des PPP-spezifischen Beteiligungsprozesses von Finanzintermediären auf Basis einer fundierten Betrachtung von PPP-Vorhaben. Der Beteiligungsprozess von Finanzintermediären wird erfasst, strukturiert und analysiert. Zudem wird die zentrale Rolle der konzeptionellen Leistungen vor der Zuschlagserteilung herausgearbeitet. Aus Perspektive von Finanzintermediären können die mit PPP-Verfahren einhergehenden Anforderungen an bzw. Auswirkungen auf den Beteiligungsprozess und die konzeptionellen Leistungen spezifiziert sowie kritische Bereiche im Rahmen der Leistungserbringung identifiziert werden. Auf diesen Grundlagen können Eigenkapitalbeteiligungen an PPP-Projekten aus der Perspektive der verschiedenen Projektbeteiligten analysiert werden. Darauf basierend können weitere Effizienzpotentiale aufgezeigt und Handlungsempfehlungen für die Ausgestaltung und Umsetzung von PPP-Projekten abgeleitet werden.

---

27 Vgl. Eppinger, Käsewieter, Miksch (2005), S. 6.
28 Siehe dazu weiterführend Kapitel 2.1.1.
29 Vgl. Lyonnet du Moutier (2006), S. 82ff.

Der Fokus der vorliegenden Arbeit gilt projektfinanzierten PPP-Projekten. Projektfinanzierungen ermöglichen durch ihren Cash Flow-Bezug und die Sicherungsansprüche der finanzierenden Bank bei der Gestaltung der Finanzierung eine wirtschaftliche Risikoallokation über den gesamten Lebenszyklus. Die alternativ in der Praxis angewendeten Forfaitierungsmodelle mit Einredeverzichtserklärung durch die öffentliche Hand, in denen keine langfristige Besicherung durch Eigenkapitaleinlagen erfolgt und dadurch die Grundlage für eine optimale Risikoallokation teilweise entfällt, werden nicht betrachtet.

Die vorliegende Arbeit beschränkt sich auf die Betrachtung von PPP-Modellen im deutschen Hochbau. Die Einschränkung auf den Hochbau erfolgt, weil dort die PPP-Entwicklung vergleichsweise[30] weit fortgeschritten ist und ein Anstieg des Marktvolumens zu erwarten ist. Folglich werden Lösungen zur Schließung der Eigenkapitalfinanzierungslücke benötigt.

Zur Schließung der dargestellten Finanzierungslücke sollen Eigenkapitalbeteiligungen untersucht werden. Es ist zwischen Eigenkapitalbeteiligungen an börsennotierten und nicht-börsennotierten Unternehmen zu unterscheiden. Eigenkapitalbeteiligungen an nicht-börsennotierten Unternehmen werden als Private Equity bezeichnet. Public Equity bezeichnet die Eigenkapitalbeteiligung an börsennotierten Unternehmen.[31] Der Untersuchungsgegenstand der Arbeit umfasst direkte Beteiligungen an nicht-börsennotierten Unternehmen.[32]

Vor dem Hintergrund der erwarteten Finanzierungslücke sind in der aktuellen Entwicklungsphase des deutschen PPP-Marktes grundlegend der Beteiligungsprozess und konzeptionelle Leistungen vor der Zuschlagserteilung von Bedeutung und Untersuchungsgegenstand der Arbeit.

---

30 Beispielsweise im Vergleich zum Bereich Verkehrsinfrastruktur.

31 Vgl. o. V. (2007-1).

32 Diese sind in der aktuellen Entwicklungsphase des deutschen PPP-Marktes von zentraler Bedeutung. Beteiligungen an börsennotierten PPP-Projektgesellschaften sind vergleichsweise unbedeutend.

Die weiterführende Analyse der Refinanzierung von Finanzintermediären wird basierend auf den Ergebnissen der vorliegenden Arbeit ermöglicht. Bei einer solchen Betrachtung sollte auch die Analyse der Notwendigkeit[33] von Finanzintermediären erfolgen, die die Perspektive von Anlegern berücksichtigt.

1.4 Stand der Forschung und Forschungsmethodik

Die Thematik der Eigenkapitalfinanzierung bei PPP-Projekten in Deutschland besitzt, wie unter anderem aus den Bestrebungen des Gesetzgebers zu erkennen,[34] hohe Brisanz. Die Fachliteratur zu diesem Thema erscheint lückenhaft. Insbesondere Forschungsarbeiten, die Eigenkapitalbeteiligungen und den Beteiligungsprozess unter Berücksichtigung PPP-spezifischer Kriterien evaluieren, bestehen nicht im notwendigen Umfang.

Die Thematik Risikomanagement für PPP-Projekte wurde im deutschsprachigen Raum erstmals von Elbing in der Dissertationsschrift mit dem Titel „Risikomanagement für PPP-Projekte" behandelt.[35] Zu Eigenkapitalbeteiligungen erschien bisher ein von Boll verfasstes exploratives Werk. Die Zielsetzung der im Jahr 2007 erschienenen Dissertationsschrift mit dem Titel „Investitionen in Public Private Partnership-Projekte" besteht in der Entwicklung eines Beteiligungsmodells für PPP-Projekte. Der Fokus der Arbeit liegt dabei auf der Betrachtung deutscher Investitionsvehikel sowie der Analyse der Risiken.[36] Neben dem genannten Buch erschienen einige kurze Fachbeiträge, z. B. der von Braune mit dem allgemeinen Titel „Finanzierung", in dem von Littwin und Schöne herausgegebenen Sammelwerk „Public Private Partnership im öffentlichen Hochbau"[37] oder der von Weber, Moß und Bachhuber mit dem Titel „Anforderungen und Besonderheiten bei der Finanzierung von PPP-Projekten", in dem von Weber, Schäfer und Hausmann herausgegebenen Sammelwerk „Praxishandbuch Public Private Partnership"[38]. Bedingt durch den sehr be-

---

33 Siehe dazu weiterführend u.a. Allen, Santomero (1997), S. 1461, Hartmann-Wendels, Pfingsten, Weber (2007), S. 110, Scholtens, van Wensveen (2000), S. 1247.

34 U.a. die Novellierung des Investmentgesetzes. Siehe dazu Kapital 2.1.5.2.

35 Vgl. Elbing (2006).

36 Vgl. Boll (2007).

37 Vgl. Braune (2006), S. 263ff.

38 Vgl. Weber, Moß, Bachhuber (2006), S.599ff.

grenzten Umfang der Kurzbeiträge kann keine umfassende Analyse der komplexen Themenstellung erfolgen. Auch in der englischen Fachliteratur finden sich vereinzelt relevante Beiträge. Gegenstand dieser Werke sind in der Regel Risiken und Investitionen in PFI-Projekte in Großbritannien. Die Anwendbarkeit der Ergebnisse ist, bedingt durch abweichende Rahmenbedingungen und PFI-Standards bzw. –Entwicklungen, nur eingeschränkt möglich.

Separat betrachtet erscheinen die Themenbereiche Projektfinanzierung[39], PPP[40] und Beteiligungskapital[41] bzw. Finanzintermediation umfassend behandelt.[42] Gegenstand der vorliegenden Arbeit ist nicht, den Forschungsstand der Einzelgebiete vertieft zu analysieren. Vielmehr erfolgt auf der Grundlage bestehender fundierter Forschungsarbeiten die Verbindung der drei Themenkomplexe. Dabei ist zu beachten, dass der vorrangige Untersuchungsfokus auf Eigenkapitalbeteiligungen an PPP-Projekten liegen soll. Die Fremdkapitalzuführung durch Projektfinanzierungen dient in erster Linie der Spezifikation der PPP-Projekte.

Bedingt durch den rudimentären Forschungsstand und den explorativen Charakter der vorliegenden Arbeit, kann die bestehende Forschungslücke nur durch eine empirisch qualitative Forschungsmethodik geschlossen werden. Sie wird in der Regel in Fachgebieten mit geringem Kenntnisstand mit dem Ziel der Generierung eines Tiefenverständnisses eines komplexen Realproblems eingesetzt.[43] Eigenkapitalbeteiligungen an PPP-Projekten erweisen sich, bedingt durch den interdisziplinären Ansatz in PPP-Konzeptionen und die Vielschichtigkeit des Beteiligungsprozesses von Finanzintermediären, als ein derart komplexes Realproblem. Zur Gewinnung eines Tiefenverständnisses werden einem ausgewählten Expertenkreises abgeleitete Forschungsfragen gestellt.

---

39 Siehe dazu u.a. Esty (2004), Tinsley (2000).

40 Siehe dazu u.a. Littwin (2006), BMVBW (2003-1-4).

41 Einen wissenschaftlich fundierten Überblick über den Forschungsstand zum Themenkomplex Private Equity gibt Pankotsch in seiner Dissertation. Vgl. Pankotsch (2005).

42 Aufgrund der interdisziplinären Beschaffenheit von PPP ist eine umfassende Behandlung der Thematik nur schwer umsetzbar.

43 Vgl. Albers, Klapper, Konradt, Walter, Wolf (2006), S. 7.

1.5 Vorgehensweise

Die vorliegende Arbeit ist in sechs Kapitel unterteilt. Im Anschluss an das einleitende erste Kapitel folgen zwei Grundlagenkapitel, die auf Literaturrecherchen basieren. Die Grundlagenkapitel sind aufgrund des verschiedene Themenkomplexe übergreifenden Untersuchungsgegenstandes der vorliegenden Arbeit umfangreich.

Das zweite Kapitel befasst sich mit der Thematik Investition und Finanzierung. Es werden die Themengebiete Eigenkapitalbeteiligungen durch Finanzintermediäre, Projektfinanzierung sowie Due Diligence im Allgemeinen erfasst. Der Abschnitt Eigenkapitalbeteiligungen durch Finanzintermediäre stellt die Struktur für die theoretische Analyse des Beteiligungsprozesses von Finanzintermediären. Der Beteiligungsprozess wird anhand der Teilschritte Investment[44], Monitoring[45] und Exit dargestellt.[46] Die Betrachtung der Projektfinanzierung dient der Spezifikation der durch die Finanzierung gestellten Rahmenbedingungen. Den Abschluss des Kapitels bildet die Betrachtung der sowohl für Eigen- als auch für Fremdkapitalgeber wichtigen Due Diligence als Grundlage für eine detaillierte Betrachtung des Prüfungsprozesses von Beteiligungen.

Das dritte Kapitel der Arbeit befasst sich mit der Thematik Public Private Partnership. Die Ausführungen bilden die Grundlage der theoretischen Analyse von PPP-spezifischen Eigenkapitalbeteiligungen. Zunächst werden die PPP-Entwicklung und die durch PPP gesetzten Rahmenbedingungen aufgezeigt. Im Anschluss geht die Arbeit gezielt auf die Projektstruktur und die Finanzierung projektfinanzierter PPP-Projekte ein. Den Abschluss des Kapitels bildet die Analyse der Risiken bei PPP-Projekten und der Hochbausegmente in denen PPP zur Anwendung kommt.

Im vierten Kapitel, Finanzintermediation und Eigenkapitalbeteiligungen bei projektfinanzierten PPP-Projekten, werden, basierend auf den vorhergehenden Grundlagenkapiteln, der detaillierten Darstellung von PPP-Vorhaben und den

---

[44] Die Begriffe Investment und Investition werden synonym verwendet.

[45] Die Begriffe Monitoring und Beteiligungsbetreuung werden synonym verwendet.

[46] Es handelt sich um die Teilschritte des in der Fachliteratur verbreiteten Private Equity Cycles. Siehe dazu u.a. Lerner, Hardymon, Leamon (2005).

praktischen Erfahrungen des Autors bei der Umsetzung und Konzeption von PPP-Modellen, als erster zentraler Bestandteil der Arbeit die theoretische Erfassung, Strukturierung und Analyse des Beteiligungsprozesses und der vor Zuschlagserteilung notwendigen konzeptionellen Leistungen durchgeführt. Die Erfassung und Strukturierung orientieren sich an dem Eigenkapitalbeteiligungsprozess von Finanzintermediären und dem typischen PPP-Vergabeverfahren. Basierend auf diesen Erkentnissen wird im Rahmen der Analyse im Detail auf die Anforderungen und Auswirkungen der Einzelbestandteile der Leistungen eingegangen und die Auswirkungen der PPP-spezifischen Kriterien auf den Eigenkapitalbeteiligungsprozess werden untersucht. Hieraus kann die Wertschöpfungskette der Finanzintermediäre abgeleitet werden. Als PPP-spezifische Kriterien werden unter anderem PPP-Vertragsmodelle, Hochbausegmente, Risiken und Lebenszyklusphasen berücksichtigt.

Im fünften Kapitel erfolgt als zweiter zentraler Bestandteil der vorliegenden Arbeit die ausführliche Beschreibung der durchgeführten empirischen Studie zum Eigenkapitalbeteiligungsprozess bei projektfinanzierten PPP-Projekten im deutschen Hochbau. Diese ermöglicht neben der Prüfung der theoretischen Erkenntnisse die weiterführende Untersuchung der Auswirkungen PPP-spezifischer Kriterien. Darauf basierend können die theoretischen und empirischen Ergebnisse gegenübergestellt, die Interpretation der Ergebnisse aus den Perspektiven der verschiedenen Projektbeteiligten durchgeführt und Handlungsempfehlungen für die effiziente Ausgestaltung und Umsetzung von PPP-Vorhaben abgeleitet werden.

Das abschließende sechste Kapitel fasst zusammen und gibt einen Ausblick.

Die qualitativen Befragungen zum Eigenkapitalbeteiligungsprozess wurden in mehreren Arbeitsschritten teilweise offen und teilweise standardisiert durchgeführt. Der erste Schritt umfasste die Entwicklung eines Interviewleitfadens. Die Grundlage des Leitfadens bildete die Fachliteratur zu den Themenbereichen PPP, Eigenkapitalbeteiligungen und Projektfinanzierungen sowie die Praxiserfahrungen des Autors bei der Umsetzung von PPP-Projekten. In einem zweiten Schritt wurde der Leitfaden mit Hilfe von vier offenen Experteninterviews auf dem 7. Europäischen Symposium PPP – Secondary Markets[47], Berlin, 10. Mai 2007, zu einem größtenteils standardisierten Fragebogen weiterentwickelt. Dieser bildete die Grundlage der empirischen Erhebung, welche im Rahmen der Arbeit in einem dritten Schritt durchgeführt wurde.

Die Vorgehensweise der Arbeit ist in der folgenden Abbildung dargestellt:

47 Siehe dazu Jacob, Stuhr (2008).

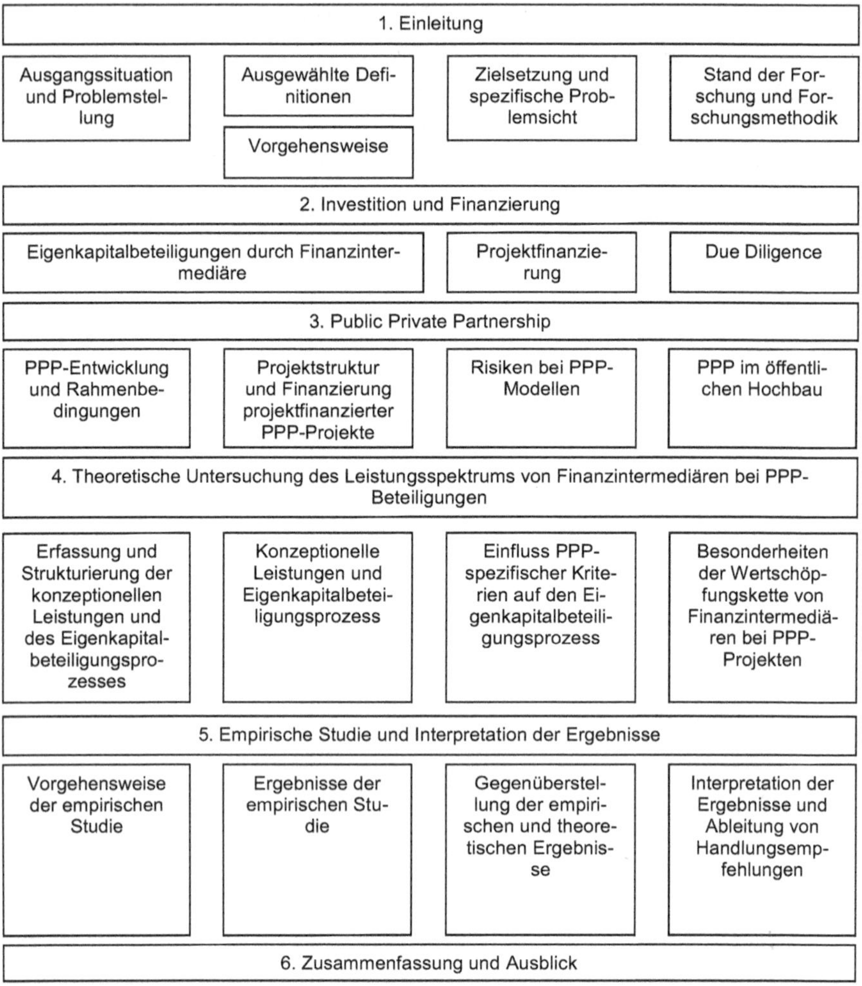

Abbildung 1: Vorgehensweise[48]

[48] Quelle: Eigene Darstellung.

2 Investition und Finanzierung

Das zweite Kapitel bildet das erste Grundlagenkapitel der vorliegenden Arbeit. Es sollen zum einen das Grundgerüst für die theoretische Untersuchung der Leistungen von Finanzintermediären geschaffen und zum anderen die durch die Projektfinanzierung gegebenen Rahmenbedingungen für die PPP-spezifische Betrachtung festgelegt werden. Ergänzend wird als Grundlage der detaillierten Betrachtung des Beteiligungsprozesses und der Finanzierung das sowohl für Eigen- als auch für Fremdkapitalgeber zur Informationsgewinnung wichtige Instrument der Due Diligence betrachtet.

2.1 Eigenkapitalbeteiligungen durch Finanzintermediäre

Zur Analyse der Leistungen von Finanzintermediären bei Eigenkapitalbeteiligungen an projektfinanzierten PPP-Vorhaben erfolgen in diesem Abschnitt zunächst die Abgrenzungen von verschiedenen Finanzierungsmitteln und von Industriellen Sponsoren und Finanzintermediären. Aufgrund der internationalen Kapitalmärkte erscheint eine ausschließliche Untersuchung deutscher Investitionsvehikel nur eingeschränkt aussagefähig zur Beurteilung von Eigenkapitalbeteiligungen. Vor diesem Hintergrund werden im Anschluss der Geschäftsprozess und der Beteiligungsprozess von Finanzintermediären bei Eigenkapitalbeteiligungen als Struktur für die späteren Untersuchungen betrachtet. In der Folge werden ausgewählte deutsche Investitionsvehikel dargestellt und untersucht, um deren Einsetzbarkeit bei PPP-Projekten zu evaluieren. Basierend auf diesen Darstellungen erfolgt die Ableitung von Investitionsdeterminanten für den weiteren Gang der Arbeit.

2.1.1 Finanzierungsmittel

Die betriebswirtschaftliche Entscheidung über die Kapitalstruktur einer Unternehmung und die damit einhergehende Wahl der Finanzierungsmittel sind wesentliche Aspekte der Finanzierung.

Bei der Gestaltung der Kapitalstruktur wird die Zielsetzung verfolgt, die Interessen der Kapitalgeber auszugleichen. Wichtige Ansatzpunkte bei der Analyse der Kapitalstruktur sind die risikoadäquate und kostenoptimale Kapitalausstattung.

Sie muss einerseits den Besicherungsansprüchen der finanzierenden Bank und andererseits der unternehmerischen Zielstrebung nach Gewinnmaximierung, die sich aus dem Zusammenspiel von Kosten, Erlösen und Risiken ergibt,[49] gerecht werden.[50]

Zur Definition und Abgrenzung der verschiedenen Finanzierungsmittel liefert die Fachliteratur[51] verschiedene Ansätze. Insbesondere für das externe Rechungswesen bestehen intensive Diskussionen.[52] Für die vorliegende Arbeit wird bedingt durch die hohe Relevanz ökonomischer Aspekte von Finanzierungsmitteln eine finanzwirtschaftliche Betrachtungsweise gewählt. Ein hoher Detaillierungsgrad bei der Betrachtung erscheint von nachrangiger Bedeutung. Die Betrachtung dient in erster Linie der Schaffung von Übersicht und Struktur und soll die Einordnung und Analyse verschiedener Kapitalgeber ermöglichen.[53] Als finanzwirtschaftliche Abgrenzungsmöglichkeiten zwischen Fremdkapital und Eigenkapital bestehen verschiedene Kriterien in der Finanzliteratur.[54] Die idealtypischen[55] Ausprägungen von Eigenkapital und Fremdkapital lassen sich wie folgt definieren:

---

49 Vgl. Von Boehm-Bezing (1998), S.37ff.

50 Eine weiterführende Analyse der Kapitalstruktur ist nicht Gegenstand der Arbeit. Siehe dazu unter anderem Noth (1996), Mittendorfer (2001).

51 Rechnungslegung, Finanzwirtschaft und Bankaufsichtsrecht.

52 Eine weiterführende Analyse von Eigen- und Fremdkapital für das externe Rechnungswesen erfolgt nicht.

53 Vgl. Knabe, Walther (2005), S. 2.

54 Siehe dazu u.a. Knabe, Walther (2005), Süchting (1995), Drukarczyk (2003-1), Walther (2008).

55 Die idealtypischen Ausprägungen entsprechen den Rändern im Finanzierungsspektrum, in dem auch viele Zwischenformen Platz finden. Vgl. Knabe, Walther (2005), S. 6.

Merkmal	Idealtypisches Eigenkapital	Idealtypisches Fremdkapital
Rechtsstellung	Gegenleistung ist nicht einklagbar	Gegenleistung ist einklagbar
Forderungsrechte	Erfolgsabhängige Vergütung, Quotenanteil	Nicht erfolgsabhängige Vergütung, Nominalanspruch
Zeitlicher Rahmen der Kapitalbereitstellung	Unbefristet	Befristet
Eingegangener Risikograd und Haftung	Tendenziell hoher Risikograd, unbegrenzte Haftung, haftungsverpflichtet	Tendenziell geringer Risikograd, keine Haftung, haftungsberechtigt
Mitwirkungs- und Kontrollrechte	Geschäftsführend, volle Information	Keinerlei Einfluss, außer im Insolvenzfall

Tabelle 1: Idealtypische Ausprägungen von Eigen- und Fremdkapital[56]

Vereinfacht dargestellt übernimmt das im Vergleich zum Fremdkapital nachrangige[57] Eigenkapital ein hohes Risiko und es gehen viele Rechte damit einher. Im Gegensatz dazu übernimmt das Fremdkapital geringe Risiken bei vergleichsweise wenigen Rechten.[58,59]

Die wesentlichen Funktionen des Eigenkapitals bilden die Finanzierungs-, die Risiko- und die Herrschaftsfunktion. Die mit der Bereitstellung von Kapital einhergehende Finanzierungsfunktion ermöglicht wirtschaftliches Handeln für die Unternehmung. Aus Sicht der Gläubiger ist der mit der Risikofunktion einhergehende Haftungs- und Garantiezweck ausschlaggebend. Erst nach dem Verzehr des Eigenkapitals ergeben sich im Insolvenzfall Konsequenzen für das Fremdkapital. Aus unternehmerischer Sicht bildet das Eigenkapital einen Risikopuffer, der auftretende Verluste absorbiert und die Existenz der Unternehmung erhält. Darüber hinaus hat das Eigenkapital eine Herrschaftsfunktion. Den Eigenkapitalgebern stehen aufgrund der Kapitalüberlassung bestimmte Rechte zu, beispielsweise Kontroll-, Informations- und Mitbestimmungsrechte. Zudem dient das Eigenkapital als Maßstab der Gewinnverteilung.[60] Als Eigenkapitalgeber können beispielsweise Industrielle Sponsoren und Finanzintermediäre auftreten.[61]

---

56 Quelle: Eigene Darstellung in Anlehnung an Knabe, Walther (2005), S. 6.
57 Im Insolvenzfall werden nachrangige Finanzierungsmittel zuletzt bedient.
58 Vgl. Knabe, Walther (2005), S. 5.
59 Vgl. Bodie, Merton (2003), S. 419.
60 Vgl. Noth (1996), S. 36ff.
61 Siehe dazu Kapitel 2.1.2.

Die wesentliche Funktion des Fremdkapitals besteht aus der Finanzierung, d. h. aus der Bereitstellung monetärer Mittel. Als Fremdkapitalquellen treten in der Regel Kreditinstitute auf.[62] Verschiedene Fremdkapitalfinanzierungsformen zeichnen sich durch unterschiedliche Arten der Besicherung aus. Als Besicherungen können beispielsweise klassische Sicherheiten wie Grundstücke und Sachwerte oder, wie bei Projektfinanzierungen, die künftigen Cash Flows eines Projektes dienen. Die Kosten für Fremdkapital umfassen eine Zinskomponente und häufig zusätzliche Kosten.[63]

Neben den klassischen Finanzierungsmitteln Eigenkapital und Fremdkapital bestehen Mischformen, so genanntes Mezzanine-Kapital.[64] Das Mezzanine-Kapital kann als eigenkapitalähnliches, nachrangiges Fremdkapital umschrieben werden.[65] Mezzanine-Kapital wird in der Regel befristet ohne Besicherung zur Verfügung gestellt. Es setzt sich aus einer jeweils variablen Eigenkapital- und Zinskomponente zusammen und ist eine flexible Finanzierungslösung, die sich zur Füllung von Finanzierungslücken[66] eignet. Die Zinskomponente wird in der Regel laufend erbracht, wohingegen die Eigenkapitalkomponente laufend oder endfällig entrichtet werden kann.[67] Neben der fixierten Vergütung erhebt der Mezzanine-Kapitalgeber eine erfolgsabhängige Vergütung, den „Equity Kicker". Dieser entspricht einer Partizipation am Unternehmenserfolg durch eine Kaufoption für Unternehmensanteile. Ergänzend werden in der Praxis teilweise „Zins Kicker" und zusätzliche Zinsmargen vereinbart.[68]

Die Betrachtung von Mezzanine-Kapital zur Finanzierung erscheint sinnvoll, wenn:

- Neben dem reinen Fremdkapital weitere Finanzmittel in Anspruch genommen werden sollen.

---

62 Alternativ kann der Kapitalmarkt als Kapitalquelle auftreten. Diese Option wird im Rahmen der vorliegenden Arbeit nicht weiter vertieft.

63 Beispielsweise Bereitstellungsgebühren.

64 Siehe dazu u.a. Jacob, Stuhr (2006), S. 59ff, Elkemann-Reusch, Zickenrott (2001).

65 Vgl. Willert (2006), S. 18.

66 Sog. Mezzanine Gap.

67 Vgl. Mittendorfer (2001), S. 170f.

68 Vgl. Stringfellow (2001), S. 119ff.

- Ausreichendes Cash Flow Potential vorhanden ist, um neben dem Kapitaldienst für das Fremdkapital weiteres Kapital aufzunehmen.
- Realisierbare Wertsteigerungspotentiale vorliegen, also Exitmöglichkeiten bestehen.
- Keine Verdünnung des Eigenkapitals stattfinden soll.[69]

Der wesentliche Vorteil von Mezzanine-Kapital ist zum einen, dass das wirtschaftliche Eigenkapital eines Unternehmens gestärkt und das Kapital ohne die Inanspruchnahme von Sicherheiten zur Verfügung gestellt wird. Zum anderen ermöglicht es die Steigerung der Eigenkapitalrendite durch einen zusätzlichen Hebel.[70]

Die Renditeforderungen der Kapitalgeber orientieren sich am eingegangenen Risiko. Vereinfachend kann die folgende Untergliederung bezüglich der Risiko-Rendite-Profile erfolgen:

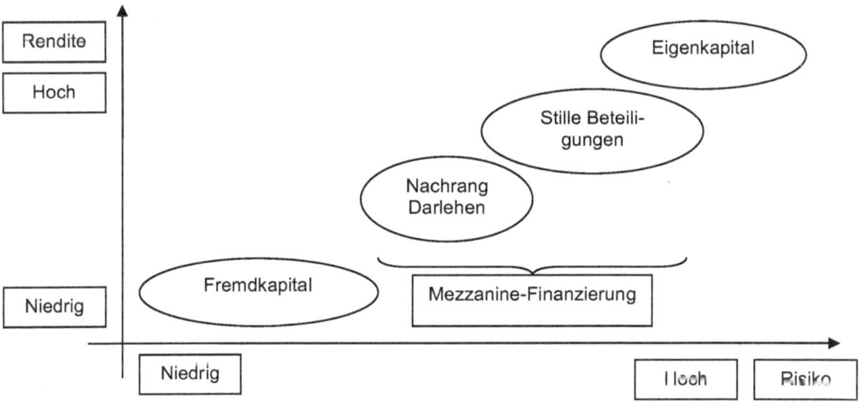

Abbildung 2: Finanzierungsquellen[71]

---

[69] Vgl. Mittendorfer (2001), S. 170.
[70] Vgl. von Krosigk (2005), S. 25f.
[71] Quelle: Eigene Darstellung in Anlehnung an von Krosigk (2005), S. 24.

Die grundlegende Bezugsgröße für die Renditen bildet die fristenkongruente, quasi risikolose Kapitalanlage.[72] Für Fremdkapital wird der Risikobezug ex ante über Risikoaufschläge auf quasi risikolose Kapitalanlagen[73] berücksichtigt. Eigenkapital hat keinen festen Anspruch auf Rendite. Die Rendite wird erfolgsabhängig über Ausschüttungen und Wertsteigerung erreicht. Die Ermittlung der Rendite kann in der Regel erst ex post erfolgen. Mezzanine Finanzierungsinstrumente beinhalten häufig feste und erfolgsabhängige Renditekomponenten.

2.1.2 Industrielle Sponsoren und Finanzintermediäre als Eigenkapitalgeber

Als potentielle Eigenkapitalgeber für PPP-Projekte kann zwischen Industriellen Sponsoren und Finanzintermediären unterschieden werden.[74] Industrielle Sponsoren sind Unternehmen, die bei Investition betriebswirtschaftliche, operative und finanzielle Interessen verfolgen. Sie treten regelmäßig als Projektinitiatoren auf, die Eigenkapital stellen und operativ am Wertschöpfungsprozess beteiligt sind.[75] In der Regel verfügen sie über umfangreiche Erfahrungen in den Bereichen Projektentwicklung, Bau, Betrieb oder in der Herstellung projektnotwendiger Investitionsgüter.[76] Ein anderer Motivationsgrund kann die Verfolgung strategischer Ziele, wie beispielsweise die Generierung von Synergie- und Skaleneffekten, sein.

Industrielle Sponsoren sind bei ihren Investitionen in der Regel wesentliche Risikoträger, die ein ausgewogenes Risiko-Rendite-Profil erwirtschaften wollen.[77] Es kann unterstellt werden, dass nach Ablauf der Integration in den operativen Prozess bzw. nach dem Wegfall potentieller Synergie- und Skaleneffekte ein Ausstieg aus der Zielgesellschaft vorgesehen ist.

---

72 Siehe dazu weiterführend u.a. Bodie, Merton (2003), S.323.
73 Beispielsweise der EURIBOR.
74 Vgl. Rambold (2005), S. 6.
75 Vgl. Braune (2006), S. 269.
76 Vgl. Eppinger, Käsewieter, Miksch (2005), S. 6.
77 Vgl. Eppinger, Käsewieter, Miksch (2005), S. 6.

Finanzintermediäre verfolgen bei Engagements in Unternehmen in erster Linie finanzielle Interessen. Sie beteiligen sich direkt oder indirekt an Zielgesellschaften zur Erzielung einer risikoadäquaten Rendite.

Der deutsche Beteiligungsmarkt umfasst eine Vielzahl von Finanzintermediären mit verschiedenen strategischen Ausrichtungen.[78] Die Finanzintermediäre und die durch Finanzintermediäre bereitgestellten Investitionsvehikel unterscheiden sich hinsichtlich verschiedener Faktoren wie dem angestrebten Risiko-Rendite-Profil, dem Mindestinvestitionsvolumen, dem Umfang der Beteiligung, dem Ausmaß der Beteiligungsbetreuung oder der Beteiligungsdauer.

2.1.3 Geschäftsprozess von Finanzintermediären

Der Geschäftsprozess von Finanzintermediären unter Einbezug eines Investitionsvehikels lässt sich am Beispiel von Private Equity Fonds vereinfacht wie folgt darstellen:

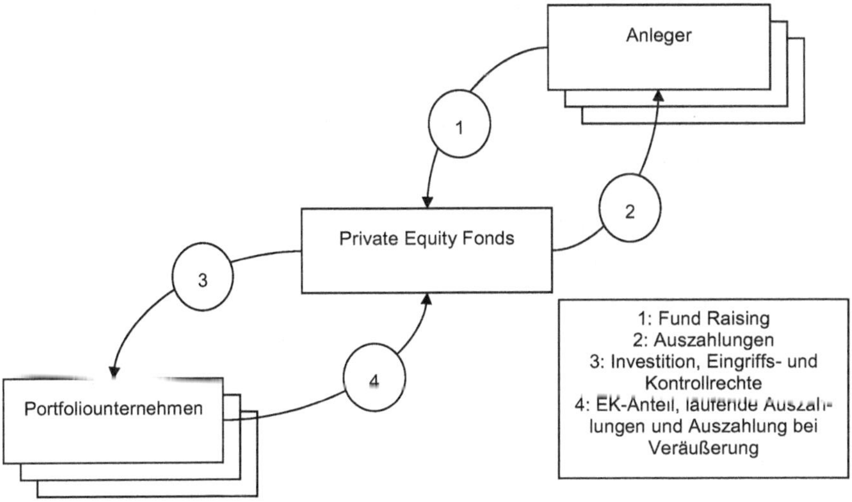

Abbildung 3: Private Equity Geschäftsmodell[79]

---

[78] Vgl. Walther, Hundt (2006).

[79] Quelle: Eigene Darstellung in Anlehnung an Schefczyk (2006), Pankotsch (2005), S. 15.

Der Private Equity Fonds fungiert als Finanzintermediär. Er sammelt Kapital bei Anlegern ein (1: Fund Raising) und investiert dieses zeitlich befristet in Portfoliounternehmen[80] (3: Investition). Als Gegenleistung für die Bereitstellung von Eigenkapital erhält die Gesellschaft Eigenkapitalanteile des Unternehmens (4: EK-Anteile). Die Betreuung der Investition führt der Finanzintermediär aus (3: Beteiligungsbetreuung/Monitoring). Basierend auf der Eigenkapitalbeteiligung erfolgt eine Partizipation an den Gewinnen des Unternehmens (4: Laufende Auszahlungen). Nach dem Ablauf der Halteperiode veräußert der Finanzintermediär die Beteiligung (4: Auszahlung bei Veräußerung). An die Anleger werden die laufenden Auszahlungen und die Auszahlungen bei Veräußerung, die im Idealfall Wertsteigerungen beinhalten, abzüglich der Gebühren für den Finanzintermediär weitergereicht (4: Auszahlungen).

Eine typische Rechtsform von Private Equity Fonds ist die der GmbH & Co. KG. Die Komplementär GmbH übt die Geschäftsführung aus. Sie ist meist am Vermögen der KG nicht beteiligt. Als Kommanditisten treten Anleger auf.[81] Die Fondsgesellschaften erwerben Eigenkapital oder eigenkapitalähnliche Beteiligungen.[82] Die Beteiligungsbetreuung während der Investition wird regelmäßig durch eine Managementgesellschaft durchgeführt.[83] Private Equity Fonds sind oft als geschlossene bzw. closed-end Fonds konzipiert, bei denen das Investitionsvolumen und die Laufzeit vorab bestimmt werden. Alternativ können sie als offene bzw. open-end Fonds konzipiert sein, d. h. die Laufzeit und das Investitionsvolumen sind nicht festgelegt.[84] Die Anleger stellen den Finanzintermediären Kapital zur Verfügung und beteiligen sich beispielsweise als Kommanditisten an Private Equity Fonds.[85] Die Aufgabe der Anleger beschränkt sich auf die Einbringung der Einlagen.[86]

---

80 Die Zielunternehmen der Beteiligung werden Portfoliounternehmen genannt.

81 Vgl. Deutsches Venture Capital Institut (2006), S. 19.

82 Bei den Investitionen wird in der Regel Fremdkapital einbezogen. Siehe dazu weiterführend Lerner, Hardymon, Leamon (2005), S. 67.

83 Vgl. Pankotsch (2005), S. 15ff.

84 Vgl. Lessat et al. (1999), S. 94f.

85 Vgl. Deutsches Venture Capital Institut (2006), S. 33.

86 Eine weiterführende Analyse der Beziehung zwischen Anlegern und Intermediären erfolgt nicht. Der Kapitalgewinnungsprozess, das Fund Raising, wird in Kapitel 2.1.4.1 kurz erläutert.

Als Vergütung erheben die Finanzintermediäre von den Anlegern eine Gebühr, die sich aus einem fixen und einem variablen, erfolgsabhängigen Anteil zusammensetzt.[87] Der fixe Anteil entspricht einer Haftungs- und Geschäftsführungsvergütung zwischen 1,5% und 2,5% des Zeichnungskapitals. Der erfolgsabhängige Anteil umfasst meist 20% des Gewinns.[88]

In Anlehnung an die Ausführungen der EVCA konnten im Jahr 2005 die folgenden Anleger am deutschen Private Equity Markt, gemessen am eingezahlten Kapital, identifiziert werden:

Stand 2005: Finanzintermediäre	**Raised Capital in 1.000 Euro:**	**Raised Capital in % vom gesamten Raised Capital:**
Unternehmen	22.150	0,9
Private Individuen	247.430	9,8
Staatliche Gesellschaften	552.490	21,9
Banken	559.940	22,2
Pensions Fonds	154.400	6,1
Versicherungen	182.600	7,2
Fund of Funds	343.380	13,6
Akademische Einrichtungen	376.950	14,9
Keine Angaben	86.630	3,4
Gesamtes Raised Capital	2.526.070	100,0

Abbildung 4: Private Equity Finanzintermediäre in Deutschland[89]

Im Jahr 2005 waren die größten Kapitalgeber Banken (22,2%) und staatliche Gesellschaften (21,9%). Weitere wichtige Kapitalgeber waren Fund of Funds (13,6%), akademische Einrichtungen (14,9%) und private Individuen (9,8%).

2.1.4 Beteiligungsprozess von Finanzintermediären

Die Aufgabe des Finanzintermediärs besteht aus der Allokation des zur Verfügung gestellten Kapitals in Form von Beteiligungen an Unternehmen über einen begrenzten Zeitraum. Die Grundstruktur des Wertschöpfungsprozesses eines Finanzintermediärs lässt sich anhand des Private Equity Cycles wie folgt darstellen:[90]

---

87 Vgl. Brealey, Myers, Allen (2006), S. 386.

88 Vgl. u.a. Deutsches Venture Capital Institut (2006), S. 36, Lerner, Hardymon, Leamon (2005), S. 64ff.

89 Quelle: Eigene Darstellung in Anlehnung an EVCA (2006), S. 151.

90 In der Literatur besteht eine Vielzahl verschiedener Ansätze zur Untergliederung des

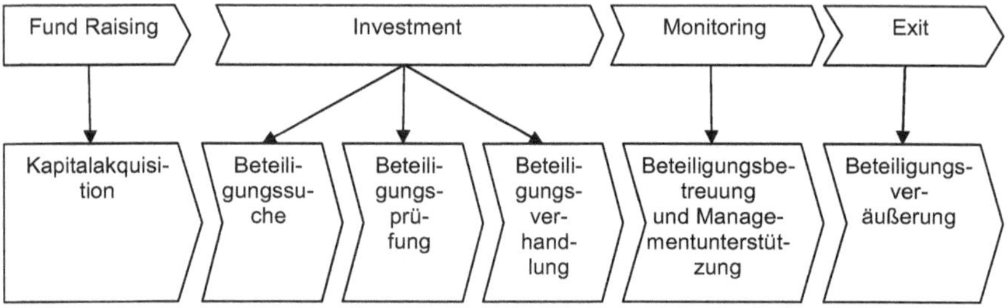

Abbildung 5: Beteiligungsprozess von Finanzintermediären[91]

2.1.4.1 Fund Raising

Das Fund Raising umfasst die Kapitalakquisition des Finanzintermediärs. Der Prozess erstreckt sich in der Regel über mehrere Monate. Zu Beginn der Kapitalakquisition muss die Fondsstruktur bestimmt werden, d. h. der Finanzintermediär wählt ein Investitionsvehikel für die Beteiligung. Im Anschluss daran wirbt der Finanzintermediär um Anleger für sein Konzept. Die Fortführung der Investmenttätigkeiten nach der Erstinvestition sowie Änderungen des Investitionsvolumens über den Lebenszyklus des Anlageproduktes variieren mit dem gewählten Investitionsvehikel.[92,93]

2.1.4.2 Investment

Der Investmentprozess, oder Investitionsprozess, lässt sich in drei Teilphasen untergliedern, an deren Ende die Investitionsentscheidung steht. Die erste Phase bildet die Beteiligungssuche. Es werden potentielle Investmentmöglichkeiten gesucht und grob bewertet.[94] Bei der Bewertung können markt- und projektspezifische Kriterien betrachtet werden. Als Instrumente zur Identifikation dienen beispielsweise Branchenanalysen.[95]

Wertschöpfungsprozesses, siehe dazu Pankotsch (2005), S. 29ff.

91 Quelle: Eigene Darstellung in Anlehnung an Reichardt (2005), S. 39.

92 Siehe dazu weiterführend Lerner, Hardymon, Leamon, S. 21ff.

93 Die Beziehung zwischen Anlegern und Finanzintermediären wird nicht tiefer untersucht.

94 In der englischen Literatur oft als Screening bezeichnet.

95 Vgl. Willert (2006), S. 31.

In der sich anschließenden zweiten Phase erfolgt die intensive Prüfung potentieller Investitionsopportunitäten, die Beteiligungsprüfung. Diese Due Diligence[96] hat u.a. rechtliche, wirtschaftliche und technische Aspekte zum Gegenstand. Die Zielsetzung der Due Diligence besteht aus der Bewertung der Chancen und Risiken, die mit einer Beteiligung in einem Portfoliounternehmen einhergehen.[97]

Nach einer aus Sicht des Finanzintermediärs positiven Due Diligence des Portfoliounternehmens schließen sich die Beteiligungsverhandlungen an. Basierend auf der vorgehenden Prüfung sowie der Risikoeinschätzung werden zwischen dem Unternehmen und dem Finanzintermediär bei den Beteiligungsverhandlungen der Unternehmenswert, die Beteiligungshöhe, die Finanzierungsstruktur sowie das Vertragskonstrukt der Beteiligung vereinbart.[98,99]

2.1.4.3 Monitoring

Neben der reinen Finanzierungsfunktion besteht ein wesentlicher Bestandteil von Private Equity Investitionen aus dem Monitoring, der Beteiligungsbetreuung,[100] vom Zeitpunkt des Erwerbes der Beteiligung bis zum Ende der Beteiligung.[101] Die Beteiligungsbetreuung kann sich auf Kontrollrechte beschränken oder durch die Einflussnahme auf das Unternehmensmanagement und die Unternehmensstruktur erfolgen. In der Praxis wird zwischen aktiven[102] und passiven[103] Managementrollen unterschieden.

Bei passivem Management beschränkt sich der Finanzintermediär in der Regel auf Kontrollrechte, die die Transparenz der Unternehmensaktivitäten gewährleisten sollen. Mit Kontrollrechten gehen teilweise Eingriffsrechte einher.

---

96 Siehe dazu weiterführend Kapitel 2.3.

97 Vgl. Berens, Brauner, Strauch (2002), S. Vf.

98 Vgl. Natusch (2002), S. 539ff.

99 Siehe dazu weiterführend Lerner, Hardymon, Leamon (2005), S. 137ff.

100 Vgl. Pankotsch (2005), S. 2.

101 Die Untersuchung der Beziehung zwischen Finanzintermediär und Portfoliounternehmen kann auf Grundlage verschiedener theoretischer Konzepte (beispielsweise Prinzipal-Agent-Theorie, Procedural-Justice-Theorie) erfolgen. Siehe dazu weiterführend u.a. Pankotsch (2005), S. 79ff.

102 Auch als „Hands on" bezeichnet.

103 Auch als „Hands off" bezeichnet.

Bei aktivem Management versucht der Finanzintermediär in das Tagesgeschäft des Unternehmens einzugreifen, um den Wert des Portfoliounternehmens zu steigern.[104] Das Ausmaß dieser Beteiligungsbetreuung wird durch den Umfang der Beteiligung beeinflusst. Kontrollrechte werden häufig durch Aufsichtsratspositionen, Managementrechte häufig durch Beraterleistungen wahrgenommen.[105]

Die Beteiligungsbetreuung umfasst alle nicht monetären Leistungen, die durch die Private Equity Gesellschaft nach Abschluss der Beteiligung zugunsten der Portfoliogesellschaft erbracht werden. Die Maßnahmen, die von Private Equity Finanzintermediären zur Unterstützung der Portfoliounternehmen und damit zur Wertsteigerung des Investments durchgeführt werden, sind zahlreich.[106] Zur Eingrenzung der Maßnahmen im Rahmen der Beteiligungsbetreuung wird auf eine im Jahr 2005 vom BVK und PWC[107] unter deutschen Beteiligungsgesellschaften und Portfoliounternehmen durchgeführte empirische Erhebung zurückgegriffen.[108] Die beiden befragten Gruppen kommen jeweils zu den gleichen fünf wichtigsten Leistungen:

- Kompetenter Diskussionspartner
- Finanzielle Beratung
- Managementunterstützung und Entscheidungshilfe
- Vermittlung von Kontakten und Netzwerk
- Entwicklung von Unternehmensstrategien

---

104 Vgl. Willert (2006), S. 32f.
105 Vgl. u.a. Werner (2006), Frommann, Dahmann (2005), Pankotsch (2005), S.8ff.
106 Vgl. Deutsches Venture Capital Institut (2006), S. 50ff.
107 PricewaterhouseCoopers.
108 Neben der herangezogenen empirischen Erhebung wurde bereits eine Vielzahl empirischer Erhebungen mit vergleichbarem Kontext durchgeführt. Aufgrund des aktuellen zeitlichen Bezuges und der Clusterung der Erhebung (Zielgruppe, Ausrichtung der Fragestellung) wurde die beschriebene Erhebung ausgewählt. Eine Auswertung empirischer Erhebungen zur Beteiligungsbetreuung findet sich bei Pankotsch (2005), S. 90ff.

Weniger wichtige Leistungen sind u.a. in den Bereichen Marketing, Produktion und Personalentwicklung zu finden.[109] Insgesamt zeigte sich, dass die Private Equity Finanzintermediäre mehr zum Erfolg des Unternehmens beitragen als die reine Finanzierungsleistung. Insbesondere die Rolle als kompetenter Diskussionspartner und finanzielle Beratungsleistungen wurden stark gewürdigt.

2.1.4.4 Exit

Der Exit bildet den letzten Schritt der Wertschöpfungskette von Finanzintermediären. Die Veräußerung der Anteile dient der Realisierung der Rendite auf Basis von Wertsteigerungen des Unternehmens.[110] Sofern die Investition in das Portfoliounternehmen nicht erfolglos war und die Beteiligung abgeschrieben werden muss, gibt es vier Exitmöglichkeiten:[111,112]

- Secondary Purchase

  Der Begriff Secondary Purchase steht für die Veräußerung der Unternehmensbeteiligung an einen anderen Finanzintermediär. Die Finanzierung erfolgt über einen hohen Eigenkapitalanteil. Der potentielle Finanzintermediär verfügt über keine umfassenden Informationen über das Portfoliounternehmen und es entstehen hohe Transaktions- und Informationskosten.[113]

- Trade Sale

  Unter Trade Sale versteht man die Veräußerung an einen Industriellen Finanzintermediär. Die Finanzierung erfolgt über einen hohen Eigenkapitalanteil. Auf Seiten des Finanzintermediärs besteht durch die Beteiligung das Potential für Mengen- und Verbundvorteile. Die entstehenden Transaktionskosten sind wie bei einem Secondary Purchase tendenziell hoch.[114]

---

109 Vgl. BVK, PWC (2005).
110 Exit Strategien sind ein in der Finanzliteratur umfassend diskutiertes Thema. Diese Diskussion ist nicht Gegenstand der Arbeit. Vielmehr sollen Möglichkeiten und deren Grundzüge kurz erläutert werden.
111 Vgl. Stein (2004), S. 125.
112 Siehe dazu weiterführend u.a. Gompers, Lerner (2006), Lerner, Hardymon, Leamon (2005), Dowling (2002).
113 Vgl. Stein (2004), S. 125ff.
114 Vgl. Stein (2004), S. 174ff.

- IPO

  Die Abkürzung IPO, Initial Public Offering, steht für die Börsenplatzierung eines Unternehmens. Die Finanzierung erfolgt über einen hohen Eigenkapitalanteil. Aufgrund der Vielzahl der potentiellen Anleger entstehen im Vergleich zu den anderen Exitstrategien wesentlich höhere Informationskosten. Die Kapitalbeschaffung ist als einfacher einzuschätzen.[115] Der Börsengang bietet sich insbesondere für Unternehmen mit hohen Wachstumsraten und steigendem Finanzierungsbedarf an.[116]

- Buy Back

  Unter Buy Back versteht man den Rückkauf des Unternehmens durch die Unternehmensgründer. Darunter fallen ebenfalls die Rückzahlung stiller Beteiligungen oder Gesellschafterdarlehen. Es handelt sich größtenteils um Fremdkapitalfinanzierung. Die Investition kann tendenziell mit niedrigen Transaktions- und Informationskosten umgesetzt werden, da das Geschäft zwischen zwei „Insidern“ erfolgt. Mit zunehmender Wachstumsrate des Umsatzes nimmt die Wahrscheinlichkeit für einen Buy Back ab, da der Finanzierungsbedarf steigt. Eine schlechte Marktposition bzw. Wettbewerbsposition und damit einhergehende schlechte Wachstumsaussichten sprechen aufgrund eines als gering einzuschätzenden Kapitalbedarfs für Buy Backs.[117]

Die Exitentscheidung lässt sich in drei Stufen untergliedern. Zunächst muss entschieden werden, ob die künftige Finanzierung über Eigenkapital (IPO, Trade Sale, Secondary Purchase) oder Fremdkapital (Buy Back) erfolgen soll. Wichtige Entscheidungskriterien bilden dabei u.a. die Marktposition des Unternehmens, die Zukunftsstrategie, Informations- und Transaktionskosten sowie die Eigentumsverhältnisse.[118]

---

115 Vgl. Chemmanur, Fulgherie (1999), S. 249ff.

116 Vgl. Stein (2004), S. 174ff.

117 Vgl. Stein (2004), S. 174ff.

118 Siehe dazu weiterführend Stein (2004), S. 158ff, Lerner, Hardymon, Leamon (2005), S. 349ff.

Auf der zweiten Stufe[119] erfolgt die Entscheidung der Streuung der Anteile. Es wird zwischen vielen Anteilseignern (IPO) oder einem Anteilseigner (Trade Sale oder Secondary Purchase) unterschieden.[120] Die wesentlichen Einflussfaktoren dabei bilden Informations- und Transaktionskosten, Diversifikationsmöglichkeiten, Anreizeffekte, Börsenklima und Managementqualifikation.[121]

In der letzten Stufe werden die Vorzüge und Nachteile von Trade Sale und Secondary Purchase verglichen.

2.1.5 Ausgewählte Investitionsvehikel

Finanzintermediäre nutzen Investitionsvehikel, um von Kapitalgebern eingesammeltes Kapital an Kapitalnehmer weiterzureichen. Die Analyse der Investitionsvehikel beschränkt sich auf die Darstellung ausgewählter deutscher Investitionsvehikel.[122] Bei der Betrachtung erfolgt die Berücksichtigung der folgenden Kriterien:

- Gesetzliche Rahmenbedingungen
- Risiko-Rendite-Profil
- Anlagehorizont
- Betreuungsintensität[123]

2.1.5.1 Private Equity Fonds

Private Equity Fonds sind Gesellschaften, die Eigenkapitalbeteiligungen an nicht börsennotierten Unternehmen tätigen.[124] Eine typische Rechtsform von

---

119 Zur Entscheidungsfindung in der zweiten Phase bestehen verschiedene Modelle, siehe dazu u.a. Chemmanur, Fulgherie (1999), S. 249ff.

120 Vgl. Stein (2004), S. 136.

121 Siehe dazu weiterführend Stein (2004), S. 162ff.

122 Bilanzielle und steuerliche Aspekte können für Beteiligungskapital als wesentlich eingestuft werden. Eine Analyse würde den Rahmen der Arbeit sprengen und kann an dieser Stelle nicht durchgeführt werden. Die Ausprägung der Motivation für Eigenkapitalbeteiligungen der angeführten Finanzintermediäre kann vereinfachend als renditeorientiert beschrieben werden.

123 Eine Analyse der Beteiligungsbetreuung erfolgt in Kapitel 2.1.4.3.

124 Vgl. Frommann, Dahmann (2005), S. 7.

Private Equity Fonds ist die der GmbH & Co. KG.[125] Sie unterliegen keinen gesetzlichen Reglementierungen wie beispielsweise offene Immobilienfonds. Private Equity Fonds haben in der Regel fixierte Laufzeiten und Investitionsvolumen.[126]

Private Equity Investitionen sind meist stark risikobehaftet. Im Vordergrund steht häufig das Ziel der Realisierung von überdurchschnittlich hohen Kapitalgewinnen[127] durch Wertsteigerungen.[128,129] Der Investitionshorizont von Private Equity Fonds ist kurz- bis mittelfristig. In der Literatur wird häufig ein Anlagehorizont von drei bis fünf oder zehn Jahren erwähnt,[130] die BVK spricht von einer durchschnittlichen Beteiligungsdauer von fünf bis sieben Jahren.[131] Die Investitionsfelder von Private Equity Fonds sind weitreichend. Sie umfassen Gründer-, Wachstums- und Übernahmefinanzierung.[132] Bei Private Equity Fonds ist aufgrund der starken Risikobehaftung der Investitionen die Intensität der durchgeführten Beteiligungsbetreuung in Form von Informations-, Kontroll- und Managementrechten als hoch einzuschätzen. Die Rendite wird in der Regel durch Wertsteigerungen erzielt.[133]

2.1.5.2 Offene Immobilienfonds und Infrastrukturfonds

Bei offenen Immobilienfonds handelt es sich um ein von einer Kapitalanlagegesellschaft[134] (KAG) treuhändisch verwaltetes, rechtlich selbstständiges Immobiliensondervermögen[135] (ISV). Die Rechtsgrundlage bildet das InvG. Offe-

---

125 Vgl. Deutsches Venture Capital Institut (2006), S. 19.
126 Vgl. Lessat et al. (1999), S. 94f.
127 Vgl. Frommann, Dahmann (2005), S. 3f.
128 Vgl. Frommann, Dahmann (2006), S. 8, Pankotsch (2005), S. 1.
129 Die Renditeerwartungen (IRR) von Private Equity Fonds variieren stark. In den letzten 20 Jahren konnte ein Durchschnittswert von 10,8% beobachtet werden. Die Rendite des besten Viertels der Buy Out-Fonds liegt beispielsweise bei 31,8%. Vgl. BVK (2006), S. 12.
130 Vgl. u.a. Brauner, Grillo (2002), S. 273, Walther, Hundt (2006), S.11, Deutsches Venture Capital Institut (2006), S. 44.
131 Vgl. Frommann, Dahmann (2005), S. 5f.
132 Pitter (2005), S. 1.
133 Vgl. u.a. Reichardt (2005), S. 31ff., Pankotsch (2005), S. 8ff.
134 Kapitalanlagegesellschaften sind Unternehmen, die bei ihnen eingelegtes Geld in eigenem Namen für gemeinschaftliche Rechnung anlegen. Anleger erhalten Anteilsscheine. Vgl. Klug (2004), S. 194.
135 Sondervermögen ist das von der KAG verwaltete Geld, es muss strikt von den Vermö-

ne Immobilienfonds können Publikums- und Spezialfonds sein.[136] Sie haben keine fixierten Laufzeiten und Anlegern wird ein Rückgaberecht der Anteile eingeräumt.

Erlöse werden langfristig realisiert und basieren auf Zinsen, Vermietung und Verpachtung sowie Wertsteigerungen der im Vermögen stehenden Grundstücke und Gebäude. Die Kapitalanlage erfolgt unter Beachtung der Aspekte Risikostreuung und Gewinnerzielung in Immobilien und immobiliengleichen Rechten. Die Renditeerwartungen offener Immobilienfonds sind wegen der strengen Reglementierungen auf einem relativ niedrigen Niveau.[137,138] Die Betreuungsintensität offener Immobilienfonds ist tendenziell als niedrig einzuschätzen.

Durch das Gesetz zur Beschleunigung der Umsetzung von Öffentlich Privaten Partnerschaften und zur Verbesserung der gesetzlichen Rahmenbedingungen für Öffentlich Private Partnerschaften[139] ist es offenen Immobilienfonds seit dem Jahr 2005 möglich, in geringem Umfang in PPP-Projekte in der Betriebsphase zu investieren.[140]

Die Beteiligungsmöglichkeit beschränkt sich auf Nießbrauchrechte an Grundstücken, die öffentlichen Aufgaben dienen und auf 10% des Fondsvermögens.[141] Investitionsmöglichkeiten in PPP-Projektgesellschaften sind nicht Bestandteil dieser Regelung.[142]

Im Rahmen der Novelle des Investmentgesetzes vom 28.12.2007 wurde über eine offene Fondskonstruktion die neue Assetklasse Infrastrukturfonds geschaffen. Die Grundlage der Assetklasse bildet die Ergänzung des Gesetzes-

---

genswerten der KAG getrennt werden. Vgl. Klug (2004), S. 195.

136 Spezialfonds dürfen von maximal 30 Anlegern, die nicht natürliche Personen sind, gehalten werden. Vgl. InvG § 2 (3).

137 Langfristig in Deutschland 4% bis 8 %. Vgl. Fondberatung24 (2005).

138 Klug (2004), S. 7ff.

139 Kurz: ÖPP Beschleunigungsgesetz.

140 Siehe dazu Bundesgesetzblatt (2005).

141 Vgl. InvG § 67 (2).

142 Vgl. Wewel (2008), S. 3f.

textes um den Abschnitt „Infrastruktur-Sondervermögen".[143] Dieses Sondervermögen wird von einer Kapitalanlagegesellschaft treuhändisch verwaltet. Der Anlageschwerpunkt von Infrastrukturfonds liegt auf PPP-Projektgesellschaften sowie Immobilien und Nießbrauchrechten wenn diese zur Erfüllung öffentlicher Aufgaben dienen.[144] Grundlegend muss zwischen Spezialfonds[145] und Publikumsfonds[146] differenziert werden. Bei Publikumsfonds sind die Rückgaberechte der Anteilseigner eingeschränkt und besondere Vorgaben zur Bewertung der Vermögensgegenstände für die Anteilspreisermittlung und Anlagegrenzen zur Gewährleistung des Fondscharakters sowie der Risikostreuung bestimmt.[147] Die Investitionsmöglichkeiten beschränken sich auf die fortgeschrittene Betriebsphase.[148] Spezialfonds können auf die Anlagerestriktionen zum Anlegerschutz verzichten und bereits in der Bauphase in PPP-Projektgesellschaften investieren.[149,150]

2.1.5.3 Geschlossene Immobilienfonds

Geschlossene Immobilienfonds unterliegen keinen besonderen gesetzlichen Regelungen wie dem InvG. Es handelt sich um Personengesellschaften in Form einer Gesellschaft bürgerlichen Rechts oder um Kommanditgesellschaften. Geschlossene Immobilienfonds verfügen in der Regel über fixierte Laufzeiten und Investitionsvolumen.[151]

Die Erträge von geschlossenen Immobilienfonds werden analog zu den Erträgen offener Immobilienfonds langfristig durch Zinsen, Vermietung und Verpachtung sowie Wertsteigerungen der Grundstücke und Gebäude erzielt. Das Prinzip der Risikostreuung ist bei der Kapitalanlage gesetzlich nicht vorgeschrieben. Geschlossene Immobilienfonds richten sich an Anleger, die be-

---

143 Vgl. § 90 a bis f InvG.
144 Vgl. Wewel (2008), S. 7.
145 Vgl. § 91 InvG.
146 Vgl. InvG §§ 90 a bis f.
147 Vgl. § 91 InvG.
148 Vgl. Wewel (2008), S. 7ff.
149 Vgl. Wewel (2008), S. 19.
150 Nachfolgend werden ausschließlich Infrastrukturfonds betrachtet. Eine ergänzende Betrachtung offener Immobilienfonds ist aufgrund der Anlagerestriktionen und der Gründung von PPP-SPVs bei Projektfinanzierungen nicht notwendig.
151 Vgl. Bienert (2004), S. 403f.

wusst in ausgewählte Immobilien investieren wollen. Bedingt durch die fehlende Regulierung geschlossener Immobilienfonds variieren die Investitionsfelder und erwarteten Renditen stark. Eine allgemeine Aussage bezüglich der erwarteten Renditen ist nicht möglich.

Geschlossene Immobilienfonds stellen in der Regel kein stark risikotragendes Beteiligungskapital zur Verfügung[152] und sie verfolgen konservative Anlagestrategien.[153] Es kann unterstellt werden, dass die Betreuungsintensität relativ niedrig ist und Investitionen in PPP-Projekte, vorrangig in PPP-Projektphasen mit niedrigen Risiken in fortgeschrittenen Lebenszyklusphasen, erfolgen.[154]

2.1.5.4 Immobilienaktiengesellschaften und REITs

Immobilienaktiengesellschaften sind Aktiengesellschaften nach dem deutschen Aktiengesetz (AktG). Es besteht keine gesetzliche Abgrenzung von Immobilien-AGs gegenüber anderen Aktiengesellschaften.[155]

Der hauptsächliche Zweck und die dominante Ertragsquelle von Immobilien-AGs ist die Entwicklung und Betreuung von Immobilien.[156] Das Tätigkeitsfeld der meisten Immobilien-AGs in Deutschland umfasst Mischformen aus Projektentwicklung und Bestandsbetreuung.[157] Die eingegangenen Risiken steigen mit dem Anteil der Projektentwicklungstätigkeit an der gesamten Unternehmenstätigkeit. Die Höhe der Rendite variiert mit den Tätigkeitsfeldern und den eingegangenen Risiken der Immobilien-AGs. Es können keine allgemeinen Erwartungswerte für die Rendite und den Anlagehorizont festgestellt werden.

Der Betreuungsaufwand von Projektentwicklungen ist als wesentlich höher einzuschätzen als der einer reinen Immobilienbetreuung. Das Ausmaß der durchgeführten Beteiligungsbetreuung variiert stark mit den Tätigkeitsfeldern

---

152 Vgl. Rottke (2004), S. 52.
153 Nachfolgend werden ergänzend risikosuchende geschlossene Immobilienfonds berücksichtigt.
154 Vgl. Sotelo (2007).
155 Vgl. Klug (2004), S.19.
156 Vgl. Rehkugler (2003), S. 5.
157 Vgl. Klug (2004), S. 20ff.

der jeweiligen Immobilien-AGs. Immobilien-AGs kommen sowohl für stark risikotragende als auch für weniger risikobehaftete Projekte und Projektphasen in Frage.[158]

Eine Weiterentwicklung der klassischen Immobilien-AG stellt der Real Estate Investment Trust (REIT) dar. REITs sind Aktiengesellschaften, die bei Einhaltung von im REIT-Gesetz fixierten Auflagen[159] steuerliche Sonderstellungen erreichen. Die Auflagen umfassen Ausschüttungs-, Investitions- und Ertragsreglementierungen. Das Risiko-Rendite-Profil von REITs ist in der Regel konservativ ausgerichtet. Als Finanzintermediäre können REITs sich ausschließlich an PPP-Projekten beteiligen, wenn diese Immobilieninvestitionen gleichkommen. Die Beteiligung an PPP-Gesellschaften ist nicht möglich.[160] Die Beteiligung an PPP-Projekten kann bereits in frühen Projektphasen erfolgen. Aufgrund der Investitions- und Ertragsreglementierung ist das Ausmaß der Beteiligungen an frühen, risikotragenden Projektphasen eingeschränkt.[161,162]

2.1.6 Investitionsdeterminanten

Als die wesentlichen, eine Investition prägenden Investitionsdeterminanten werden im nachfolgenden Abschnitt die Investitionsmotive, der Investitionshorizont, das Ausmaß der Beteiligung und die Beteiligungsbetreuung betrachtet.

2.1.6.1 Investitionsmotive

Für Investitionen in Immobilienprojekte kann eine Vielzahl verschiedener Motivationsgründe bestehen. Grundlegend kann zwischen renditeorientierten und nicht-renditeorientierten Motiven differenziert werden.

Bei renditeorientierten Investitionen muss grundsätzlich die Relation zum eingegangenen Risiko betrachtet werden. Für das weitere Vorgehen erfolgt eine

---

158 Nachfolgend werden Immobilien-AGs aufgrund des tendenziellen Investitionsfokus auf Immobilien und nicht auf Projektgesellschaften, nicht weiterführend betrachtet.

159 Vgl. §§ 12 und 13 REIT-Gesetz.

160 Ausnahmekonstruktionen erscheinen über Gesellschaften im Ausland möglich.

161 Vgl. Sotelo (2007).

162 Eine weiterführende Berücksichtigung von REITs als Finanzintermediären in projektfinanzierte PPP-Projekte erfolgt mangels der Beteiligungsmöglichkeiten an PPP-SPVs nicht.

Clusterung: Einerseits können konservative Investitionen getätigt werden, die eine wenig risikotragende und stabile Rendite auf Grundlage stabiler Ausschüttungen bei relativ niedrigem Renditeniveau verfolgen. Andererseits bestehen risikobehaftete Investitionen mit hohen Renditeerwartungen, bei denen die Rendite durch Wertsteigerungen oder durch Spekulationsgewinne generiert wird. Wertsteigerungen zielen in erster Linie auf das Shareholder Value ab.[163] Spekulative Investitionen sind dadurch gekennzeichnet, dass der Finanzintermediär einen Arbitragegewinn durch eine zeitlich begrenzte Investition erhält. Die Erzielbarkeit von Arbitragegewinnen kann beispielsweise auf Informationsasymmetrien beruhen.[164]

Als nicht-renditeorientierte Motive für Beteiligungen können beispielsweise Portfolioeffekte, die Unternehmensreputation und der Unternehmens Track Record[165] herangezogen werden. Die Messung nicht-renditeorientierter Investitionsmotive erweist sich teilweise als problematisch.

2.1.6.2 Investitionshorizont

Der Investitionshorizont bzw. die Beteiligungsdauer wird durch den Investitions- und den Exitzeitpunkt bestimmt. Für verschiedene Finanzintermediäre bestehen starke Abweichungen bezüglich des Investitionshorizonts. Der Zeitpunkt der Investition und die Dauer der Beteiligung orientieren sich häufig an dem verfolgten Risiko-Rendite-Profil eines Finanzintermediärs. Von essentieller Bedeutung für Investitionen sind die Exitstrategie bzw. das Exitpotential.[166]

Vereinfachend wird für den weiteren Verlauf der Arbeit unterstellt, dass bei risikoaversen Investitionen eine langfristige Ausrichtung besteht. Bei risikosuchenden Investitionen kann von einem kurz- bis mittelfristigen Investitionshorizont ausgegangen werden.

[163] Vgl. Brauner, Grillo (2002), S. 273f.
[164] Vgl. Berens, Mertes, Strauch (2002), S. 49f.
[165] Entspricht der Erfolgs- und Erfahrungsgeschichte.
[166] Vgl. Willert (2006), S. 33.

2.1.6.3 Ausmaß der Beteiligung

Die Investitionsdeterminante Ausmaß der Beteiligung umfasst zum einen das Investitionsvolumen und zum anderen die Stellung eines Finanzintermediärs innerhalb der Gesellschafter eines Portfoliounternehmens.

Finanzintermediäre können entweder als Minderheits-, d. h. der Anteil an der Portfoliogesellschaft ist kleiner gleich 50%, oder als Mehrheitsgesellschafter, d. h. der Anteil an der Portfoliogesellschaft ist größer als 50%, auftreten. Mit variierenden Anteilen an der Gesellschaft gehen unterschiedliche Möglichkeiten der Einflussnahme einher.

Die Betrachtung des Investitionsvolumens soll in erster Linie dem Mindestinvestitionsvolumen gelten. Aufgrund der Vielzahl der auf dem deutschen Beteiligungsmarkt aktiven Finanzintermediäre mit unterschiedlichen strategischen Ausrichtungen und verschiedenen Investitionsvehikeln erscheint die Fixierung eines Mindestinvestitionsvolumens problematisch. Eine in der Fachliteratur verwendete Größe beschreibt das Mindestinvestitionsvolumen der meisten Finanzintermediäre mit fünf Millionen Euro.[167] Die Betrachtung eines Höchstinvestitionsvolumens erscheint an dieser Stelle nicht sinnvoll. Beim Überschreiten des Höchstinvestitionsvolumens kann ergänzend die Integration weiterer Finanzintermediäre erfolgen.

2.1.6.4 Beteiligungsbetreuung

Die Beteiligungsbetreuung beschreibt das Ausmaß der Managementrolle und der Beratungsleistungen des Finanzintermediärs zur Unterstützung des Portfoliounternehmens. Es erfolgt eine Differenzierung in einerseits aktives Management als Sanierer oder Reorganisator und in andererseits passives Management.[168]

Die Intensität der Beteiligungsbetreuung variiert mit den Finanzintermediären. Grundsätzlich kann unterstellt werden, dass die Intensität der Beteiligungsbetreuung vom Umfang der Beteiligung und der Risikobehaftung der Investition geprägt wird. Mit zunehmendem Umfang einer Beteiligung an einer Gesell-

---

[167] Vgl. Walther, Hundt (2006).
[168] Vgl. Berens, Mertes, Strauch (2002), S. 45f.

schaft[169] und mit zunehmenden Risiken, die mit einer Investition einhergehen, steigt die Intensität der Betreuung. Bedingt durch die geringen Risiken und die tendenziell sicheren Auszahlungen bei langfristig orientierten Beteiligungen kann im Rahmen dieser eine tendenziell inaktivere Beteiligungsbetreuung als bei kurz- bzw. mittelfristigen, risikosuchenden Investitionen, die beispielsweise auf Wertsteigerungen abzielen, unterstellt werden. Ergänzend ist für Minderheitsgesellschafter eine inaktivere Beteiligungsbetreuung als für Mehrheitsgesellschafter anzunehmen.

2.2 Projektfinanzierung

Um die durch Projektfinanzierungen gestellten Rahmenbedingungen für Eigenkapitalbeteiligungen an PPP-Projekten für die theoretische Untersuchung darzustellen, werden nachfolgend zunächst die Motivation, die Organisationsstruktur, die Beteiligten und die Finanzierungsstruktur von Projektfinanzierungen aufgezeigt. Abschließend wird das für die finanzierenden Banken wichtige Thema Projektfinanzierungskennzahlen zur Prüfung der Finanzierbarkeit und Sensitivität der Cash Flows behandelt.

2.2.1 Motivation

Die folgenden Motivationsgründe können für Projektfinanzierungen in der Literatur identifiziert werden:

- Haftungsbegrenzung

  Es ist möglich, die Kapitalstruktur der Projektgesellschaft so zu gestalten, dass keine Rückgriffsrechte auf den Sponsor bestehen. Die Gläubiger haben Anspruch auf das Anlagevermögen und die Cash Flows der Projektgesellschaft. Die Bonität der Sponsoren wird nicht betrachtet.[170]

[169] Nachfolgend wird differenziert zwischen Minderheits- und Mehrheitsgesellschaftern.
[170] Esty (2004), S. 25f., Tinsley (2000), S. 5f.

- Off balance sheet-Finanzierung

  Aus der Bildung einer rechtlich unabhängigen Gesellschaft resultiert, dass Projektfinanzierungen Off balance sheet-Finanzierungen sein können. D. h., die Bilanz der Sponsoren wird nicht berührt.[171,172] Mit Hilfe von Projektfinanzierungen kann ein aktives Ratingmanagement durchgeführt werden.[173]

- Erweiterung der Finanzierungsmöglichkeiten

  Die Projektfinanzierung stellt eine Erweiterung der Finanzierungsmöglichkeiten zur traditionellen Unternehmensfinanzierung dar, die es Unternehmen ermöglicht, sich an einer Vielzahl von Projekten zu beteiligen, ohne die eigenen Kreditlinien zu belasten.[174]

- Risikotransfer

  Die mit Projektfinanzierungen einhergehenden Risikotransfers zwischen den Projektbeteiligten gelten oft als Kriterium der Umsetzbarkeit von Projekten.[175] Der Risikotransfer ist einer der wesentlichen Motivationsgründe für Projektfinanzierungen.[176]

- Flexibilität

  Eine weitere positive Eigenschaft von Projektfinanzierungen ist die mit den Darlehensbestimmungen einhergehende Flexibilität gegenüber herkömmlichen Krediten. Es können beispielsweise Anpassungen im Rahmen des Kapitaldienstes[177] durchgeführt werden.[178]

---

171 Eine Untersuchung der Rechnungslegung wird an dieser Stelle nicht durchgeführt.
172 Vgl. Esty (2004), S. 25f.
173 Vgl. Tinsley (2000), S. 7f.
174 Vgl. Röver (2001), S. 164, Tinsley (2000), S. 6f.
175 Vgl. Tinsley (2000), S. 7.
176 Vgl. Röver (2001), S. 164.
177 Beispielsweise Anpassungen der Rückzahlungsfrist oder der Zinszahlungen in Abhängigkeit von den Cash Flows.
178 Vgl. Röver (2001), S. 164f.

- Kapitalkosten

  Durch die Integration von Abnehmern mit guter Bonität können oft bessere Kapitalkonditionen erreicht werden.[179]

Als Nachteile von Projektfinanzierungen können die hohen Transaktions- und Dokumentationskosten sowie das Ausmaß der Risikoübertragung auf die Fremdkapitalgeber und die damit einhergehenden Rechte identifiziert werden.[180,181]

2.2.2 Organisationsstruktur und Beteiligte

Bei der Umsetzung von Projektfinanzierungen ist die Gründung einer separaten Zweckgesellschaft notwendig. Die Gesellschaft, das Special Purpose Vehicle (SPV), wird durch den Sponsor mit Eigenkapital ausgestattet und ist selbstverantwortlich für die Umsetzung des Projektes zuständig. Die Gesellschaft dient ausschließlich der Umsetzung des Projektes und tritt beispielsweise als Auftrag- und Kreditnehmer auf. Die Gründung eines SPVs bildet die Grundlage der Einschränkung der Rückgriffsmöglichkeiten auf den Projektsponsor. Projektfinanzierungen fundieren auf umfassenden Vertragswerken. Das SPV verfügt für gewöhnlich über sehr geringe dingliche Sicherheiten und die künftigen Cash Flows sind von essentieller Bedeutung zur Besicherung der Finanzierung. Bedingt durch die Bedienung des Schuldendienstes durch die künftigen Cash Flows müssen sämtliche Verbindlichkeiten während der Projektlaufzeit beglichen werden.

Das Organigramm einer Projektfinanzierung ist vereinfacht dargestellt wie folgt konzipiert:

179 Vgl. Röver (2001), S. 165.
180 Vgl. Tinsley (2000), S. 11ff.
181 Siehe dazu weiterführend Tinsley (2000), S. 46.

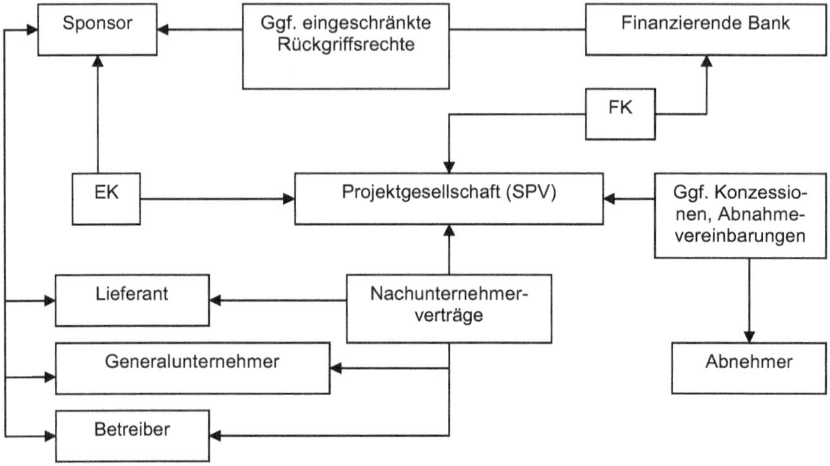

Abbildung 6: Organigramm einer Projektfinanzierung[182]

Das Zentrum der Struktur einer Projektfinanzierung bildet das SPV. Die Projektgesellschaft bedient sich zur Durchführung verschiedener Leistungen in der Regel externer Unternehmen wie Lieferanten für Rohstoffe, Generalunternehmern zur Durchführung der Baumaßnahmen oder Betreibern zur Wartung der technischen Anlagen. Das Endprodukt, beispielsweise Öl, Strom oder Schulen, wird dann Abnehmern zur Verfügung gestellt. Zwischen den Abnehmern und dem SPV bestehen teilweise langfristige Lieferverträge. Das Eigenkapital stellen die initiierenden Sponsoren. Als institutionelle Sponsoren können beispielsweise Nachunternehmer auftreten. Das Fremdkapital stellen die finanzierenden Banken. Es bestehen teilweise Rückgriffsrechte auf die Sponsoren.

In der Praxis treten bei Projektfinanzierungen regelmäßig eine Vielzahl von Kapitalgebern auf Fremd- und Eigenkapitalseite auf.[183] Aufgrund der langfristigen Konzeption von Projektfinanzierungen ändern sich die Kapitalstruktur und die Kapitalgeber regelmäßig über den Lebenszyklus.

---

182 Quelle: Eigene Darstellung.

183 Vgl. Tinsley (2000), S. 15ff.

Neben den in der Darstellung angeführten Parteien sind häufig eine Vielzahl technischer, wirtschaftlicher und rechtlicher Berater[184] sowie andere Dienstleistungsunternehmen[185] in die Struktur einer Projektfinanzierung integriert.

2.2.2.1 Sponsor und finanzierende Banken

Als Sponsoren treten, wie in Kapitel 2.1.2 ausgeführt, Industrielle Sponsoren und Finanzintermediäre mit verschiedenen Zielsetzungen auf. In Abhängigkeit der Ansprüche der finanzierenden Bank und des Kapitalbedarfs des SPVs kann das Eigenkapital des Sponsors dem SPV entweder „up front"[186] oder „pro rata"[187] zugeführt werden. Für die Projektgesellschaft fallen als Finanzierungskosten neben der „Arranger Fee" und der „Commitment Fee" die risikoadäquate Verzinsung des Fremdkapitals an.

Angenommen, eine Bank wird von den Sponsoren mit der Finanzierung beauftragt. Dann führt diese Bank, der „Arranger"[188], die Strukturierung des Projektes durch. Die Vergütung der Bank setzt sich aus einer „Up front Fee"[189], der „Arranger Fee" für die Strukturierung, und der „Commitment Fee" für nicht ausbezahlte Kreditanteile zusammen.[190]

Bedingt durch die wesentliche Risikoübertragung auf die finanzierende Bank und die Erbringung des Kapitaldienstes durch laufende Cash Flows hat die Bank ein starkes Eigeninteresse an der Realisierung des Projektes. Deshalb führt die Bank die Strukturierung des Projektes durch. Gegenstand der Strukturierung sind technische, rechtliche und wirtschaftliche Aspekte. Die Finanzierbarkeit wird im Rahmen der Strukturierung anhand eines Cash Flow-Modells über Kennzahlen[191] geprüft. Vor der Finanzierungszusage wird von der Bank eine umfassende Due Diligence durchgeführt. Bestandteile der Due Diligence sind u.a. die Erfassung und Bewertung der Risiken über den gesam-

---

184 Beispielsweise Financial Advisors, Rating Agenturen oder Versicherungen.
185 Beispielsweise Anbieter von Zinsswapgeschäften oder Versicherungsunternehmen.
186 Gesamt anfänglich.
187 Anteilig am Gesamtkapital.
188 Arrangeur.
189 Anfängliche Gebühren.
190 Vgl. Tinsley (2000), S. 46.
191 Siehe dazu weiterführend Kapitel 2.2.4.

ten Lebenszyklus.[192] Im Rahmen der Strukturierung nimmt die Bank in der Regel starken Einfluss auf die Ausgestaltung der Verträge. Nach der Finanzierungszusage begleitet die finanzierende Bank das Projekt laufend, um auftretende Komplikationen zu identifizieren und um frühzeitig präventive Maßnahmen einzuleiten. In Abhängigkeit der Risikobehaftung der Projektphasen wird durch die Bank eine Projektüberwachung in variierender Intensität durchgeführt.

2.2.2.2 Nachunternehmer und Abnehmer

Die Projektgesellschaft bedient sich zur Umsetzung und zum Betrieb verschiedener Nachunternehmer. Als Nachunternehmer sind hauptsächlich Bauunternehmen und Betreibergesellschaften notwendig, die zum einen Baumaßnahmen durchführen und zum anderen für den Betrieb der Anlage zuständig sind.

Das Abnehmerfeld von projektfinanzierten Projekten ist weit reichend. Es umfasst beispielsweise Straßennutzer bei Straßenprojekten oder Gasunternehmen bei Lagerfazilitäten und geht bis hin zur öffentlichen Hand bei PPP-Projekten. Von essentieller Bedeutung für den Projekterfolg ist der Ausnutzungsgrad. Bei langfristigen Auslastungs- oder Abnahmeverträgen ist zur Prognostizierung der künftigen Cash Flows die Bonität des Vertragspartners von hoher Bedeutung und hat wesentlichen Einfluss auf die Finanzierungskonditionen. Bei PPP-Projekten tritt die öffentliche Hand langfristig als Nutzer auf und es bestehen größtenteils keine Auslastungsrisiken. Aufgrund derer hervorragender Bonität ist eine günstige Finanzierung möglich. Bei Projekten, bei denen dagegen ein Auslastungsrisiko besteht und die Bonität der Abnehmer schlechter ist, sind umfassende Analysen notwendig, auf deren Grundlage die künftigen Cash Flows prognostiziert werden können.

2.2.3 Finanzierungsstruktur

Die Finanzierungsstruktur von Projektfinanzierungen geht weit über die klassische Unterteilung in Eigen- und Fremdkapital hinaus. Die Kapitalausstattung

---

[192] Siehe dazu weiterführend Kapitel 2.3.

sollte risikoadäquat[193] sein und ergänzend Motivationsanreize für die Eigenkapitalgeber generieren.[194] Die nachfolgende Abbildung zeigt die Finanzierungsstruktur einer Projektfinanzierung beispielhaft:

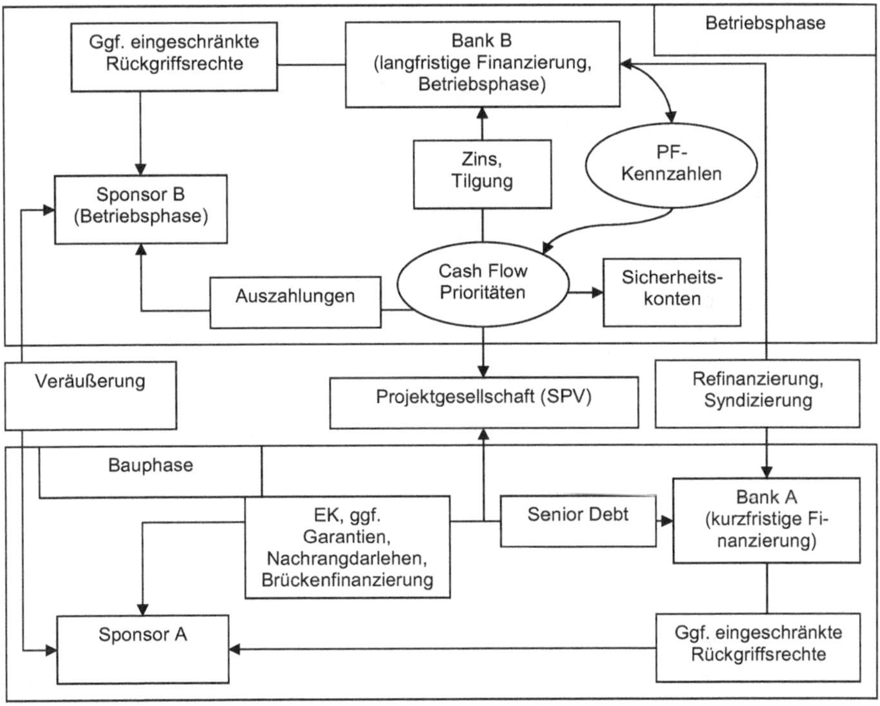

Abbildung 7: Finanzierungsstruktur[195]

Es erfolgt eine Differenzierung in Bau- und Betriebsphase. In der Bauphase werden das Senior Debt[196] durch die Bank A sowie das Eigenkapital und gegebenenfalls Sicherheiten durch den Sponsor A gestellt. In der Bauphase erfolgt keine Generierung von Cash Flows. Folglich sind die Erbringung des Ka-

[193] Vgl. Walther (2008), S. 4.
[194] Vgl. Weber, Moß, Bachhuber (2006), S. 610.
[195] Quelle: Eigene Darstellung.
[196] Senior Debt hat den höchsten Besicherungsanspruch. D. h., es wird im Insolvenzfall vor sämtlichen anderen Verbindlichkeiten bedient.

pitaldienstes an die finanzierende Bank und die Zahlung von Ausschüttungen an die Sponsoren nicht möglich. Die anfallenden Zinsen werden kapitalisiert. Zur Besicherung des Darlehens dienen beispielsweise die Eigenkapitaleinlagen der Sponsoren, Garantien, Rückgriffsrechte, Nachrangdarlehen und Brückenfinanzierungen.[197],[198]

Nach der Fertigstellung der Baumaßnahmen kann, beispielsweise in Form einer Refinanzierung, Syndizierung[199] oder Verbriefung[200], die Fremdkapitalfinanzierung von Bank A an Bank B übergehen. Die Eigenkapitalbeteiligung wird hier von Sponsor A an Sponsor B veräußert. Änderungen in der Eigenkapital- und Fremdkapitalstruktur können bereits zu Projektbeginn vertraglich fixiert werden.[201] In der Betriebsphase erfolgt die Generierung von Cash Flows. Zur Besicherung der Finanzierung werden während der langfristigen Finanzierungslaufzeit beispielsweise Sicherungskonten eingerichtet, Garantien oder Rückgriffsrechte verlangt. Das SPV verfolgt nicht die Zielsetzung, Eigenkapital aufzubauen. Cash Flows werden zur Bedienung der Verbindlichkeiten und zur Bildung von Sicherheitskonten verwendet oder an die Sponsoren ausgeschüttet. Die Verwendung des vorhandenen Cash Flows orientiert sich an den Bedingungen der finanzierenden Bank.[202] In dem Beispiel wird der verfügbare Cash Flow[203] zunächst für die Erbringung von Zins und Tilgung verwendet. Im Anschluss folgt der Aufbau von Sicherheitskonten. Die niedrigste Priorität haben die Ausschüttungen an die Sponsoren.

---

197 Siehe dazu u.a. National Audit Office (2000).

198 Siehe dazu weiterführend Zu Löwenstein (2001), Lenz, Zinell (2001).

199 Durch Basel II und die damit einhergehende risikoadäquate Eigenkapitalunterlegung von Krediten ist es für Banken sehr wichtig, ein ausgeglichenes Kreditportfolio zu haben. Projektfinanzierungen mit großem Volumen werden daher in der Praxis von Banken syndiziert, d. h. Anteile an andere Kreditinstitute weitergereicht. Siehe dazu weiterführend u.a. Lyonnet du Moutier (2006), S. 201.

200 Verbriefungen werden bei Projektfinanzierungen im Allgemeinen häufig angewendet. Bei Projektfinanzierungen, bei denen die öffentliche Hand integriert ist, sind Verbriefungen selten. Tinsley (2000), S. 30.

201 Vgl. Tinsley (2000), S. 24f.

202 Den Cash Flow Prioritäten, die stark durch die Anforderungen der Projektfinanzierungskennzahlen geprägt werden.

203 Free Cash Flow.

Dieses Konzept der unterschiedlichen Prioritäten der Cash Flows wird Cash Flow-Wasserfall genannt und ist vertraglich fixiert. Die Verwendung des verfügbaren Cash Flows wird wesentlich durch die Anforderungen der Projektfinanzierungskennzahlen determiniert.

2.2.4 Projektfinanzierungskennzahlen

Die Grundlagen der Analyse und der Verhandlung einer Projektfinanzierung bilden ein Cash Flow Modell[204] und Projektfinanzierungskennzahlen.[205] Basierend auf der Modellierung der künftigen Cash Flows unter Berücksichtigung der Finanzierung, der erwarteten Kosten und Erlöse, der Risiken, der steuerlichen und bilanziellen Aspekte sowie von Szenarien[206], können jährliche oder den gesamten Lebenszyklus umfassende Kennzahlen berechnet sowie deren Sensitivität geprüft werden. In der Fachliteratur[207] sind die folgenden bedeutenden Projekfinanzierungskennzahlen zu identifizieren:

- Debt Service Cover Ratio (DSCR)

  Der DSCR ist eine jährlich zu bestimmende Kennzahl. Er vergleicht die zur Verfügung stehenden Cash Flows mit dem zu leistenden Schuldendienst und wird aus dem Quotienten der operativen Cash Flows[208] und des Schuldendienstes berechnet.

$$DSCR \quad \frac{\text{Operativer Cash Flow}_{\text{Periode n}}}{\text{Schuldendienst}_{\text{Periode n}}}$$

  Bei einem Wert von 1 reichen die Cash Flows genau zur Deckung des Kapitaldienstes aus.

---

204 Siehe dazu weiterführend Tinsley (2000), S. 37ff., Yescombe (2002), S. 251ff.

205 Vgl. Tinsley (2000), S. 37, Siebel, Röver, Knüter (2007).

206 Beispielsweise worst case oder downside Szenarien.

207 Siehe dazu u.a. Tinsley (2000), S. 55ff., Esty (2004), S. 541, Yescombe (2002), S. 272 ff.

208 Zur Bestimmung des operativen Cash Flows besteht in der Fachliteratur und Praxis eine Vielzahl verschiedener Ansätze. Eine weiterführende Analyse der unterschiedlichen Methoden erfolgt an dieser Stelle nicht. Siehe dazu u.a. Esty (2004), S. 541.

Bei einer Unterschreitung kann der Kapitaldienst nicht erbracht werden. Welcher Wert von der finanzierenden Bank angestrebt wird, ist projekt- und risikoabhängig. Bei niedrigen Projektrisiken liegt der Wert bei ca. 1,2, bei hohen Projektrisiken bei bis zu 2,0.[209]

- Interest Cover Ratio (ICR)

  Der ICR ist eine jährlich zu bestimmende Kennzahl. Er vergleicht die zur Verfügung stehenden Cash Flows mit dem Zinsdienst und ergibt sich aus dem Quotienten der beiden Größen.

$$ICR = \frac{\text{Operativer Cash Flow}_{\text{Periode n}}}{\text{Zinsdienst}_{\text{Periode n}}}$$

  Bei einem Wert von 1 reicht der verfügbare Cash Flow zur Erbringung des Zinsdienstes. Bei einer Unterschreitung von 1 kann der Zinsdienst nicht aus den verfügbaren Cash Flows generiert werden. Im Vergleich zum DSCR muss der Wert des ICR höher liegen. Die absolute Differenz ist abhängig von der Höhe der Verzinsung und der Tilgung.

- Loan Life Coverage Ratio (LLCR)

  Der LLCR ist eine den verbleibenden Darlehenszeitraum betrachtende Kennzahl. Es werden die gesamten, in den ausstehenden Perioden zur Verfügung stehenden Cash Flows mit dem gesamten ausstehenden Kapitaldienst verglichen. Die Berechnung erfolgt durch die Quotientenbildung der Summe der Barwerte der operativen Cash Flows der ausstehenden Perioden und dem ausstehenden Kapitaldienst. Den Barwert ermittelt man über die Fremdkapitalkosten.[210]

$$LLCR \quad \frac{\sum \text{Barwert Operativer Cash Flow}_{\text{Periode n}}}{\text{Ausstehender Kapitaldienst}}$$

[209] Vgl. Yescombe (2000), S. 273f., Esty (2004), S. 541f.
[210] Vgl. Yescombe (2002), S. 274, Esty (2004), S. 542.

Bei einem Wert von 1 entsprechen die Barwerte der operativen Cash Flows exakt dem ausstehenden Kapitaldienst. Eine Unterschreitung entspricht einer Unterdeckung. Banken verfolgen in Abhängigkeit des Projektes Zielgrößen die ca. 10% über dem DSCR liegen.[211]

- Project Life Coverage Ratio (PLCR)

  Der PLCR ist eine den gesamten Lebenszyklus eines Projektes betrachtende Kennzahl. Neben den Cash Flows während der Darlehenslaufzeit werden die Cash Flows nach dem Ende des Darlehens berücksichtigt, um die Fähigkeit des Projektes zur Erbringung ausstehender Kapitaldienste nach der Darlehenslaufzeit zu betrachten. Die Berechnung erfolgt über den Quotienten aus dem Barwert der operativen Cash flows des verbleibenden Lebenszyklus und dem ausstehenden Kapitaldienst. Der Barwert wird anhand der Fremdkapitalkosten berechnet.

$$\text{PLCR} \quad \frac{\sum \text{Barwert Operativer Cash Flow}_{\text{Periode n}}}{\text{Ausstehender Kapitaldienst}}$$

  Banken verfolgen in Abhängigkeit des Projektes Werte, die den DSCR um 15% bis 20% überschreiten.[212]

2.3 Due Diligence

Um eine detaillierte Analyse von Eigenkapitalbeteiligungen und Projektfinanzierungen zu ermöglichen, betrachtet dieses Kapitel die Due Diligence, die sowohl bei der Eigen- als bei der Fremdkapitalfinanzierung als zentrales Element der Informationsgewinnung dient. Nachfolgend wird zunächst allgemein die Bedeutung der Due Diligence (DD) erläutert. Im Anschluss werden der Inhalt, die Informationsquellen sowie die Unternehmensbewertung im Rahmen der Due Diligence aufgezeigt.

---

[211] Vgl. Yescombe (2002), S. 274.
[212] Vgl. Yescombe (2002), S. 274.

2.3.1 Bedeutung der Due Diligence

Der Begriff Due Diligence ist ursprünglich als spezielles Instrument der angloamerikanischen Transaktionstechnik bei Mergers und Acquisitions charakterisiert. Die zentrale Aufgabe einer Due Diligence besteht aus der Ermittlung potentieller Risiken und Chancen.[213] Sie findet sowohl auf Seiten der Eigenkapital- als auch auf Seiten der Fremdkapitalgeber Anwendung.

Die Due Diligence und deren Inhalte sind ein in der Literatur viel diskutiertes und analysiertes Thema. Die folgende Ausführung orientiert sich stark an der umfangreichen und empirisch belegten Ausführung von Berens/ Brauner/ Strauch 2002.

Die Notwendigkeit einer Due Diligence ergibt sich aus der bestehenden Informationsasymmetrie zwischen den Beteiligten bei der Unternehmensakquisition beziehungsweise der Kreditgewährung. Die Informationsbedürfnisse der Kapitalgeber sind vielschichtig. Die Due Diligence dient der Beschaffung zusätzlicher Informationen über den Vertragsgegenstand und verfolgt die Zielsetzung, bestehende Informationsasymmetrien zu reduzieren. Die Stärken und Schwächen bzw. Chancen und Risiken einer Investition in ein Zielunternehmen bzw. einer Kreditgewährung sollen aufgezeigt werden.

Eine analytische Unternehmensbewertung auf Basis zukunftsorientierter Daten ist ausschließlich unter Einbezug eines fundierten Informationsstandes möglich und sinnvoll. Zur Erlangung dieser Informationen dient die Due Diligence. Mit dem zeitlichen Fortschritt der Transaktion werden potentiellen Kapitalgebern fundiertere Informationen zur Verfügung gestellt.[214]

Die Investitionsentscheidung[215] oder Beteiligungsprüfung ist einer der wesentlichen Bestandteile des Wertschöpfungsprozesses von Eigenkapitalinvestitionen. Es wird bestimmt, welchen Preis ein Finanzintermediär für die Beteiligung an einem Portfoliounternehmen bezahlen kann, um die angestrebte Rendite

213 Vgl. Berens, Brauner, Strauch (2002), S. Vf.
214 Vgl. Klein, Jonas (2002), S. 189f.
215 Anmerkung des Autors: Die in der Praxis anfallende bilanzielle und steuerliche Behandlung der Zahlungsströme und Vermögensgegenstände hat starke Einflüsse auf die Investitionsentscheidung. Zudem könnte eine Vielzahl von Realoptionen in die Betrachtung integriert werden, die eine Weiterentwicklung der Ergebnisse erlauben würde.

bei den eingegangenen Risiken zu erwirtschaften. Im Rahmen der Investitionsentscheidung dient die Due Diligence bei Eigenkapitalinvestitionen als Entscheidungsgrundlage. Bei der die Komplexität einer Investition stark reduzierenden Unternehmensbewertung müssen neben den ausschließlich quantitativen Ausschüttungen von Unternehmen auch nicht monetäre, qualitative Entscheidungskriterien einfließen.[216]

Die Due Diligence ist bei direkten Eigenkapitalinvestments von höherer Bedeutung als bei Investitionen in öffentlich gehandelte Unternehmensanteile, weil die Preisfindung öffentlich gehandelter Anteile grundsätzlich alle öffentlich verfügbaren Informationen widerspiegelt. Im Gegensatz dazu müssen bei direkten Eigenkapitalinvestitionen die unternehmensspezifischen Risiken stark berücksichtigt werden.[217]

Die Einbeziehung externer Rating-Agenturen[218] ist bei Projektfinanzierungen nicht notwendig. Das Rating der Projekte muss anhand eines internen Rating-Systems erfolgen. Die Zielsetzung von Ratings besteht aus der Beurteilung der Bonität des Projektes.[219] Aussagen über die Bonität werden anhand der Ausfall- und Verlustcharakteristika der Projektfinanzierung bestimmt.[220,221] Im Rahmen dieser Due Diligence erfolgen die Prüfung und Analyse der gesamten Transaktion. Risiken werden erfasst, bewertet und schließlich im Rahmen der Risikomarge und durch geforderte Sicherheiten berücksichtigt. Die Due Diligence bildet die Grundlage der gesamten Dealstrukturierung. Anhand von Projektfinanzierungskennzahlen werden die Ansprüche der finanzierenden Bank berücksichtigt und geprüft.

Zusammenfassend lassen sich die Anwendungsgebiete der Due Diligence im untersuchten Bereich wie folgt darstellen:

---

216 Vgl. Berens, Strauch (2002–1), S. 5ff.
217 Vgl. Eckermann (2005), S. 45ff.
218 Wie beispielsweise Standard & Poors, Moodys oder Fitch.
219 Vgl. Lüdicke (2003), S. 67.
220 Siehe dazu weiterführend Esty (2004), S. 463ff.
221 Vgl. Rigby, Penrose (2005), S. 82.

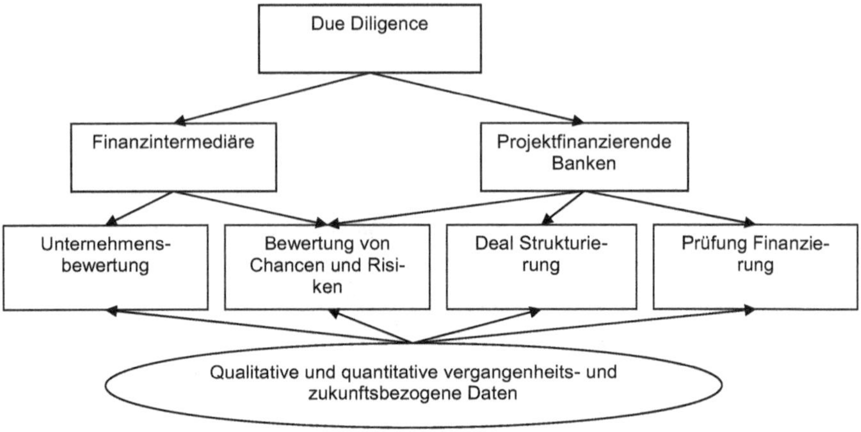

Abbildung 8: Ausgewählte Anwendungsgebiete der Due Diligence[222]

Neben den hier aufgeführten Anwendungsgebieten der Due Diligence findet diese u.a. bei Syndizierungen und Verbriefungen Anwendung. Bei der Platzierung von Wertpapieren am Kapitalmarkt ist eine umfassende Due Diligence Gegenstand des Unternehmensratings.

2.3.2 Inhalt und Informationsquellen einer Due Diligence

Gegenstand der Due Diligence sind zum einen die Entwicklung des Zielunternehmens in der Vergangenheit und zum anderen dessen künftige Perspektive.[223] Berücksichtigung finden dabei u.a. die Wettbewerbssituation, das Vertragswesen, finanzwirtschaftliche Kennzahlen, die Eigentümerstruktur, die Kunden des Unternehmens, die verwendete Technologie[224] sowie die Finanz- und Strategieplanung des Unternehmens.[225]

---

222 Quelle: Eigene Darstellung.

223 Vgl. Nieland (2001), S. 64.

224 Vgl. Willert (2006), S. 32.

225 Beispielsweise eine Differenzierung zwischen Fortführungs- und Restrukturierungsstrategie. Siehe dazu weiterführend u.a. Berens, Hoffjan, Strauch (2002), Brauner, Lescher (2002), Brauner, Grillo (2002), Nieland (2001).

Ein wesentlicher Bestandteil der Due Diligence ist die Betrachtung der künftigen Cash Flows in Form eines Financial Models.[226] Die Inhalte der gesamten Due Diligence lassen sich wie folgt untergliedern:[227]

- Finanzielle Due Diligence

  Die Finanzielle Due Diligence[228] untersucht die Vermögens-, Finanz- und Ertragslage des Zielunternehmens und ermittelt bei Eigenkapitalinvestitionen den Marktwert des Zielunternehmens.[229] Betrachtet werden u.a. die Bilanz, die Kapitalflussrechnung sowie die Gewinn- und Verlustrechnung.[230] Neben quantitativen Faktoren werden qualitative Faktoren wie Unternehmensspezifika[231] berücksichtigt. Zentrale Elemente der Finanziellen Due Diligence sind in der Regel Cash Flow-Planung[232], Unternehmensbewertung, Szenario-[233] und Kennzahlenanalysen[234].[235]

- Rechtliche und Steuerliche Due Diligence

  Im Rahmen der Steuerlichen Due Diligence werden steuerliche Aspekte[236] der Zielgesellschaft analysiert. Gegenstand der Untersuchung sind beispielsweise Steuererklärungen und Optimierungspotentiale.

226 Vgl. Spengler (2005), S. 113ff.

227 In der Literatur besteht eine Vielzahl verschiedener Gliederungsansätze. Inhaltlich kommen sie meist zu vergleichbaren Ergebnissen. Siehe dazu u.a. Berens, Hoffjan, Strauch (2002), S. 147, Brauner, Grillo (2002), S. 282ff., Scott (2001), S. 27, Natusch (2002), S. 535ff.

228 Die Begriffe Finanzielle Due Diligence und Financial Due Diligence werden synonym verwendet.

229 Vgl. Nieland (2001), S. 62, Brauner, Lescher (2002), S. 329f.

230 Vgl. Brauner, Lescher (2002), S. 327ff.

231 Unternehmensspezifika können auch Bestandteil anderer Teilbereiche der Due Diligence sein.

232 Anhand eines Cash Flow-Modells. Siehe dazu weiterführend Röver et al. (2007).

233 Vgl. Drukarczyk (2003-2), S. 340. Siehe dazu weiterführend Drukarczyk (2003-2), S. 340.

234 Für Projektfinanzierungen sind insbesondere Projektfinanzierungskennzahlen von hoher Bedeutung. Siehe dazu weiterführend Kapitel 2.2.4.

235 Vgl. Nieland (2001), S. 69. Siehe dazu u.a. Brebeck, Bredy, Welbers (2002).

236 Beispielsweise steuerliche Schwachstellen und Risiken.

Die rechtliche Due Diligence befasst sich mit der Sichtung, Feststellung und Prüfung des rechtlichen Bestandes, der gesellschaftsrechtlichen Struktur des Unternehmens sowie weiterer vertraglicher Beziehungen.[237]

Aufgrund der komplexen rechtlichen Konzeption von PPP-Projekten ist eine umfassende Prüfung des Vertragswerkes von hoher Bedeutung.

- Umwelt Due Diligence

  Die Umweltrisiken werden im Rahmen einer Umwelt Due Diligence betrachtet. Es gilt, Problemfelder zu identifizieren.[238]

- Technische Due Diligence

  In der Technischen Due Diligence werden u.a. die Betriebsstätten, die Einsatzstoffe, die Gebäude und die Fertigungsprozesse betrachtet und beurteilt. Die Zielsetzung besteht zum einen aus der Identifikation von Effizienz- und Synergiepotentialen und zum anderen aus der Plausibilisierung der bilanziellen Größen.[239]

  Bei PPP-Projekten beinhaltet die Technische Due Diligence neben der Prüfung der Vertragsobjekte, insbesondere die Prüfung der durchzuführenden baulichen Maßnahmen und Betriebsmaßnahmen.

- Markt Due Diligence

  Dieser Bereich umfasst die marktbezogene Analyse der Umfeldbedingungen, des Leistungsprogramms und des Marketings. Zur Einschätzung künftiger Absatz- und Auslastungsrisiken ist es notwendig, den Wettbewerb und die Branche zu analysieren.[240]

  Die Markt Due Diligence ist bei PPP-Konzeptionen im Hochbau von tendenziell niedriger Bedeutung, weil häufig kein Auslastungsrisiko auf den privaten Sektor übertragen wird.

---

237 Vgl. Natusch (2002), S. 548f. Siehe dazu u.a. Fritzsche (2002).
238 Vgl. Berens, Hoffjan, Strauch (2002), S. 157ff. Siehe dazu weiterführend u.a. Betko, Reiml, Schubert (2002), König, Zorn (2001).
239 Vgl. Berens, Hoffjan, Strauch (2002), S. 161f.
240 Vgl. Berens, Hoffjan, Strauch (2002), S. 160f.

- Human Resources Due Diligence

  Dieser Bereich der Due Diligence befasst sich mit qualitativen Kriterien des Unternehmens. Gegenstand der Untersuchung sind beispielsweise die Unternehmenskultur, die Beurteilung des Managements, die Motivation und Erwartungen der Mitarbeiter.[241]

Die Informationsquellen der Due Diligence sind zu untergliedern in interne und externe Informationsquellen. Interne Informationen kommen aus dem Portfoliounternehmen, externe Informationen kommen von außerhalb des Unternehmens.

Als erste interne Informationsquelle ist der Data Room zu nennen. Der Data Room umfasst die Unterlagen, die durch das Portfoliounternehmen gestellt werden können. Diese umfassen beispielsweise die Jahresabschlüsse, Steuererklärungen, Produktergebnisrechnungen, Kreditverträge, Lieferantenbeziehungen, Arbeitsverträge etc. Zur Sicherstellung der vertraulichen Behandlung der Informationen werden in der Regel im Letter of Intend[242] Vorkehrungen getroffen. Die zweite interne Informationsquelle sind das Management und die Mitarbeiter. Im Rahmen von Befragungen und Diskussionen werden bestehende Informationen vervollständigt und plausibilisiert. Die letzte Form der internen Informationsbeschaffung bildet die Betriebsbesichtigung.[243]

Externe Informationsquellen umfassen beispielsweise unternehmensexterne Personen und Publikationen. Informationen durch Unternehmensexterne können beispielsweise durch Banken, Zulieferer und Kunden erbracht werden.[244]

---

[241] Vgl. Berens, Hoffjan, Strauch (2002), S. 153ff. Siehe dazu weiterführend u.a. Aldering, von Hutten (2002).

[242] Bei dem Letter of Intend handelt es sich um einen Vorvertrag zwischen den potentiellen Vertragspartnern, der zur Durchführung der Due Diligence notwendig ist. Siehe dazu Scott (2001), S. 18ff.

[243] Vgl. Berens, Hoffjan, Strauch (2002), S. 126ff.

[244] Vgl. Berens, Hoffjan, Strauch (2002), S. 129f.

Im Rahmen einer empirischen Erhebung mit der Zielgruppe deutscher Käuferunternehmen konnten Berens und Strauch ermitteln, dass im Schnitt 78,6% der Unternehmenskäufer bei der Akquisition eine Due Diligence durchführen. Der durchschnittliche zeitliche Rahmen beläuft sich auf 16 Tage mit einer Arbeitsintensität von 122 Manntagen. Die Kosten, die dabei durchschnittlich entstehen, belaufen sich auf 215.000 Euro.[245]

2.3.3 Unternehmensbewertung

In der Literatur besteht eine Vielzahl von Methoden zur Unterstützung von Investitionsentscheidungen.[246] Nachfolgend erfolgt die Unternehmensbewertung über Discounted Cash Flow-Methoden (DCF).[247]

Der Unternehmensgesamtwert kann über den Entity-Ansatz, der Wert des Eigenkapitals über den Equity-Ansatz ermittelt werden. Die Berechnung erfolgt jeweils über die Diskontierung künftiger Auszahlungen an die Unternehmenseigner. Zu berücksichtigen ist dabei, dass der Unternehmenswert stark von der geplanten Strategie abhängt.[248] Investitionsentscheidungen erscheinen nur dann als sinnvoll, wenn der Kaufpreis den Barwert der diskontierten Auszahlungen an die Eigentümer nicht übersteigt. Bei einer konsistenten Anwendung der Verfahren führen sie zum gleichen Ergebnis.[249]

2.3.3.1 Equity-Ansatz (Flow to Equity)

Zur Bewertung des Unternehmenswertes im Equity-Ansatz werden sämtliche, den Anteilseignern zustehende, Zahlungsüberschüsse ermittelt und diskontiert.

---

245 Siehe dazu Berens, Strauch (2002-2).

246 Vgl. Drukarczyk (2003-2), S. 7f.

247 Neben den im Folgenden dargestellten DCF-Methoden kann die Unternehmensbewertung über Real Optionen bzw. Ertragswertverfahren erfolgen. Siehe dazu u.a. Lerner, Hardymon, Leamon (2005), 204ff.

248 Vgl. Drukarczyk (2003–2), S. 130.

249 Vgl. Drukarczyk (2005), S. 199.

Die den Anteilseignern zustehenden Zahlungsüberschüsse lassen sich anhand der Einzahlungsüberschüsse des Unternehmens aus betrieblichen Tätigkeiten, reduziert um die Zins-, Steuer-, Investitions- und Kredittilgungsauszahlungen, sowie erhöht um den Wert der Fremdkapitaleinzahlungen, ermitteln. Die Diskontierung erfolgt über einen das operative und finanzwirtschaftliche Risiko widerspiegelnden, periodenspezifischen Eigenkapitalkostensatz.[250]

2.3.3.2 Entity-Ansatz (Total Cash Flow)

Der Entity-Ansatz lässt sich in zwei Ausprägungen untergliedern, die jeweils in Form einer zweistufigen, retrograden Betrachtung erfolgen. [251] Der erste Schritt umfasst die Ermittlung des Marktwertes des Gesamtkapitals. Im zweiten Schritt wird der Marktwert des Fremdkapitals vom ermittelten Wert des Gesamtkapitals subtrahiert, um den Marktwert des Eigenkapitals zu ermitteln. Der Wert der Fremdkapitalanteile errechnet sich aus dem Barwert der Zahlungen an die Gläubiger. Der Diskontierungsfaktor für das Fremdkapital entspricht den Opportunitätskosten.[252,253]

a) Weighted Average Cost of Capital-Ansatz (WACC)

   Der WACC-Ansatz bezieht sich auf sämtliche Zahlungsströme an die Kapitalgeber, um den Marktwert des Gesamtkapitals zu ermitteln. Die Berechnungsgrundlage bildet der Free Cash Flow vor Zinsen.[254]

---

250 Vgl. u.a. Braun (2005), S. 63ff., Drukarczyk (2003–2), S. 301ff., S. 82ff., Kames (2000), S. 61ff.

251 Ergänzend wird teilweise der Total Cash Flow Ansatz angeführt. Siehe dazu u.a. Braun (2005), S. 81ff., Kames (2000), S. 61ff.

252 Opportunitätskosten entsprechen der Rendite einer alternativen Anlage mit vergleichbarem Risiko.

253 Vgl. Drukarczyk (2003–2), S. 179ff.

254 Die Bestimmung des Free Cash Flows von langfristigen Projekten erweist sich als äußerst problembehaftet. Siehe dazu weiterführend: Drukarczyk (2003-2), S. 175.

Die Diskontierung des Free Cash Flows erfolgt über einen Mischkalkulationszinssatz, in dem steuerliche Vorteile[255] des Fremdkapitals zu adjustieren sind. Steuerliche Vorteile finden somit auf der Ebene der Diskontierung Berücksichtigung.[256]

Die Ermittlung des Wertes des Eigenkapitals erfolgt über die Differenz des Marktwertes des Gesamtkapitals und des Marktwertes des Fremdkapitals. Der Marktwert des Fremdkapitals wird durch die Diskontierung des Free Cash Flows an die Fremdkapitalgeber errechnet. Die Diskontierung erfolgt über einen risikoadäquaten Zinssatz.[257]

b) Adjusted Present Value-Ansatz (APV)

Im Rahmen des APV-Ansatzes wird das Unternehmen in seine einzelnen Wertkomponenten, Wert des Eigenkapitals und Wert des Fremdkapitals, zerlegt. Diese werden separat bewertet und im Anschluss additiv zusammengeführt.

Zunächst wird ein ausschließlich durch Eigenkapital finanziertes Unternehmen unterstellt und der Wert des Unternehmens durch die Diskontierung der Zahlungen an die Eigentümer mit der Eigenkapitalrendite ermittelt. Im Anschluss daran erfolgt die Bewertung der Integration von Fremdkapital. Die Verbesserung des Erfolgsstromes wird dann in den Marktwert des Unternehmens integriert. Dabei finden steuerliche Vorteile, die durch die Veränderung der Kapitalstruktur erfolgen, Anwendung.[258]

2.4 Zusammenfassung

Als Grundlage für das weitere Vorgehen konnte der Beteiligungsprozess von Finanzintermediären als zentrales Gliederungsschema in die Prozesse Investition, Monitoring und Exit untergliedert werden.

---

255 Siehe dazu weiterführend Brealey, Myers (2006).
256 Vgl. u.a. Braun (2005), S. 85ff., Kames (2000), S. 67ff., Drukarczyk (2003-2), S. 258 ff.
257 Vgl. IDW (2005), S. 1316.
258 Vgl. u.a. Kames (2000), S. 64ff., Drukarczyk (2003-2), S. 199ff.

Darüber hinaus konnte eine Untergliederung des Investitionsprozesses in die Beteiligungssuche, die Beteiligungsprüfung und die Beteiligungsverhandlung erfolgen und ausgewählte Investitionsvehikel wurden dargestellt.

Bei Projektfinanzierungen handelt es sich um komplexe Cash Flow basierende Finanzierungen mit einer Vielzahl von Beteiligten und einem in der Regel umfassenden Vertragswerk, bei denen die Bank Projektrisiken und Strukturierungsleistungen übernimmt. Die Grundlage für die Risiko- und Haftungstrennung bildet die Gründung einer Projektgesellschaft. Für die finanzierende Bank sind die mit dem finanzierten Projekt künftig einhergehenden Cash Flows von essentieller Bedeutung. Zur Bewertung der Cash Flows sind Projektfinanzierungskennzahlen wichtig.

Die Due Diligence dient sowohl bei der Finanzierungsentscheidung von Banken als auch beim Investitionsprozess von Finanzintermediären als Informationsquelle für die Entscheidungsfindung. Ein wesentlicher Bestandteil der Due Diligence ist die Darstellung der künftigen Cash Flows unter Berücksichtigung der Risiken. Es kann festgehalten werden, dass für den Beteiligungsprozess und die Finanzierung eine detaillierte Projektbetrachtung unumgänglich ist.

Als Grundlage für die detaillierte Analyse der Teilschritte des Beteiligungsprozesses bei PPP-Vorhaben wurden die Due Diligence, die Ergebnisse einer empirischen Studie zum Monitoring sowie mögliche Exitstrategien betrachtet.

3 Public Private Partnership

Das folgende Kapitel erfasst als zweites Grundlagenkapitel die Rahmenbedingungen und spezifischen Kriterien von PPP-Vorhaben als Basis für die sich anschließenden weiterführenden Untersuchungen. Zunächst erfolgen die Darstellungen der PPP-Entwicklung und der Rahmenbedingungen. Darauf basierend wird eine detaillierte Untersuchung von PPP-Projekten ermöglicht. Im Rahmen der projektspezifischen Betrachtung geht die Arbeit auf die Projektstruktur und Finanzierung projektfinanzierter PPP-Projekten ein. Die Finanzierung umfasst die Fremdkapitalbereitstellung in Form einer Projektfinanzierung und Eigenkapitalbeteiligungsmöglichkeiten von Finanzintermediären. Ergänzend werden PPP-spezifisch Risiken und Hochbausegmente im Anschluss untersucht, um die durch PPP-Projekte gegebenen Anforderungen und Rahmenbedingungen weiter zu spezifizieren.

3.1 PPP-Entwicklung und Rahmenbedingungen

Nachfolgend werden zunächst die als zentraler Motivationsgrund der öffentlichen Hand anzuführenden potentiellen Effizienzgewinne dargestellt. Anschließend erfasst die Arbeit die PPP-Entwicklung in Deutschland, den PPP-Prozess aus Sicht der öffentlichen Hand und die PPP-Vertragsmodelle. Die PPP-Entwicklung ist als Grundlage für die Bewertung der Marktgegebenheiten in Deutschland wichtig. Der PPP-Prozess aus Perspektive der öffentlichen Hand und die PPP-Vertragsmodelle bilden das Grundgerüst für die Betrachtung von PPP-Projekten.

3.1.1 Effizienzgewinne für PPP

Der wichtigste Motivationsgrund für die Konzipierung von PPP-Projekten stellt für die öffentliche Hand die Generierung von Effizienzgewinnen dar. Effizienzgewinne bei PPP-Projekten können auf Grundlage verschiedener Faktoren realisiert werden. Die nachfolgende Grafik zeigt ausgewählte Faktoren in hierarchischer Reihenfolge, beginnend mit den für die Generierung von Effizienzvorteilen wichtigsten:

Abbildung 9: Effizienzpyramide[259]

Der wichtigste effizienztreibende Faktor ist der Risikotransfer zwischen den Projektbeteiligten. Es sollte immer derjenige Vertragspartner ein Risiko übernehmen, der dieses auch am besten beeinflussen und steuern kann. Ein nicht optimaler Risikotransfer führt zu überhöhten Risikoprämien.[260] Der Risikotransfer wird in der Fachliteratur auch häufig als Risikoallokation bezeichnet.

Auf der zweiten Ebene der Effizienzpyramide finden sich die Faktoren Outputorientierung, Wettbewerb und Lebenszyklusansatz. Bei PPP-Projekten erfolgen Ausschreibungen in der Regel über Outputspezifikationen mit definierten Rahmenbedingungen und funktionalen Leistungsbeschreibungen.[261] Diese Art der Ausschreibung verspricht im Vergleich zu herkömmlichen inputorientierten Ausschreibungen, die in der Regel bei Eigenrealisierungen der öffentlichen Hand zur Anwendung kommen, erhebliche Effizienzpotentiale, beispielsweise aufgrund von Innovationsanreizen und Planungsfreiheiten. Auf den privaten Partner werden Planung, Bau, Betrieb, Finanzierung und ggf. Verwertung übertragen. Durch die einheitliche Erbringung dieser Leistungen unter definierten Standards können effiziente und kostengünstige Lösungen erreicht werden.[262] Den nächsten in der zweiten Ebene genannten Faktor bildet der Wett-

---

259 Quelle: Eigene Darstellung in Anlehnung an Jacob, Kochendörfer (2002), S. 19.
260 Vgl. Jacob, Kochendörfer (2002), S. 20.
261 Vgl. Finanzministerium des Landes NRW (2007), S. 8.
262 Vgl. Littwin (2006), S. 17.

bewerb. Bei der Ausschreibung von PPP-Projekten besteht, in Abhängigkeit der Projektspezifika, in der Regel ein starker Wettbewerb, dem die Bieter ausgesetzt sind. Auf Grundlage dieses Wettbewerbes wird ein leistungsförderndes Umfeld generiert, in dem effiziente Projektlösungen entwickelt werden.

Neben den genannten Faktoren besteht eine Vielzahl weiterer Faktoren, die zu Effizienzgewinnen bei der Realisierung in Form von PPP führen können. Einige ausgewählte finden sich in der dritten Ebene der Effizienzpyramide.[263]

3.1.2 PPP-Entwicklung in Deutschland

3.1.2.1 Investitionen und Entwicklung

Der öffentliche Investitionsbedarf in Deutschland ist aufgrund langjährig rückläufiger Investitionen hoch.[264] Auf kommunaler Ebene wäre für die nächsten Jahre ein jährlicher Investitionsbedarf von ca. 57 Milliarden Euro notwendig, um den Investitionsstau abzubauen. Der Anteil der im Hochbau notwendigen Investitionen beläuft sich ohne den öffentlichen Wohnungsbau auf ca. 27% des gesamten Investitionsbedarfs.[265]

Seit dem Jahr 2001 wird PPP als Beschaffungsalternative zur konventionellen Eigenrealisierung durch föderale Einrichtungen auf Bundes- und Landesebene sowie durch Änderungen der Gesetzgebung unterstützt.[266] In den letzten Jahren entwickelte sich das Investitionsvolumen[267] des deutschen PPP-Marktes im öffentlichen Hochbau wie folgt:[268]

263 Siehe dazu weiterführend u.a. Littwin (2006), Jacob, Kochendörfer (2002), BMVBW (2003-1).

264 Vgl. Deutscher Städtetag (2001).

265 Vgl. DIfU (2005).

266 Beispielsweise durch die Gründung verschiedener Task Forces und Änderungen der Gesetzgebung (ÖPP-Beschleunigungsgesetz, Novellierung des Investmentgesetztes).

267 Das gesamte Projektvolumen ist aufgrund der Erbringung von Betriebs- und Bauunterhaltungsleistungen wesentlich höher als das reine Investitionsvolumen.

268 Der nachfolgenden Darstellung liegt eine sehr enge Eingrenzung von PPP zugrunde, und es werden ausschließlich die Investitionsvolumen dargestellt.

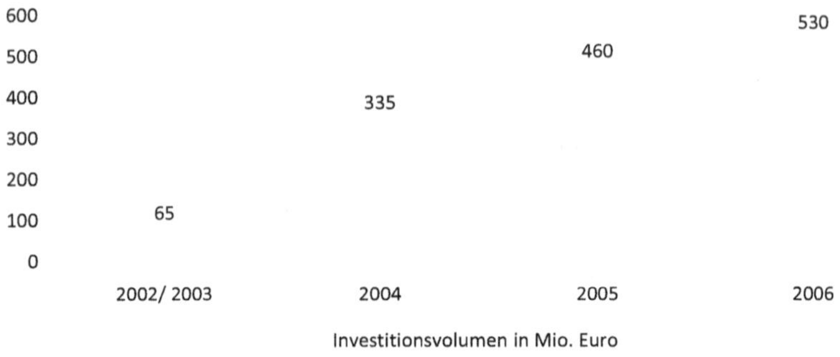

Abbildung 10: PPP im öffentlichen Hochbau: Entwicklung des PPP-Marktes von 2002 bis 2006[269]

Seit dem Jahr 2002 ist ein stetiger Anstieg des vergebenen PPP-Investitionsvolumens zu verfolgen. Im Jahr 2006 wurde bei 17 Projekten ein Investitionsvolumen von 530 Millionen realisiert.[270]

Die PPP-Quote im Rahmen der öffentlichen Investitionen soll sich in Deutschland in den nächsten Jahren dem Niveau anderer Länder annähern. Aktuell hat Deutschland eine Quote von ca. 4%.[271] Die Bundesregierung strebt laut Herrn Tiefensee, Minister für Verkehr, Bau und Stadtentwicklung, eine PPP-Quote von 15%, wie in Ländern mit entwickelten PPP-Märkten,[272] an.[273] Bedingt durch diese Zielsetzung und der damit einhergehenden Forcierung der Umsetzung von PPP-Konzeptionen ist eine dynamische Entwicklung des PPP-Marktes zu erwarten.[274] Die Verteilung der Investitionen zwischen den Körperschaften Bund, Länder und Städte bzw. Gemeinden müsste dabei grob im Verhältnis 1:1:3 erfolgen. Auf Länderebene und kommunaler Ebene ist die Umsetzung von PPP-Projekten in Deutschland bereits in einem positiven Entwicklungsprozess. Lediglich auf Bundesebene bleibt die Entwicklung hinter den Erwartungen und der Zielsetzung zurück. Der Großteil der vergebenen

269 Quelle: Hauptverband der Deutschen Bauindustrie (2007-3), S. 1.
270 Vgl. Hauptverband der Deutschen Bauindustrie (2007-3), S. 2.
271 Vgl. Erdinger (2007), S. 27.
272 Beispielsweise Großbritannien und USA.
273 Vgl. u.a. Die Deutsche Bauindustrie (2006), Scherer-Leydecker (2008).
274 Vgl. Rambold (2006), S. 6.

PPP-Projekte in Deutschland ist auf kommunaler Ebene im Bereich Bildung zu finden.[275] Zudem ist zu konstatieren, dass bei steigendem Marktvolumen und der vermehrten Umsetzung als Projektfinanzierungen[276] der Eigenkapitalbedarf erheblich steigt.

Im internationalen Vergleich ist die Entwicklung des deutschen PPP-Marktes schwach. Beispielsweise ist der PPP-/PFI-Markt in Großbritannien hinsichtlich wichtiger Kriterien weiter entwickelt. Er verfügt beispielsweise über eine wesentlich höhere PPP-Quote bei der Umsetzung öffentlicher Investitionsvorhaben, und zur Unterstützung der PPP-/PFI-Entwicklung wurde im Jahr 2000 die PartnershipsUK (PUK) gegründet. Bei der PUK handelt es sich um eine Gesellschaft, die partnerschaftlich von der öffentlichen Hand und dem privaten Sektor getragen wird. Die Mehrheit der Anteile wird vom privaten Sektor getragen. Ihre Zielsetzung besteht in der Unterstützung und Beschleunigung der Erneuerung von Infrastruktureinrichtungen und der effizienten Nutzung öffentlichen Kapitals durch bessere und stärkere Partnerschaften zwischen dem öffentlichen und dem privaten Sektor.[277] Die PUK ist ausschließlich im Auftrag der öffentlichen Hand tätig. Sie berät einzelne Projekte, und die Regierung tätigt Investitionen in Projekte und treibt die Vermarktung öffentlicher Wirtschaftsgüter voran.[278] In Deutschland befindet sich derzeit die Partnerschaften Deutschland Gesellschaft (PDG) im Aufbau. Die Aufgabenfelder und die Struktur der Gesellschaft sollen ähnlich der der PUK sein.[279]

3.1.2.2 Marktteilnehmer

Bei der Betrachtung der Erbringung der Finanzierungsleistung auf dem deutschen PPP-Markt ist zu berücksichtigen, dass in der deutschen Vergangenheit größtenteils Forfaitierungsmodelle mit Einredeverzichtserklärung durch die öffentliche Hand konzipiert wurden. Diese Finanzierungsmodelle umfassen in

[275] Vgl. Hauptverband der Deutschen Bauindustrie (2007-3), S. 4.
[276] Projektfinanzierungen ermöglichen umfassende Risikotransfers und Forfaitierungsmodelle zeigen verschiedene Schwachstellen auf. Siehe Kapitel 3.2.2.
[277] Vgl. PUK (2007-1).
[278] Vgl. PUK (2007-2).
[279] Siehe dazu PDG (2008).

der Regel keine langfristige Eigenkapitalstellung, weil die Besicherungsansprüche der finanzierenden Bank durch die Bonität der öffentlichen Hand abgedeckt werden. Bei Forfaitierungsmodellen ist ausschließlich für die Bauphase, in der noch kein Einredeverzicht besteht, eine Besicherung der Finanzierung notwendig, die in der Regel durch die operativen Projektteilnehmer gestellt wird.[280]

Bei projektfinanzierten Projekten in Deutschland wurde das Eigenkapital in der Vergangenheit größtenteils durch Industrielle Sponsoren eingebracht. Die Fremdkapitalbereitstellung erfolgte meist durch öffentlich-rechtliche Kreditinstitute.[281] Auf dem deutschen PPP-Markt ist in den letzten Jahren das vermehrt das Auftreten von Finanzintermediären als Eigenkapitalgeber zu erkennen. Beispielsweise scheiterte der im Jahr 2005 durch die LB ImmoInvest GmbH konzipierte ImmoSafe, ein Immobilien-Spezialfonds (Offener Immobilienfonds nach dem InvG), der europaweit in PPP-Projekte und Kommunalimmobilien investieren sollte,[282] u.a. aufgrund mangelnder Investitionsmöglichkeiten.[283] Andere aktive Finanzintermediäre sind Leasinggesellschaften, oft Tochtergesellschaften öffenltlicher Kreditinstitute, die teilweise erfolgreich versuchen, sich über verschiedene Investitionsvehikel[284] an PPP-Projekten zu beteiligen. Positive Auswirkung kann die Integration der Muttergesellschaft als Fremdkapitalgeber haben, weil beispielsweise die Transaktionskosten der Finanzierung minimiert werden können. Weltweit sind Eigenkapitalbeteiligungen durch Finanzintermediäre, insbesondere in entwickelten PPP-/PFI-Märkten, vermehrt zu beobachten. Die bekanntesten Finanzintermediäre sind die britische Innisfree Limited und die australische Macquarie Bank Group, die sich als Finanzintermediäre über Fondskonzeptionen an Projekten beteiligen.[285]

280 Beispielsweise durch Bürgschaften.
281 Die deutsche Bankenlandschaft lässt sich untergliedern in Geschäftsbanken, in öffentlich-rechtliche Kreditinstitute und in den genossenschaftlichen Sektor.
282 Siehe dazu Gneuss (2005).
283 Vgl. Bader (2007).
284 Abgesehen von Fondsleasing, wobei das Leasinggeschäft über eine Fondsstruktur finanziert wird, beinhalten die Portfolios von Leasinggesellschaften andere Fondsstrukturen wie geschlossene Fonds.
285 Vgl. Fleischer, Effenberg (2006), S. 19.

Zur Analyse der operativ tätigen Marktteilnehmer des deutschen PPP-Marktes eignet sich die Betrachtung der 2008 erschienenen DIfU Studie "PPP und Mittelstand", deren Schwerpunkte die Untersuchung der bisherigen Beteiligung des Mittelstandes bei PPP-Projekten und die Evaluation der Beteiligungschancen des Mittelstandes sind.[286] Aufgrund der langfristigen Ausrichtung von PPP-Projekten und dem die Finanzierung umfassenden Leistungsspektrum[287] erscheint die Integration des deutschen Mittelstandes, u.a. wegen der Eigenkapitalanforderungen und den Know-how-Ansprüchen problematisch. Im Rahmen der Erhebung konnte ermittelt werden, dass der Schwellenwert für mittelständische Unternehmen auf erster Ebene als Auftragnehmer bei einem Investitionsvolumen von ca. 15 Millionen Euro liegt. In über 70% bzw. in 47% der Fälle wurden mittelständische Unternehmer als Auftragnehmer in erster Ebene bei Projekten mit Investitionsvolumen von bis zu 10 Millionen bzw. bis zu 15 Millionen Euro beauftragt. Projekte mit Investitionsvolumen von über 15 Millionen Euro wurden ausschließlich an große Baukonzerne vergeben. Als Nachunternehmer auf zweiter Ebene wurden über alle Investitionsvolumina 70% bis 80% der Leistungen von mittelständischen Unternehmen erbracht.[288]

In der Vergangenheit wurden öffentliche Aufträge in der Regel nicht den gesamten Lebenszyklus umfassend, mit entsprechenden Risikotransfers, aus einer Hand erbracht. Die Abdeckung des gesamten Lebenszyklus und insbesondere die Erbringung von Finanzierungsleistungen bei öffentlichen Aufträgen stellen für die operativen Projektbeteiligten, Finanzintermediäre sowie für öffentliche Auftraggeber größtenteils neue Strukturen dar.

Die ausschließliche Eigenkapitalfinanzierung durch Industrielle Sponsoren erscheint künftig, bedingt durch deren operative unternehmerische Zielsetzung und begrenzte Eigenkapitalausstattung, nicht möglich. Für PPP-Projekte sind als Industrielle Sponsoren in erster Linie Bauunternehmen und Betreibergesellschaften von Bedeutung. Bei deren Betrachtung kann zwischen kleinen

---

286 Vgl. DIfU (2008).
287 Bei Forfaitierungsmodellen mit Einredeverzicht wird der Risikotransfer im Rahmen der Finanzierung reduziert, und eine umfassende Eigenkapitalausstattung ist in der Regel nicht notwendig.
288 Vgl. DIfU (2008).

und mittelständischen Unternehmen (KMUs) und Baukonzernen differenziert werden. Für kleine und mittelständische Unternehmen kann unterstellt werden, dass sie die Eigenkapitalfinanzierung nicht oder ausschließlich kurzfristig während der Bau- und Betriebsphase 1[289] erbringen können und wollen.[290] Bei Baukonzernen erfolgt in der Praxis häufig eine Trennung zwischen operativem Unternehmenssegment und Investitionssegment. Das Investitionssegment führt gezielt Investitionen in Projekte durch, bei denen häufig das operative Unternehmenssegment beteiligt ist. Baukonzerne sind tendenziell in der Lage, die Finanzierung selbstständig über den gesamten Lebenszyklus für eine begrenzte Anzahl von Projekten zu erbringen. Auch hier erscheint das langfristige Interesse der Eigenkapitalbindung in PPP-Projekten fraglich. Ergänzend ist anzuführen, dass operative Projektbeteiligte in der Vergangenheit bei Projekten mit öffentlichen Auftraggebern keine oder ausschließlich kurzfristige Eigenkapitalfinanzierungsleistungen erbringen mussten und PPP-Beteiligungen somit teilweise neue Strukturen darstellen, für die das spezifische Know-how nicht vorhanden ist.[291]

Folglich erscheint die Integration von Finanzintermediären bei Projektfinanzierungen unumgänglich. Trotz des in den letzten Jahren vermehrten Auftretens von Finanzintermediären als Eigenkapitalgeber ist die Expertise im Rahmen von Eigenkapitalbeteiligungen an Projekten mit öffentlichen Auftraggebern im deutschen Finanzsystem als vergleichsweise[292] schwach ausgeprägt einzuschätzen. Zum einen sind im bankbasierten[293] deutschen Finanzsystem Eigenkapitalbeteiligungen im Vergleich zum angelsächsischen System von nachrangiger Bedeutung[294] und auf einem anderen Niveau.[295] Zum anderen standen Eigenkapitalbeteiligungen an Projekten mit öffentlichen Auftraggebern

---

289 Zum Lebenszyklus von PPP-Projekten siehe Kapitel 3.2.3.

290 Vgl. Walther (2008), S. 8.

291 Investitionssegmente von Baukonzernen sollten Ausnahmen bilden.

292 Im Vergleich zu Großbritannien.

293 Das deutsche Bankensystem ist ein bankbasiertes System. Vgl. Allen, Santomero (2001), S. 290. Bankbasierte Systeme und marktbasierte Systeme weisen Unterschiede in der Erfüllung der Risikomanagementfunktion auf. Siehe dazu weiterführend u.a. Allen, Santomero (2001), Allen, Gale (2000).

294 Jost (2008).

295 Vgl. Allen, Santomero (2001), S. 287.

in der Vergangenheit nicht im Fokus von Finanzintermediären. Projektfinanzierungen bei der Realisierung öffentlicher Aufträge stellen erschwerend auch für öffentliche Auftraggeber im Vergleich zur Finanzierung über die Bonität der öffentlichen Hand größtenteils gänzliche Neuerungen der bisherigen Strukturen dar.

3.1.3 PPP-Prozess aus Sicht des öffentlichen Auftraggebers

Der PPP-Prozess aus der Perspektive der öffentlichen Hand lässt sich in die folgenden fünf Phasen untergliedern:

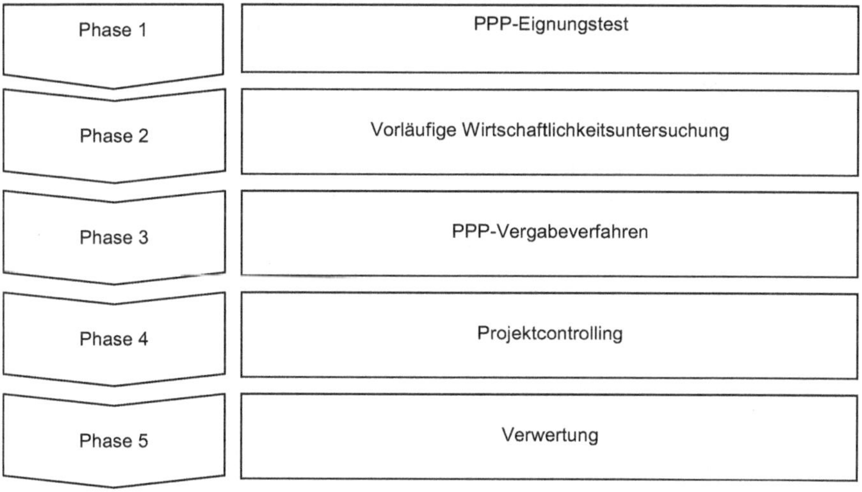

Abbildung 11: PPP-Prozess aus Perspektive der öffentlichen Hand[296]

Die erste Phase des PPP-Prozesses bildet der PPP-Eignungstest. Gegenstand dieser vorläufigen qualitativen Untersuchung ist die generelle Umsetzbarkeit eines Projektes als PPP. Es werden Themenbereiche wie die Finanzierbarkeit, der politische Wille oder projektbezogene Eignungskriterien betrachtet.[297]

---

[296] Quelle: Eigene Darstellung in Anlehnung an Finanzministerium des Landes NRW (2007-1), S.14.

[297] Siehe dazu weiterführend u.a. Finanzministerium des Landes NRW (2004).

Nach einer positiven Bescheinigung der Eignung schließt sich die vorläufige Wirtschaftlichkeitsuntersuchung an. Diese ist eine erste quantitative Untersuchung und bildet die Grundlage der Entscheidungsfindung der öffentlichen Hand.[298] Im Rahmen der vorläufigen Wirtschaftlichkeitsuntersuchung werden verschiedene Realisierungsalternativen anhand der Barwertmethode[299] miteinander verglichen. Die Vergleichsgröße für die PPP-Realisierung bildet die Eigenrealisierung, der PSC[300]. Die Barwerte beinhalten sämtliche, über den Lebenszyklus mit den verschiedenen Realisierungsalternativen einhergehenden, Kosten, Erlöse und Risiken.[301]

Nach dem politischen Beschluss des Auftraggebers zur Umsetzung als PPP erfolgt das Vergabeverfahren mit Teilnahmewettbewerb.[302] In einem ersten Schritt erfolgt die Bekanntmachung im Amtsblatt der europäischen Gemeinschaft. Zwingende Bestandteile sind neben Angaben zum Auftraggeber und Auftragsgegenstand bereits bestimmbare Fristen.[303] Die Bieter werden in der Bekanntmachung aufgefordert, Teilnahmeanträge zu stellen. Als zweiter Schritt findet ein Teilnahmewettbewerb zur Identifikation und Zulassung geeigneter Bieter für das Verhandlungsverfahren statt. Die Auswahl berücksichtigt die Leistungsfähigkeit, die Fachkunde und die Zuverlässigkeit der einzelnen Unternehmen der Bieterkonsortien im Rahmen der Erbringung der Leistungsbestandteile. Das Verhandlungsverfahren beginnt im Anschluss an den Teilnahmewettbewerb mit der Aufforderung zur Angebotserstellung, dem Angebotseingang und der Angebotsauswertung.[304] Die Grundlage für die Angebotserstellung sind die durch die ausschreibende Stelle anzufertigenden Verdingungsunterlagen. Die wesentlichen Bestandteile der Verdingungsunterlagen sind Vertragsmuster des Projektvertrages zwischen der öffentlichen Hand und der Projektgesellschaft, technische Ausschreibungsunterlagen, die Bewertungskriterien der Angebote und die Bestandsdokumentation. Die Ausschrei-

---

298 Vgl. Finanzministerium des Landes NRW (2007), S. 12f.

299 Die Barwertmethode berücksichtigt den Zeitwert verschiedener Zahlungsströme.

300 Public Sector Comperator.

301 Siehe dazu weiterführend Finanzministerium des Landes NRW (2007-1), S. 38, Jacob, Winter, Stuhr (2003), BMVBW (2003-3).

302 Eine Alternative ist beispielsweise der wettbewerbliche Dialog.

303 Siehe dazu weiterführend § 17 Nr. 1 VOB/A, VOL/A.

304 Vgl. BMVBW (2003-1, Hrsg.), S. 76 ff.

bung der technischen Leistungen erfolgt output-orientiert mit definierten Service Levels.[305] Das Vertragsmuster des Projektvertrages bildet die Grundlage für die Leistungserbringung und die Detailverhandlungen. Bezüglich der Finanzierung werden bei Projektfinanzierungen in der Regel ausschließlich die Zeitrahmen und die Art der Zins- und Tilgungsleistungen vorgegeben. Bei Forfaitierungsmodellen mit Einredeverzicht wird ergänzend die Erklärung des Einredeverzichts berücksichtigt. Die Bieter müssen im Rahmen der Angebotslegung eine verbindliche Finanzierungszusage vorlegen.[306] An den Eingang der Angebote schließen sich die Auswertung der Angebote und die Vertragsverhandlungen mit einem reduzierten Bieterkreis an. Das wirtschaftlichste Angebot[307] wird nach dem Verhandlungsverfahren auf Basis der verbindlichen Finanzierungszusage bezuschlagt.[308]

Mit der Zuschlagserteilung und der Vertragsunterzeichnung beginnt für den öffentlichen Auftraggeber die vierte Phase, das Projektcontrolling. Im Rahmen des Projektcontrollings werden die Erreichung der Zielsetzung und die Notwendigkeit von Präventivmaßnahmen bei auftretenden Problemen in der Bau- und Betriebsphase kontrolliert und gesteuert. Besonderes Augenmerk gilt Bonus-Malus-Systemen, Projektrisiken sowie der Dokumentation und Auswertung des Projektverlaufes.[309]

Bonus-Malus-Regelungen sind in der Praxis eingeschränkte Kürzungsmöglichkeiten des Entgeltes,[310] die zum einen Anreize schaffen und zum anderen eine qualitätsabhängige Vergütung sicherstellen sollen.

---

305 Siehe dazu weiterführend Riemschneider, Nietzsche, Bernold (2005), S. 85ff.

306 Der Zeitpunkt kann variieren.

307 Hinsichtlich Preis und Leistung.

308 Siehe dazu weiterführend u.a. Finanzministerium des Landes NRW (2007-1), Finanzministerium des Landes NRW (2007 -2), Alfen, Daube (2005) S. 175ff.

309 Vgl. Finanzministerium des Landes NRW (2007–2), S. 50.

310 Beispielsweise Kürzungsmöglichkeiten des operativen und des investiven Entgeltbestandteiles um bis zu 10% in Abhängigkeit der auftretenden Mängel.

Die fünfte und letzte Phase bildet die Verwertung des Projektes nach Ablauf der Projektlaufzeit. In Abhängigkeit des jeweilig gewählten PPP-Vertragsmodells müssen unterschiedliche Endschaftsregelungen wie unentgeltlicher Rückfall, Rückkaufoptionen oder Verbleib des Eigentums beim privaten Partner berücksichtigt werden.

3.1.4 Ausgewählte PPP-Vertragsmodelle im deutschen Hochbau

Die betrachteten PPP-Vertragsmodelle[311] orientieren sich an den aktuellen Ausführungen der Finanzministerkonferenz und des Finanzministeriums des Landes NRW.[312] Zentraler Aspekt der Unterschiede der Modelle ist das Eigentum an den Grundstücken. Bei der Anwendung der Modelle sind insbesondere Auflagen für die öffentliche Hand bezüglich der Veräußerung der Grundstücke durch Verordnungen, wie die Gemeindeordnung, zu berücksichtigen. Neben den nachfolgend detailliert erläuterten Modellen[313] bestehen das Konzessionsmodell[314], das Contractingmodell[315] und das Gesellschaftsmodell[316].[317,318]

---

[311] Es wird unterstellt, dass bei diesen Modellen keine Beteiligung der öffentlichen Hand an den Projektgesellschaften erfolgt.

[312] Siehe dazu u.a. Finanzministerium des Landes NRW (2007-1), (2007-2), (2007-3).

[313] Die untersuchten Modelle sind insbesondere im Hochbau von zentraler Bedeutung.

[314] Die Bedeutung von Konzessionsmodellen im deutschen Hochbau ist nachrangig. Sie werden nicht weiter berücksichtigt.

[315] Contractingmodelle stellen eine Sonderform der PPP-Vertragsmodelle dar, die beispielsweise die technische Gebäudeausstattung umfassen. Als Sonderform werden sie nicht weiter analysiert.

[316] Gesellschaftsmodelle stellen eine Sonderform der PPP-Vertragsmodelle dar, bei denen der öffentliche Partner an der Projektgesellschaft beteiligt ist. Aufgrund der Beteiligung der öffentlichen Hand werden sie nicht weiter analysiert.

[317] Vgl. Finanzministerium des Landes NRW (2007-2), S. 40ff.

[318] Die Modelle unterscheiden sich wesentlich in der steuerlichen und bilanziellen Behandlung. Eine weiterführende Analyse, insbesondere der Behandlung auf Ebene der Projektgesellschaft kann an dieser Stelle nicht durchgeführt werden. Es wird ausschließlich das Kriterium der Grunderwerbssteuer ohne die Betrachtung von Erbbaumodellen durchgeführt sowie das Eigentum während der Vertragslaufzeit und am Ende der Vertragslaufzeit betrachtet. Als Rahmenbedingung wird angenommen, dass das Grundstück sich ursprünglich im Eigentum des öffentlichen Auftraggebers befindet.

3.1.4.1 Erwerbermodell

Beim Erwerbermodell[319] führt ein privater Auftragnehmer die Leistungen Planung, Bau, Betrieb und Finanzierung einer Immobilie auf einem Grundstück in seinem Eigentum durch. Das an den Auftragnehmer zu entrichtende Entgelt umfasst die Bereiche Planung, Bau, Betrieb, Finanzierung und Eigentumserwerb sowie Risiko- und Gewinnaufschläge. Nach dem Ende der vertraglich fixierten Laufzeit fällt das Eigentum an Immobilie und Grundstück unentgeltlich an den Auftraggeber zurück.[320]

Die Verwertung des Projektes am Ende der Vertragslaufzeit besteht aus der Übertragung des Eigentums an den Auftraggeber. Im Projektvertrag ist der Zustand des Gebäudes am Ende der Vertragslaufzeit in der Regel fixiert.[321] Das Risiko am Ende der Vertragslaufzeit beschränkt sich auf den Gebäudezustand. Erwerbermodelle sind aufgrund des Rückfalls des Eigentums am Ende der Vertragslaufzeit von der Grunderwerbssteuer befreit.[322]

3.1.4.2 Inhabermodell

Im Inhabermodell[323] plant, baut, betreibt und finanziert der private Auftragnehmer eine Immobilie analog zum Erwerbermodell. Der Unterschied der Modelle liegt darin, dass das Eigentum am Grundstück zu jeder Zeit des Vertrages beim öffentlichen Auftraggeber verbleibt. Aufgrund des Verbleibes des Eigentums beim öffentlichen Auftraggeber erwirbt dieser bereits mit der Sanierung bzw. Neuerrichtung sukzessive das Eigentum an der Immobilie. In der Betriebsphase ist es zudem notwendig, dem privaten Auftragnehmer ein umfassendes Nutzungs- und Betriebsrecht zur Erfüllung der Leistungen einzuräumen. Das vom Auftraggeber zu entrichtende Entgelt umfasst Planung, Bau,

---

319 Wird auch als BOT (Build-Operate-Transfer)-Modell bezeichnet. Transfer steht für den zivilrechtlichen Eigentumstransfer auf die öffentliche Hand am Ende der Vertragslaufzeit. Vgl. Finanzministerium des Landes NRW (2007-2), S. 40.

320 Vgl. u.a. BMVBW (2003 -2), S. 7ff., Finanzministerium des Landes NRW (2007-2).

321 Vgl. Schede, Pohlmann (2006), S. 108f.

322 Die Grundlage für diese Regelung bildet das ÖPP-Beschleunigungsgesetz.

323 Wird auch als BTO (Build-Transfer-Operate)-Modell bezeichnet. Transfer steht für den zivilrechtlichen Eigentumstransfer auf die öffentliche Hand zu Beginn der Vertragslaufzeit. Vgl. Finanzministerium des Landes NRW (2007-2), S. 40.

Betrieb, Finanzierung sowie Gewinn und Risiko.[324] Das Verwertungsrisiko bleibt zusammen mit dem Eigentum an dem Grundstück bei der öffentlichen Hand. Ausschließlich der Gebäudezustand kann als Risiko am Ende der Vertragslaufzeit identifiziert werden. Grunderwerbssteuer fällt nicht an.

3.1.4.3 Mietmodell

Im Mietmodell[325] baut, plant, betreibt und finanziert ein privater Auftragnehmer auf einem Grundstück in seinem Eigentum. Ein Eigentumserwerb durch den Auftraggeber am Ende der Vertragslaufzeit ist nicht vertraglich fixiert. Bestandteile des während der Vertragslaufzeit durch den Auftraggeber zu entrichtenden Entgeltes sind die für die Gebrauchsüberlassung anfallende Miete, die Betriebsentgelte, Gewinn- und Risikoaufschläge. Das Verwertungsrisiko geht aufgrund des Eigentumstransfers auf den privaten Auftragnehmer über. Mangels der Rückübertragung an den Auftraggeber besteht kein Risiko bezüglich des Gebäudezustandes. Mietmodelle sind grunderwerbssteuerpflichtig.

Zur Anwendbarkeit von Mietmodellen muss geprüft werden, ob die endgültige Veräußerung der Grundstücke, die Gegenstand des PPP-Vertrages sind, zulässig ist.

3.1.4.4 Leasingmodell

Ein privater Auftragnehmer übernimmt beim Leasingmodell[326], analog zum Erwerbermodell, für ein in seinem Eigentum stehendes Grundstück Planung, Bau, Betrieb und Finanzierung einer Immobilie. Nach dem Ende der vertraglich fixierten Laufzeit besteht keine Verpflichtung der Eigentumsübertragung auf den Auftraggeber. Der Auftraggeber hat vielmehr ein Optionsrecht auf den Eigentumserwerb an Grundstück und Immobilie.

---

324 Vgl. Finanzministerium des Landes NRW (2007-2), S. 51.

325 Wird auch als BOO (Build-Transfer-Own)-Modell bezeichnet. Vgl. Finanzministerium des Landes NRW (2007-2), S. 41.

326 Wird auch als BOO (Build-Transfer-Own)-Modell bezeichnet. Vgl. Finanzministerium des Landes NRW (2007-2), S. 41.

Das Optionsrecht umfasst den Kauf zu einem anfänglich bestimmten Preis. Das vom Auftraggeber während der Vertragslaufzeit zu entrichtende Entgelt umfasst die Bereiche Planung, Bau, Betrieb, Finanzierung, Gewinn- und Risikoaufschläge.[327]

Die Verwertung des Vertragsobjektes am Ende der Vertragslaufzeit ist bei Leasingmodellen durch verschiedene Optionsrechte geprägt.[328] Das Verwertungsrisiko geht bedingt durch verschiedene Optionsrechte des Auftraggebers auf den privaten Auftragnehmer über.[329] Für den Fall, dass der Wert des Grundstückes am Ende der Vertragslaufzeit über dem vereinbarten Rückkaufoptionswert liegt, führt der Rückkauf durch die öffentliche Hand zu einem Verlust auf Seiten des Auftragnehmers. Bei einer Wertentwicklung des Grundstückes, die einen Wert unterhalb des Rückkaufoptionswertes nach sich zieht, ist von einer Nichtumsetzung der Rückkaufoption auszugehen und das Verwertungsrisiko verbleibt beim Auftragnehmer. Neben den angeführten ökonomischen Überlegungen beeinflussen Auflagen der öffentlichen Hand die Nutzung einer Rückkaufoption. Für den Fall der Nutzung der Rückkaufoption ist davon auszugehen, dass der Auftraggeber ergänzend das Risiko des Gebäudezustandes trägt.[330] Für Leasingmodelle ist aufgrund des ausschließlich optionalen Rückfalls des Grundstückes keine Grunderwerbssteuerbefreiung durch das ÖPP-Beschleunigungsgesetz möglich.

Die Anwendbarkeit von Leasingmodellen ist in der Regel durch die Ausführungen in den Gemeindeordnungen geregelt. Beispielsweise in Nordrhein-Westfalen lässt sich ableiten, dass Leasingmodelle nur dann anwendbar sind, wenn die Nutzung des Vermögensgegenstandes zur Aufgabenerledigung der öffentlichen Hand langfristig gesichert und die Aufgabenerfüllung dadurch wirtschaftlicher ist.[331]

---

327 Vgl. u.a. BMVBW (2003-2), S. 7ff., FMK NRW (2006), S. 1 ff.
328 Vgl. Schede, Pohlmann (2006), S. 121.
329 Es wird unterstellt, dass keine vollständige Amortisation während der Vertragslaufzeit erfolgt.
330 Bezüglich des Risikos des Gebäudezustandes ist die vertragliche Ausgestaltung von entscheidender Bedeutung.
331 Vgl. § 90 GO NRW. Ergänzend muss die Rückübertragung berücksichtigt werden.

Zudem muss das Leasinggeschäft gem. dem Runderlass 34-48.05.01/01 vom 09.10.2006 (Krediterlass) zur Werterhaltung oder Wertsteigerung des Objektes dienen.

Aufgrund der Bestimmung, dass durch die Anwendung eines Leasingmodells eine zusätzliche ökonomische Optimierung im Vergleich zu anderen PPP-Vertragsmodellen generiert wird, erscheint die Anwendbarkeit von Leasingmodellen in der Praxis problematisch.

3.1.4.5 Zusammenfassung

Zusammenfassend lassen sich die Modelle in der folgenden Abbildung anhand für die wissenschaftliche Beurteilung wesentlicher Kriterien vergleichen:

	Erwerbermodell	**Inhabermodell**	**Mietmodell**	**Leasingmodell**
Eigentum an Grundstück und Immobilie während der Vertragslaufzeit	Veräußerung durch die öffentliche Hand an privaten Auftragnehmer	Verbleib bei der öffentlichen Hand	Veräußerung durch die öffentliche Hand an privaten Auftragnehmer	Veräußerung durch die öffentliche Hand an den privaten Auftragnehmer
Endschaftsregelung für das Eigentum an Grundstück und Immobilie am Ende der Vertragslaufzeit	Unentgeltlicher Rückfall an die öffentliche Hand	Eigentum verbleibt bei der öffentlichen Hand	Eigentum verbleibt beim privaten Auftragnehmer	Rückkaufoption der öffentlichen Hand zu fixierten Konditionen
Bestandteile Entgelt	Planung, Bau, Betrieb, Finanzierung, Erwerb von Immobilie und Grundstück, Risiko- und Gewinnzuschläge	Planung, Bau, Betrieb und Finanzierung, Risiko- und Gewinnzuschläge	Miete, Betrieb, Risiko- und Gewinnzuschläge	Planung, Bau, Betrieb und Finanzierung, Risiko- und Gewinnzuschläge
Verwertungsrisiko für den privaten Auftragnehmer	Nein	Nein	Ja	Ja

Tabelle 2: PPP-Vertragsmodelle[332]

Durch den Eigentumserwerb wird im Rahmen der Finanzierung die Möglichkeit geschaffen die Immobilie besichernd einzusetzen. Die Endschaftsregelung bezüglich des Eigentums determiniert ob ein Verwertungs- oder Restwertrisiko auf den privaten Auftragnehmer übergeht.

---

332 Quelle: Eigene Darstellung.

Zudem bestimmen die Zahlungen im Rahmen der Endschaftsregelung in welchem Umfang der öffentliche Auftraggeber während der Vertragslaufzeit Zahlungen für den Eigentumserwerb leisten muss.[333]

3.2 Projektstruktur und Finanzierung projektfinanzierter PPP-Projekten

Im nachfolgenden Abschnitt wird als Fundament für die theoretischen Untersuchungen im Detail auf PPP-Projekte eingegangen. Der Fokus der Betrachtung liegt auf der Projektstruktur, der Finanzierung und dem Lebenszyklus von PPP-Projekten. Darauf basierend können Beteiligungsmöglichkeiten von Finanzintermediären strukturiert werden.

3.2.1 Projektstruktur, Projektbeteiligte und Vertragsbeziehungen

Die Projektstruktur, die Projektbeteiligten und die Vertragsbeziehungen[334] sind zentrale Elemente von PPP-Vorhaben und werden nachfolgend dargestellt.

3.2.1.1 Projektstruktur und Projektbeteiligte

Die Struktur eines projektfinanzierten PPP-Projektes lässt sich vereinfacht[335] wie folgt darstellen:

---

[333] Eine weiterführende Betrachtung findet sich in Kapitel 4.3.1.

[334] Siehe dazu weiterführend Knütel (2007).

[335] Es werden nur ausgewählte Projektbeteiligte betrachtet. Beispielsweise der Einbezug von Fördermittelgebern ist an dieser Stelle nicht notwendig.

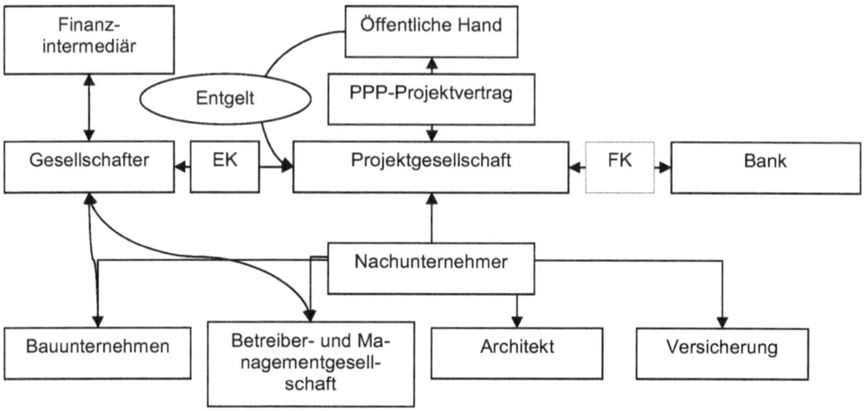

Abbildung 12: Struktur eines PPP-Modells[336]

Die öffentliche Hand als Auftraggeber ist der ursprüngliche Initiator des Projektes. Nach der Durchführung einer Wirtschaftlichkeitsuntersuchung und eines Ausschreibungsverfahrens wird ein Bieterkonsortium, welches die Projektgesellschaft gründet, mit der Umsetzung beauftragt.[337]

Im Zentrum des Organigramms steht die Projektgesellschaft als Projektträger, die von dem Bieterkonsortium gegründet wird und im Rahmen des PPP-Projektvertrages von der öffentlichen Hand gem. des Lebenszyklusansatzes mit der Realisierung des Projektes beauftragt wird.[338] Der Projektträger kann grundsätzlich als Kapital- oder Personengesellschaft konzipiert sein. Meist sind in der Praxis Kapitalgesellschaften in Form einer GmbH vorzufinden. Die Projektgesellschaft bedient sich zur Erbringung der vertraglich vereinbarten Leistungen verschiedener Nachunternehmer wie Bauunternehmen, Betreiber- und Managementgesellschaften sowie Architekten.

336 Quelle: Eigene Darstellung.

337 In der Grafik nicht dargestellt.

338 Es wird unterstellt, dass in jedem Fall eine Projektgesellschaft zur Realisierung des Projektes gegründet wird, an der die öffentliche Hand keine Beteiligung hält. Konstellationen mit öffentlicher Beteiligung oder PPP-Modelle ohne Gründung einer Projektgesellschaft sind möglich.

Die Projektgesellschaft selbst erbringt keine oder nur geringfügige Leistungen. Ergänzend können beispielsweise ausgewählte Risiken an Versicherungen weitergereicht werden.[339]

Als Gesellschafter und Eigenkapitalgeber (EK) der Projektgesellschaft können Nachunternehmer als Industrielle Sponsoren oder Finanzintermediäre unter Verwendung von Investitionsvehikeln auftreten.[340] Die Fremdkapitalfinanzierung (FK) wird als Projektfinanzierung durch eine Bank gestellt.[341] Im Rahmen der Finanzierung erfolgt eine Differenzierung in Bau- und der Endfinanzierung. Die Baufinanzierung umfasst die Bauzeit bis zur Abnahme der Gebäude.[342] Nach der Abnahme der Bauwerke erfolgt die Endfinanzierung.

Durch den PPP-Projektvertrag verpflichten sich die Projektgesellschaft zur Erbringung der vertraglich fixierten Leistungen und die öffentliche Hand zur Zahlung des Entgeltes. Die Entgeltzahlungen erfolgen in der Regel erst nach Abnahme der Bauleistungen in der Betriebsphase. Das Entgelt setzt sich aus einem investiven Anteil und einem operativen Anteil zusammen. Der investive Anteil umfasst die in der Planungs- und Bauphase anfallenden Planungs-, Bau-, Transaktions- sowie die Finanzierungskosten und wird in der Regel in Form von Annuitäten erbracht. Der operative Entgeltanteil orientiert sich an den anfallenden Betriebs- und Bauunterhaltungskosten[343]. Während der Vertragslaufzeit erfolgt die Indexierung des operativen Entgeltes.[344]

3.2.1.2 Vertragsbeziehungen

PPP-Projekte sind in Deutschland teilweise sehr unterschiedlich strukturiert. Die in Kapitel 3.1.4 erläuterten PPP-Vertragsmodelle beschreiben nur einen

---

339 Vgl. Walther (2008), S. 6.

340 Die Eigenkapitalausstattung der Projektgesellschaft variiert mit den Projektphasen, der Finanzierungsformen und den projektspezifischen Risiken.

341 Die Fremdkapitalgeber stellen den Großteil der Finanzierung. In Abhängigkeit der Projektphasen bei PPP-Projekten zwischen 80% und 100%.

342 In der Praxis finden verschiedene Modelle, beispielsweise das Mogendorfer Modell mit Teilabnahmen Anwendung. Siehe dazu weiterführend u.a. Schöne et al. (2006), S. 79.

343 Auch Lebenszykluskosten genannt. Die Bauunterhaltungskosten können auch Baumaßnahmen in der Betriebsphase beinhalten.

344 Vereinbarungen zur Anpassung des operativen Entgeltes sind Gegenstand des PPP-Projektvertrags.

sehr groben Rahmen der Modelle. Bei der Umsetzung von PPP-Modellen versucht die öffentliche Hand verstärkt PPP-Verträge zu standardisieren.[345] Aufgrund der stark divergierenden Eigenschaften der Sektoren und Projekte, der jungen Marktentwicklung und der dezentralen Organisation in Deutschland ist die Standardisierung nur eingeschränkt möglich und noch nicht so weit fortgeschritten wie in entwickelten Märkten. Der nachfolgende Abschnitt zeigt einige ausgewählte Vertragsbeziehungen bei PPP-Projekten.

- PPP-Projektvertrag

  Der PPP-Projektvertrag wird zwischen der öffentlichen Hand und der Projektgesellschaft geschlossen. Er regelt u.a. die Vertragsparteien, den Gegenstand und die Zielsetzung des PPP-Projektes, den Leistungsumfang der Projektgesellschaft, die Vergütung, die Finanzierung, das Controlling durch den Auftraggeber, die Nachunternehmer und die Beendigung des Vertrages sowie Verlängerungsoptionen.[346]

  Im Rahmen der Vergütungsvereinbarungen sind teilweise Vertragsstrafen für Fristüberschreitungen bei den Bauleistungen sowie leistungsabhängige und anreizbildende Bonus-Malus-Systeme für die Entgeltzahlungen vereinbart. Bei Abweichungen der erbrachten Leistungen von den definierten Service-Levels behält sich die öffentliche Hand Einbehaltungsrechte für die Entgeltzahlungen vor.[347] Die Einbehaltungsrechte sind teilweise auf 10% begrenzt. Bei der nicht fristgerechten Fertigstellung der Baumaßnahmen werden regelmäßig Vertragsstrafen vereinbart, die beispielsweise die investiven Zahlungen um bis zu 5% kürzen. Die Regelung der Finanzierung klärt u.a. Aspekte wie die Einbindung von Fördermitteln, Sicherheiten und die Finanzierungsformen. Regelungen zur Änderung der Gesellschafterstruktur der Projektgesellschaft und der Beteiligung der öffentlichen Hand an Refinanzierungsgewinnen werden in Deutschland in PPP-Projektverträgen größtenteils vernachlässigt. Es bestehen teilweise Restriktionen für Gesellschafterwechsel. Diese beinhalten beispielsweise Sperr-

[345] Siehe dazu u.a. Finanzministerium des Landes NRW (2005).
[346] Vgl. Schöne (2006), S. 100ff.
[347] Siehe dazu weiterführend u.a. Miksch (2007).

fristen für Veräußerungen innerhalb von zwei Jahren nach Fertigstellung der Baumaßnahmen. In den Nachunternehmerregelungen werden die Nachunternehmer benannt und die Projektgesellschaft berechtigt, jene unter Einhaltung bestimmter Auflagen und unter Zustimmungsvorbehalt des Auftraggebers zu wechseln.

Aufgrund der Unvollständigkeit von Verträgen[348] verfügen Projektverträge häufig über Klauseln für Meinungsverschiedenheiten und Schiedsentscheidungen.

- Nachunternehmerverträge

  Nachunternehmerverträge werden zwischen der Projektgesellschaft und beauftragten Nachunternehmern geschlossen. Sie sind durch Restriktionen im Projektvertrag in der Regel mit dem Auftraggeber abzustimmen und beinhalten u.a. die Leistungen und die Vergütung der Nachunternehmer. Nachunternehmerverträge können beispielsweise Planungs-, Bau- oder Reinigungsverträge sein. Inhaltich werden die Bestimmungen des Projektvertrages über die Nachunternehmerverträge an die Nachunternehmer durchgestellt.[349]

- Finanzierungsverträge

  Finanzierungsverträge werden zwischen der Projektgesellschaft und der finanzierenden Bank bei Projektfinanzierungen und zusätzlich der öffentlichen Hand bei Forfaitierungen mit Einredeverzicht geschlossen.[350] Durch die öffentliche Hand werden bei Projektfinanzierungen in der Regel ausschließlich die Zahlungszeiträume und die Art des Kapitaldienstes vorgegeben. Die Ausgestaltung der Finanzierung bleibt den Bietern überlassen.

---

348 D. h. nicht alle Eventualitäten während der Projektlaufzeit sind vertraglich geregelt.
349 Siehe dazu weiterführend Kapitel 3.3.3.
350 Siehe dazu weiterführend Kapitel 3.2.2.

3.2.2 Finanzierung von PPP-Projekten

Die Finanzierung bei PPP-Projekten stellt einen wichtigen Bestandteil der Leistungserbringung dar. Sie ist sowohl für die Risikoallokation[351] als auch für die Wirtschaftlichkeit der Maßnahme von entscheidender Bedeutung. Nachfolgend werden Forfaitierungen mit Einredeverzicht und Projektfinanzierungen als Finanzierungsformen von PPP erläutert, und es wird auf die Refinanzierung im Rahmen von Projektfinanzierungen eingegangen. Die Darstellung des Forfaitierungsmodells dient ausschließlich der Vollständigkeit der Arbeit.[352]

3.2.2.1 Forfaitierung mit Einredeverzicht

Die Forfaitierung mit Einredeverzicht bezieht sich nur auf die Endfinanzierung. In der Bauphase bestehen noch keine Forderungen gegenüber dem öffentlichen Auftraggeber und keine projektspezifischen Sicherheiten. Für die Bauzwischenfinanzierung verlangt die finanzierende Bank Sicherheiten für den Kredit, beispielsweise in Form von Eigenkapitaleinlagen in die Projektgesellschaft oder Bürgschaften bzw. Garantien.

Der Begriff Forfaitierung steht für Forderungsverkauf. Mit Abnahme der Bauwerke hat der Auftragnehmer Forderungen gegenüber dem Auftraggeber über den investiven Entgeltanteil. Mit der Erklärung eines Einredeverzichts auf die investiven Entgeltzahlungen verpflichtet sich die öffentliche Hand als Auftraggeber, die investiven Entgeltzahlungen in jedem Falle zu leisten. Die Forfaitierung der einredefreien Forderungen gegenüber dem öffentlichen Auftraggeber an eine finanzierende Bank ermöglicht der Projektgesellschaft eine langfristige Finanzierung zu quasi risikolosen Konditionen, weil die Finanzierung auf die Bonität des öffentlichen Auftraggebers abgestellt und diese als hervorragend eingestuft wird.[353]

---

351 Siehe dazu weiterführend Kapitel 3.3.

352 Der monetäre Vergleich der Finanzierungsformen erweist sich in der deutschen PPP-Praxis im Rahmen von Wirtschaftlichkeitsuntersuchungen als problematisch. Von Seiten der öffentlichen Hand besteht zur Transparenzgewinnung auf Auftraggeberseite erheblicher Handlungsbedarf.

353 Siehe dazu weiterführend u.a. Finanzministerium des Landes NRW (2007-3), S. 37ff., Finanzministerium des Landes NRW (2007–1), S. 66f.

Aufgrund der Besicherung des Kredites durch die öffentliche Hand verzichtet die Bank auf eine intensive Prüfung und Strukturierung des Projektes wie bei einer Projektfinanzierung.

Die Bankmargen von Forfaitierungen mit Einredeverzicht liegen bei ca. 5 Basispunkten (bps).[354] Es entstehen keine zusätzlichen Transaktionskosten und eine Eigenkapitalbesicherung des Kredites ist nicht notwendig.

Bedingt durch die Einredefreistellung der Verpflichtungen gegenüber dem privaten Auftragnehmer gehen Leistungserfüllungsrisiken teilweise auf die öffentliche Hand zurück. Die Bau- und Betriebscontrollingsleistungen, die bei einer Projektfinanzierung durch die finanzierende Bank durchgeführt werden, müssen bei dieser Art der Finanzierung durch die öffentliche Hand erbracht werden. Zur Besicherung von Forfaitierungsmodellen werden in der Praxis Bürgschaften von den beteiligten Unternehmen erbracht. Die Höhe der Bürgschaften orientiert sich am maximalen Schadensausmaß während der Vertragslaufzeit aus Sicht der öffentlichen Hand. Das maximale Schadensausmaß lässt sich durch den entstandenen Effizienzschaden und die Kosten einer Neuausschreibung im Insolvenzfall ermitteln. Die Kosten einer Bürgschaft liegen bei ca. 1% der Bürgschaftshöhe. Bürgschaften belasten das Kreditlimit von Unternehmen und können folglich als limitierende Größe für das Volumen von Forfaitierungsmodellen mit Einredeverzicht identifiziert werden.

Die Einredeverzichtserklärung beinhaltet in der Regel ausschließlich die investiven Entgeltzahlungen. Die operativen Entgeltzahlungen können häufig leistungsabhängig gekürzt werden.

3.2.2.2 Projektfinanzierung

Die Projektfinanzierung umfasst sowohl die Bau- als auch die Betriebsphase von PPP-Projekten. Im Rahmen der Vergabe werden ausschließlich die zeitlichen Strukturen und die Art des Kapitaldienstes[355] fixiert. Die projektbezogene Strukturierung erfolgt in Abhängigkeit der Anforderungen der finanzierenden

[354] Vgl. Marke (2007).
[355] Beispielsweise Annuitäten oder endfällige Tilgung.

Bank. Wie in Kapitel 2.2 dargestellt wird bei Projektfinanzierungen eine rechtlich selbstständige Projektgesellschaft zur Projektumsetzung gegründet. Diese Projektstruktur bildet unter anderem die Grundlage für den Risikotransfer und die Haftungsbegrenzung.

Die Besicherung des Kredites erfolgt vorrangig durch die künftigen Cash Flows des Projektes und die Finanzierung der Projektgesellschaft ist eigenständig.

Aufgrund der ausschließlichen Cash Flow Besicherung der Finanzierung geht die Bank mit ins Risiko. Aus diesem Grund führt die Bank die Strukturierung der Finanzierung und eine umfassende Prüfung des Projektes (Due Diligence) durch. Während der Bau- und Betriebsphase führt die Bank zudem ein Projektcontrolling durch, um die optimale Umsetzung und die Rückführung des Kredites zu gewährleisten. Durch die Due Diligence entstehen zusätzliche Transaktionskosten in Höhe von ca. 200.000 Euro bis 500.000 Euro,[356] das Monitoring führt zu laufenden Kosten, die projektabhängig variieren. Zudem fordert die Bank in Abhängigkeit der Risikobehaftung der künftigen Cash Flows Sicherheiten, beispielsweise in Form von Eigenkapitaleinlagen in die Projektgesellschaft und Reservekonten, und eine Risikomarge für die Finanzierung. Die in Deutschland in der Praxis übliche Eigenkapitalquote bei projektfinanzierten PPP-Projekten liegt bei 8% bis 20%.[357] Die Bankmargen bei PPP-Projektfinanzierungen liegen in Deutschland aktuell zwischen 70 bps und 120 bps.[358]

Aufgrund der Risikoübernahme der Bank sowie der Eigenkapitalgeber kann für beide Parteien unterstellt werden, dass ein verstärktes Eigeninteresse an der optimalen Realisierung des Projekts besteht. Die zentrale Einflussgröße auf die Projektfinanzierung bildet das Cash Flow-Risiko-Profil eines PPP-Projektes. Die Bewertung des Cash Flow-Risiko-Profils erfolgt über Projektfinanzierungskennzahlen.[359]

---

[356] Vgl. Finanzministerium des Landes NRW (2007-1), S. 67.
[357] Vgl. Henschel-Bätz (2005), S. 18, Braune (2006), S. 265.
[358] Vgl. Marke (2007).
[359] Siehe dazu weiterführend Kapitel 2.2.4.

Im Rahmen der Projektfinanzierung wird eine optimale Risikoallokation zwischen den Projektbeteiligten ermöglicht. Bei Schlechtleistungen kann der öffentliche Auftraggeber sowohl den investiven als auch den operativen Entgeltbestandteil einbehalten. Zusätzliche Sicherheiten sind vor diesem Hintergrund nicht notwendig.[360] Bei Projekten mit geringen Volumen können die schlechteren Finanzierungskonditionen und die hohen Transaktionskosten von Projektfinanzierungen nicht durch die Optimierung des Risikotransfers und die Sicherheiten überkompensiert werden. Projektfinanzierungen eignen sich deshalb erst ab Investitionsvolumen von ca. 10 bis 15 Millionen Euro.[361]

Eine wesentliche Fragestellung bei der Betrachtung von projektfinanzierten PPP-Projekten bildet die Ausgestaltung der Sicherheitsstrukturen über den Lebenszyklus von PPP-Projekten, mit variierenden Cash Flow-Risiko-Profilen.[362] Ein häufig bei PPP-Projekten angewendetes Finanzierungsmodell beinhaltet, als Ergänzung zur Eigenkapitalausstattung der Projektgesellschaft über den gesamten Lebenszyklus, für die Planungs- und Bauphase die Bereitstellung einer Equity-Bridge zur Absicherung der erhöhten Risiken. Diese wird mit fortlaufender Projektentwicklung aufgelöst. In der Betriebsphase werden Cash Flows generiert und zur Absicherung der Finanzierung werden Reservekonten eingerichtet. Reservekonten können beispielsweise für den Kapitaldienst[363], die Bauunterhaltung[364] oder die Lebenszykluskosten[365] angelegt werden. Die Bedeutung von Bauunterhaltungs- bzw. Lebenszyklusreservekonten wird bei der Betrachtung der über den Lebenszyklus anfallenden Kosten ersichtlich. Die Bauunterhaltungskosten bzw. die Lebenszykluskosten können beispielsweise in ausgewählten Jahren einmalige Aufwendungen verursachen. Aufgrund dieser Kosten können die Anforderungen an die Projektfinanzierungskennzahlen in den betrachteten Jahren nicht erfüllt werden. Die Bildung von Reservekonten ist ein Instrument, um den Anforderungen der Bank ge-

---

360 Am Ende der Vertragslaufzeit können Sonderregelungen notwendig sein.

361 Für eine detaillierte Aussage muss der gesamte Lebenszyklus mit sämtlichen Kosten, Erlösen und Risiken eines Projektes betrachtet werden.

362 Siehe dazu Kapitel 3.2.3.

363 Sog. Debt Service Reserve.

364 Sog. Maintaince Reserve.

365 Sog. Life-Cycle-Reserve.

recht zu werden.[366] Alternativ zu Reservekonten könnte zur Erreichung der Anforderungen durch die Projektfinanzierungskennzahlen[367] auch ein weiterer Kredit[368] genutzt werden. Im Rahmen des Financial Engineerings gilt es die Kapitalkosten zu optimieren. Die bei einem Bankkredit fälligen Gebühren und Kosten sind mit den Kosten von Reservekonten zu vergleichen.

Die Auswirkungen von Schuldendienstreservekonten und Lebenszyklusreservekonten lassen sich wie folgt darstellen:

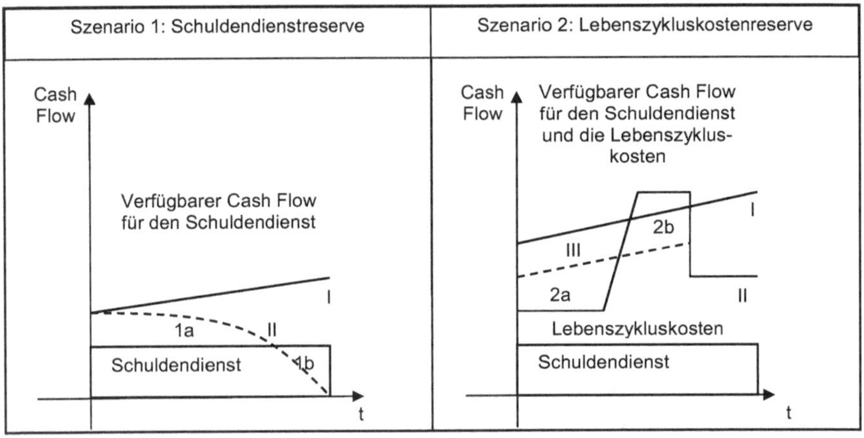

Abbildung 13: Szenarien Schuldendienst- und Lebenszykluskostenreserven[369]

Im ersten Szenario erfolgt die Darstellung der Auswirkung einer Schuldendienstreserve. Die durchgezogene Linie I in Abschnitt 1 repräsentiert den prognostizierten verfügbaren Cash Flow zur Erbringung des Schuldendienstes. Die gestrichelte Linie II zeigt ein negatives[370] Szenario, in dem der Cash Flow rückläufig ist. Durch die Bildung einer Schuldendienstreserve in 1a kann die Unterdeckung des Schuldendienstes in 1b kompensiert werden. Das zweite Szenario zeigt die Auswirkung einer Lebenszyklusreserve. Die Linie I steht

---

366 Die Bestimmung der optimalen Höhe der Reservekonten sowie deren Bildung stellt ein äußerst komplexes Realproblem dar.
367 Insbesondere jährlich betrachtende.
368 Sog. Reserve Facility.
369 Quelle: Eigene Darstellung in Anlehnung an Faust (2008).
370 Sog. downside Szenario.

für den verfügbaren Cash Flow zur Erbringung der Zahlungen des Schuldendienstes und der Lebenszykluskosten. Die Summe der tatsächlichen Zahlungen der Lebenszykluskosten und des Schuldendienstes ist in der durchgezogenen Linie II dargestellt. Es bestehen starke Abweichungen über den Lebenszyklus. In dem Bereich 2b können die Anforderungen der finanzierenden Bank nicht erfüllt werden. Um eine permanente Erfüllung der Finanzierungsanforderungen zu erreichen, erfolgt die Bildung einer Lebenszykluskostenreserve in 2a, die eine Glättung der Summe der Zahlungen der Lebenszykluskosten und des Schuldendienstes, gestrichelte Linie III, zur Folge hat. Die Anforderungen der finanzierenden Bank können laufend erfüllt werden. Im letzten Teil der Vertragslaufzeit ist in dem Beispiel aufgrund der geringen Zahlungen der Lebenszykluskosten keine Lebenszyklusreserve notwendig. Die hier dargestellte Glättung ist eine starke Vereinfachung. Um eine kostenoptimale Finanzierungsstruktur zu erreichen, sollte sich die Ausgestaltung der Reserve eng an die Anforderungen der finanzierenden Bank anpassen und im Rahmen der Finanzierungsverhandlungen optimiert werden. Künftig zu erwartende Zahlungen können beispielsweise mit unterschiedlicher Gewichtung bei den Anforderungen an die Reservekonten berücksichtigt werden.

3.2.2.3 Refinanzierung von projektfinanzierten PPP-Projekten

Während der langfristigen Vertragslaufzeit von PPP-Projekten kann der Auftragnehmer die ursprüngliche Finanzierung der Zuschlagserteilung ändern. Aus solchen Änderungen der Finanzierung können Effekte auf die Kapitalstruktur, die Cash Flows und die Eigenkapitalrendite resultieren. Diese Änderungen der Finanzierung werden als Refinanzierungen bezeichnet.[371]

Die Ursache für Refinanzierungspotentiale können u.a. die langfristige Finanzierung von projektfinanzierten PPP-Projekten und sich während des Lebenszyklus ändernde Kapitalmarktbedingungen und Projektspezifika bilden. Durch Refinanzierungen von PPP-Projekten, mit tendenziell hohen Fremdkapitalanteilen, oder durch bestehende Refinanzierungspotentiale bei der Veräuße-

[371] Vgl. HM Treasury (2007), S. 268, of Commons (2007), S. 3, Tinsley (2000), S. 8f.

rung[372] von PPP-Projekten können die Anteilseigener von PPP-Projekten ihre Eigenkapitalrendite teilweise erheblich steigern.[373,374] Die Grundlage der Gewinne bildet die langfristige Fixierung der von der öffentlichen Hand zu entrichtenden Entgelte unter Berücksichtigung der ursprünglichen Finanzierungskonditionen im Rahmen der PPP-Vergabe.

Die Auswirkungen auf die Eigenkapitalrendite, gemessen durch die Internal Rate of Return (IRR) der Finanzintermediäre bei PPP-Projekten, lassen sich anhand der durch die PUK veröffentlichten Daten aufzeigen. Die höchsten Zuwächse der IRR konnten bei diesen Projekten beobachtet werden:

Projekt	**IRR vor der Refinanzierung**	**IRR nach der Refinanzierung**	**Multiplikator**
Debden Park School	15,5%	71,3%	4,60
Northfolk and Norwich Hospital	16,0%	60,0%	3,75
Bromley Hospital	27,1%	70,5%	2,60
Darent Valley Hospital	23,0%	56,0%	2,44

Tabelle 3: Veränderungen der IRR durch Refinanzierungen[375]

Der höchste Multiplikator konnte bei der Debden Park School beobachtet werden. Die ursprüngliche IRR von 15,5% stieg um einen Multiplikator von 4,6 auf 71,3%.[376]

Grundsätzlich kann bei der Refinanzierung zwischen der Refinanzierung über den Kapitalmarkt und der Refinanzierung durch Banken differenziert werden.[377] Der Fokus der nachfolgenden Darstellung soll der Refinanzierung durch Banken gelten. Die detaillierte Betrachtung von Refinanzierungen über den Kapitalmarkt durch Anleihen,[378] beispielsweise „Private Placement"[379],

---

372 Vgl. Becher (2008-1).

373 Vgl. u.a. National Audit Office (2006), House of Commons (2007), PFInet (2006).

374 Die Berechnung der Refinanzierungsgewinne kann auf verschiedene Methoden erfolgen. Auf dem englischen PFI-Markt sind die IRR und das NPV in der Praxis etabliert. Eine weiterführende Analyse erfolgt im Rahmen der Arbeit nicht. Siehe dazu weiterführend HM Treasury (2007), S. 268ff.

375 Eigene Darstellung in Anlehnung an Comptroller and Auditor General (2006), Anhang 9.

376 Bei der Vergabe der Projekte wurden Refinanzierungsmaßnahmen nicht berücksichtigt.

377 Siehe dazu weiterführend Schramm (2006).

378 Für die Refinanzierung über Anleihen sind in der Regel stabile Cash Flows und Projektvolumen von über 100 Millionen Euro notwendig. Die Eignung für die Refinanzierung von

und Versicherungen durch so genanntes „Wrapping"[380] erfolgt nicht. Die Zielsetzung dieser Maßnahmen besteht vereinfacht dargestellt aus der Verringerung der Kapitalkosten. Zur Durchführung von Kapitalmarktrefinanzierungen sind hohe Projektvolumen notwendig. Zur Generierung der notwendigen Projektvolumen können beispielsweise gleichartige Projekte gebündelt werden.

Bei der Refinanzierung durch Banken sind ausgewählte projektspezifische Einflussfaktoren auf Refinanzierungsmaßnahmen die Risikobehaftung, die Vertragslaufzeit, das Projektvolumen und der Track Record des SPVs bzw. der integrierten Unternehmen. Durch den Rückgang des Projektrisikos, eine Verlängerung der Vertragslaufzeit oder eine positive Projektentwicklung können verschiedene Maßnahmen die Cash Flows und die Kapitalkosten beeinflussen, wodurch Steigerungen der Eigenkapitalrendite ermöglicht werden. Einige Maßnahmen sind die Erhöhung des Fremdkapitalanteils, eine Reduktion der Besicherungsansprüche und der Risikomargen der finanzierenden Bank und die Umstrukturierung der Cash Flow Prioritäten. Mit Refinanzierungsmaßnahmen entstehen Kosten, die durch Verbesserung der Finanzierungskonditionen überkompensiert werden müssen. Zur Generierung der notwendigen Refinanzierungsgewinne sind entsprechende Mindestvolumen notwendig.[381]

Neben den projektspezifischen Eigenschaften können Veränderungen am Kapitalmarkt ausschlaggebend für die Neustrukturierung der Finanzierung sein. Die fortschreitenden Erfahrungen der Kapitalmarktteilnehmer im PPP-Bereich können Auswirkungen auf die Behandlung von Risiken und somit auf die Finanzierung haben.

PPP-Projekten über unflexible Anleihen ist aufgrund der starken Cash Flow Abhängigkeit kritisch zu betrachten. Vgl. Braune (2006), S. 267ff.

379 Private Placement entspricht der Ausgabe von Anleihen zur Finanzierung von PPP-Projekten an bestimmte Anleger außerhalb der Börse. Vgl. Weber, Moß, Bachhuber (2006), S. 628.

380 Wrapped Bonds entsprechen Anleihen, die durch die Integration einer Versicherung (Monoline Insurer) das Rating verbessern. Wrapping ist auch für Bankkredite möglich. Durch das Wrapping können die Kapitalkosten optimiert werden. Vgl. Weber, Moß, Bachhuber (2006), S. 626.

381 In der englischen Fachliteratur wird das Mindestinvestitionsvolumen auf 10 Millionen Englische Pfund beziffert. Vgl. Comptroller and Auditor General (2006), S. 12.

Mit einer zunehmenden Anzahl an erfolgreich umgesetzten PPP-Projekten steigen die Anzahl an Kreditinstituten und Finanzintermediären sowie deren PPP-Erfahrungen an und günstigere Finanzierungen könnten ermöglicht werden.[382] Zudem kann sich die Wettbewerbssituation auf die Finanzierungskonditionen auswirken.

Bei der Umsetzung von Refinanzierungsmaßnahmen ist in Abhängigkeit der vertraglichen Vereinbarungen die Abstimmung mit dem öffentlichen Auftraggeber notwendig. Diese Abstimmungen können sich als zeit- und kostenintensiv erweisen. In der deutschen PPP-Praxis werden Refinanzierungen in der Regel nicht Gegenstand des PPP-Projektvertrages und werden aufgrund der gegebenen Unsicherheit nicht bei der Angebotskalkulation durch Bieter berücksichtigt.[383,384] Auf Bieterseite können bei der Angebotslegung ausschließlich durch die Bank vorab festgelegte Anpassungen der Finanzierung über die Vertragslaufzeit berücksichtigt werden.

Aus Perspektive der öffentlichen Auftraggeber gehen mit Refinanzierungen sowohl Chancen als auch Risiken einher. Einerseits wird durch das Know-how der Finanzintermediäre die Grundlage für Refinanzierungen geschaffen und es besteht die Chance der Partizipation an den Gewinnen der Finanzintermediäre. Um diese Chance zu nutzten erscheinen vertragliche Regelungen notwendig.[385]

Andererseits sind die Auswirkungen auf das Verhalten der Finanzintermediäre nach der Realisierung von Refinanzierungsgewinnen ungewiss. Nach der Realisierung von Gewinnen müssen für den Finanzintermediär weiterhin An-

---

382 Die Refinanzierung von PFI Projekten ist in England bereits teilweise etabliert, um die Kapitalkonditionen zu optimieren. Siehe dazu Comptroller and Auditor General (2006), S. 1ff.

383 Vgl. Becher (2008-1).

384 Auch bei PFI-Projekten erfolgt in der Regel bei der Vergabe keine Berücksichtigung von Refinanzierungspotentialen durch die Bieter.

385 Die Aufteilung der Erträge, die durch Refinanzierungen generiert werden, kann an dieser Stelle nicht weiterführend untersucht werden. Bei PFI-Projekten findet seit 2002 eine auf freiwilliger Basis fixierte Aufteilung von jeweils 50% zwischen den Finanzintermediären und der öffentlichen Hand statt (Code of Conduct). Durch die Refinanzierungen konnten Finanzintermediäre bei PFI-Projekten in der Vergangenheit Renditen von teilweise über 50% erwirtschaften. Siehe dazu Comptroller and Auditor General (2006), S. 2ff.

reize bestehen, die vertraglich fixierten Leistungen ordnungsgemäß zu erfüllen.[386] Exemplarisch lässt sich die Änderung der Finanzierungsstruktur wie folgt darstellen:

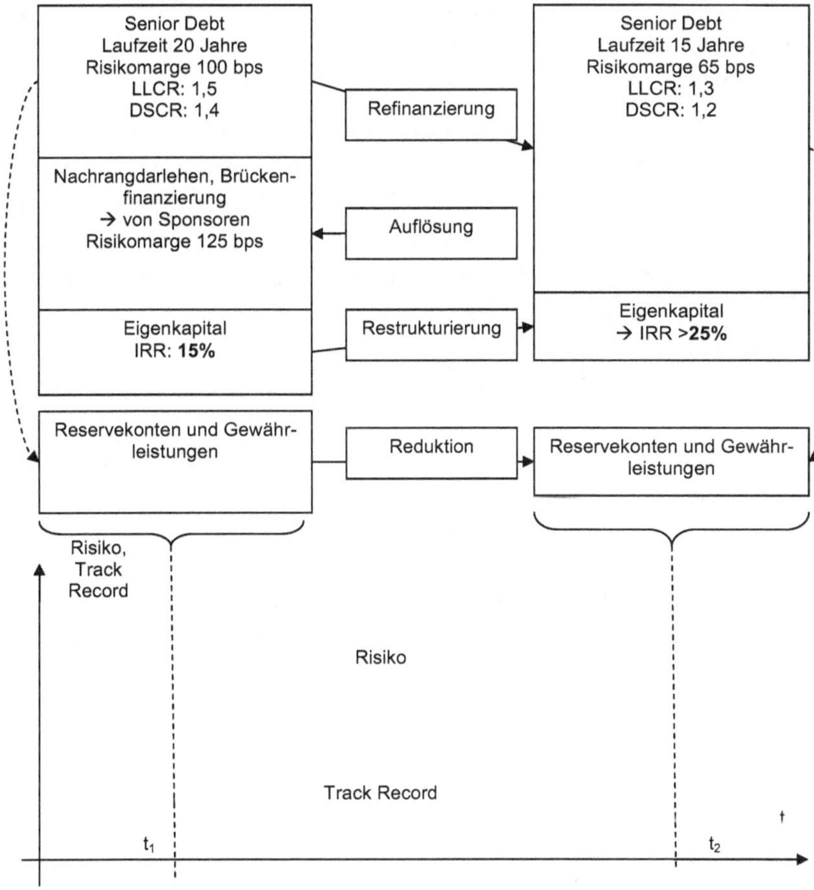

Abbildung 14: Exemplarische Darstellung von Refinanzierungsmaßnahmen[387]

Die Abbildung zeigt zum Zeitpunkt t1 eine Finanzierungsstruktur, die sich aus

386 Siehe dazu weiterführend Comptroller and Auditor General (2006), S. 5ff.
387 Quelle: Eigene Darstellung.

Senior Debt, Nachrangdarlehen[388] bzw. einer Brückenfinanzierung[389] und Eigenkapital[390] zusammensetzt. Ergänzend bestehen von der das Senior Debt[391] stellenden Bank Anforderungen an die Projektgesellschaft bezüglich der Stellung von Reservekonten und Gewährleistungen. Der Zeitpunkt t1 liegt im ersten Jahr des Betriebes. Das Risiko ist als relativ hoch einzuschätzen und das Projekt verfügt über einen geringen Track Record.

Der Zeitpunkt t2 ist das sechste Betriebsjahr. Die Projektrisiken sind rückläufig und der Track Record hat sich positiv entwickelt. Das Gesamtvolumen reduziert sich aufgrund der bereits geleisteten Zahlungen. Auf Grundlage der sich geänderten Projektspezifika ist die das Senior Debt stellende Bank bereit, die Finanzierung anzupassen.[392] Die Anforderungen an die Projektfinanzierungskennzahlen,[393] die Reservekonten, die Garantien und die Eigenkapitaleinlage werden gelockert und die Risikomarge gesenkt. Zudem werden Nachrangdarlehen getilgt und Brückenfinanzierungen aufgelöst. Das Ergebnis in t2 ist die Erhöhung des Senior Debt Anteils mit einer verringerten Risikomarge und die Verringerung des Eigenkapitalanteils. Zudem ergibt sich eine Veränderung der Cash Flow Prioritäten auf Grundlage der Änderung der Anforderungen an Projektfinanzierungskennzahlen und Reservekonten. Die Verwendung der Cash Flows kann neu gestaltet werden. Beispielsweise ist eine frühere Fremdkapitaltilgung möglich. Das Ergebnis für die Eigenkapitalgeber ist in der exemplarischen Darstellung eine signifikante Erhöhung der Eigenkapitalrendite.[394]

---

388 Subordinated Loans, Mezzanine. Der Anteil von Mezzanine sollte maximal bei 20% liegen. Vgl. von Krosigk (2005), S. 25.

389 Equity Bridge.

390 Equity.

391 In der Praxis ist von einer Syndizierung des Senior Debts auszugehen.

392 In Projektfinanzierungsverträgen sind Anpassungen der Finanzierungen häufig vorgesehen und die Entrichtungen von Vorfälligkeitsentschädigungen nicht notwendig.

393 Im Beispiel LLCR und DSCR.

394 Im Beispiel IRR.

Ergänzend könnten sich beispielsweise Veränderungen auf dem Kapitalmarkt durch einen Anstieg des Wettbewerbes bei der Finanzierung von PPP-Projekten, Änderungen des Referenzzinses oder Vertragsverlängerungsoptionen auf die Risikomarge, den Referenzzins und die Laufzeit auswirken.

3.2.3 Lebenszyklus von PPP-Projekten

Im vorangegangenen Abschnitt wurden die Größen operatives Risiko und Cash Flow als zentrale Determinanten der Finanzierungsstruktur herausgearbeitet. Im Lebenszyklus eines PPP-Projektes ergibt sich aus der Projektstruktur heraus eine typische zeitliche Struktur, die sich vereinfacht wie folgt darstellen lässt:[395]

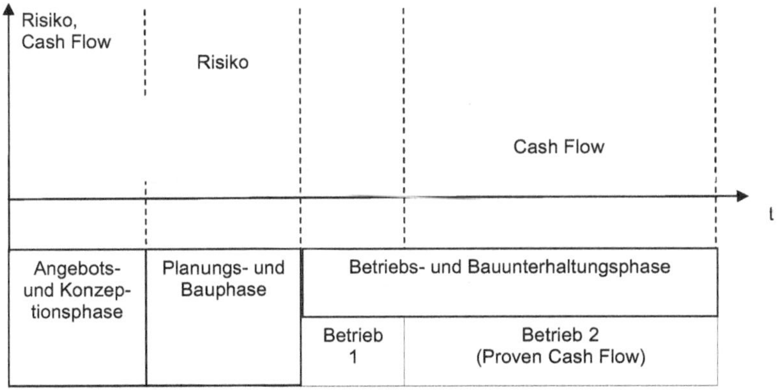

Abbildung 15: Lebenszyklus eines PPP-Projektes[396]

Der Cash Flow entspricht den Entgeltzahlungen durch die öffentliche Hand und sonstigen Erlösen die durch das Projekt generiert werden. Das Risiko entspricht der Unsicherheit bezüglich der entstehenden Kosten und Erlöse.

[395] Die dargestellten Verläufe der Risiken und der Cash Flows sind exemplarische Darstellungen. Tatsächlich können die Verläufe variieren. Die Risiken entsprechen sämtlichen in den jeweiligen Phasen auftretenden Risiken. Siehe dazu weiterführend Kapitel 3.3.2.

[396] Quelle: Eigene Darstellung in Anlehnung an Becher (2007), S. 6, Walther (2007), S. 10.

Die erste Phase ist die Angebots- und Konzeptionsphase. Der öffentliche Auftraggeber konzipiert ein PPP-Modell und schreibt die Leistungen aus. Die Angebotsphase endet mit der Zuschlagserteilung für das Bieterkonsortium mit dem wirtschaftlichsten Angebot. Für potentielle Bewerber entstehen in dieser Phase ausschließlich Kosten, die als Risiko berücksichtigt werden.

In der sich anschließenden zweiten Phase, der Planungs- und Bauphase, wird nach der Zuschlagserteilung die Projektgesellschaft gegründet. Sie plant und baut das beauftragte Objekt. Die Planungs- und Bauphase ist in der Regel mit hohen Risiken behaftet.[397] Die Generierung operativer Cash Flows findet nicht statt.[398] Die anfallenden Planungs- und Baukosten werden Bestandteil der Baufinanzierung,[399] in der die anfallenden Zinsen in der Regel kapitalisiert werden. Die Phase endet mit der Fertigstellung sowie der Inbetriebnahme der Bauwerke und das Risiko geht deutlich zurück.[400] Bei dem Inhabermodell erfolgt die Abnahme der Bauwerke durch die öffentliche Hand. Bei den verbleibenden Modellen ist keine Abnahme durch die öffentliche Hand notwendig.

Die dritte Phase ist die erste Betriebsphase. Sie umfasst die ersten unsicheren Jahre des Betriebs. Vor der Etablierung des Betriebes in einem funktionsfähigen Gebäude bestehen u.a. Funktionalitäts- und Betriebsrisiken.[401] Mit zunehmendem Projektfortschritt und Etablierung des Betriebes ist ein Rückgang der Risiken zu erwarten. Es entstehen erste Cash Flows in Form von Entgeltzahlungen des Auftraggebers. Die kurzfristige Bauzwischenfinanzierung geht in eine langfristige Finanzierung über und der Kapitaldienst der Finanzierung beginnt. Auf Ebene der Projektgesellschaft sind die entstehenden Kosten vorrangig Kapitalkosten, Betriebs- und Bauunterhaltungskosten.

In der vierten Phase, der zweiten Betriebsphase, hat sich der operative Betrieb stabilisiert. Die Projektgesellschaft verfügt über einen positiven Track Record, die Funktionalität des Vertragsobjektes ist sichergestellt und die Betriebspro-

397 Beispielsweise Bestands- und Ausführungsrisiken. Siehe dazu weiterführend Kapitel 3.3.2.
398 Die Entgeltzahlungen beginnen in der Regel erst in der Betriebsphase.
399 Die Begriffe Baufinanzierung und Bauzwischenfinanzierung werden synonym verwendet.
400 Vgl. o. V. (2002-1), S. 25.
401 Siehe dazu Kapitel 3.3.2.

zesse laufen reibungslos. Die mit dem Betrieb einhergehenden Risiken sind rückläufig. Die Zahlungen des Auftraggebers werden daher als „proven Cash Flows“ bezeichnet. In der vierten Phase müssen das gesamte Fremdkapital getilgt und Auszahlungen an Finanzintermediäre erfolgen. Am Ende der Vertragslaufzeit findet die Verwertung statt.

Nach den dargestellten Phasen kann eine Vertragsverlängerungsoption Bestandteil der PPP-Konzeption sein. Zudem bestehen in der Regel vertraglich fixierte Sachverhalte, die zu einer vorzeitigen Vertragsauflösung führen.[402]

3.2.4 Beteiligungsmöglichkeiten von Finanzintermediären

Im Rahmen der Beteiligungen an PPP-Projekten ist zwischen Beteiligungen über den Primärmarkt und über den Sekundärmarkt zu differenzieren. Eigenkapitalbeteiligungen über ein Investitionsvehikel können entweder in der Planungs- und Bauphase, dem sog. Primärmarkt, als „Primary Funds“ oder in einer sich anschließenden Projektphase als „Secondary Funds“, dem sog. Sekundärmarkt, erfolgen.[403] Der Primärmarkt umfasst Beteiligungen bei der Gründung der Projektgesellschaft. An den Primärmarkt schließt sich der Sekundärmarkt an. Der Sekundärmarkt entspricht einem Mechanismus, über den Anteile des Primärmarktes gehandelt werden. Er ermöglicht die vorzeitige Veräußerung von Beteiligungen einerseits und andererseits den Erwerb existierender Beteiligungen. Die Ausbildung des Sekundärmarktes ist ein Zeichen für die Entwicklung des Primärmarktes.[404]

Bedingt durch die Änderungen der Cash Flow-Risiko-Profile in den Lebenszyklusphasen von PPP-Projekten ist zu erwarten, dass die Attraktivität für verschiedene Finanzintermediäre variiert und risikosuchende Finanzintermediäre auf dem Primärmarkt auftreten, wohingegen für risikoaverse Finanzintermediäre der Sekundärmarkt attraktiv ist.

---

402 Eine weiterführende Analyse einer Vertragsauflösung erfolgt an dieser Stelle nicht.
403 Vgl. Lyonnet du Moutier (2006), S. 198.
404 Vgl. Damaschke, Schröder (2007), S.1.

Nachfolgend werden im Rahmen des Sekundärmarktes ausschließlich direkte Beteiligungen[405] in der Betriebsphase berücksichtigt. Frühzeitige Veräußerungen in der Bauphase erscheinen mangels Änderungen im Cash Flow-Risiko-Profil von nachrangiger Bedeutung.

Der Primärmarkt in Deutschland verfügt aktuell über ein relativ geringes Volumen und es besteht kein etablierter Sekundärmarkt für PPP-Investitionen. Mit fortschreitender Entwicklung des Primärmarktes ist eine zeitlich verzögerte Etablierung eines Sekundärmarktes zu erwarten.

3.3 Risiken bei PPP-Modellen

Die Betrachtung der PPP-spezifischen Risiken stellt einen wichtigen Bestandteil für die theoretische Analyse von Eigenkapitalbeteiligungen dar. Die Begründung der Bedeutung von Risiken beruht auf deren Auswirkungen auf die Cash Flows einer Projektfinanzierung und damit einhergehend auf deren Auswirkungen auf das Risiko-Rendite-Profil aller Kapitalgeber und Projektbeteiligter. Die Ursache von Risiken bilden unvollständige Informationen. Mit zukunftsgerichteten Entscheidungen geht ein hohes Maß an Unsicherheit einher.[406] Neben den Besicherungsansprüchen an die finanzierende Bank im Rahmen von Basel II[407], der Berücksichtigung von Finanzintermediären im Rahmen der Investitionsentscheidung und der Vertragsausgestaltung mit Nachunternehmern haben Risiken auch zentrale Auswirkungen auf den Preis und die Vorteilhaftigkeit aus Perspektive des Auftraggebers. Nachfolgend wird der Prozess des Risikomanagements zunächst allgemein aufgezeigt und strukturiert. Im Anschluss wird detailliert auf die Risikoidentifikation und den Risikotransfer eingegangen.[408]

---

405 Bei Sekundärmarkttransaktionen ist zwischen Fondstransaktionen und direkten Transaktionen zu differenzieren. Vgl. Damaschke, Schröder (2007), S.2.

406 Siehe dazu weiterführend Peridon, Steiner (2007).

407 Insbesondere zu den Auswirkungen von Basel II auf Projektfinanzierungen siehe Jacob, Baumgart (2007), Bienert (2004), Engelen (2001).

408 Weiterführende Ausführungen zur Bewertung von Risiken und zum Risikocontrolling erfolgen im Rahmen der vorliegenden Arbeit nicht.

3.3.1 Prozess des Risikomanagements

Das Risikomanagement ist ein fortlaufender Prozess. Die Zielsetzung des Risikomanagements besteht aus der frühzeitigen Erkennung wesentlicher Risikopotentiale und der Erhöhung des Handlungsspielraumes der Entscheidungsträger zur angemessenen Handhabung.[409] Eine exakte ex ante Analyse der Projektrisiken ist in der Praxis nicht umsetzbar. Risikomanagement[410] lässt sich in diese Teilaufgaben untergliedern:

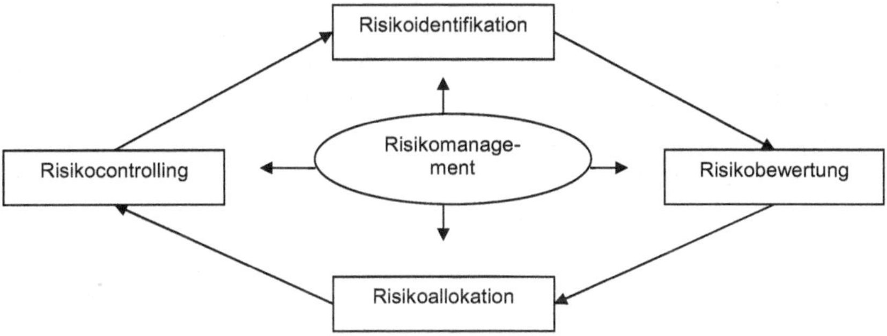

Abbildung 16: Elemente des Risikomanagements[411]

Der erste Schritt des Risikomanagements ist die Risikoidentifikation. Die erstmalige Erkennung von Risiken stellt das Fundament für das spätere Risikomanagement. Fehler bei der Erkennung von Risiken können weitreichende Folgen nach sich ziehen.[412] Eine Methodik, die sich bei PPP-Projekten durchgesetzt hat, ist die Identifikation von Risikokategorien und die Untergliederung der Risikokategorien in Einzelrisiken.[413]

---

409 Vgl. Käufl (2006), S. 10.

410 In Kapitel 3.3.2 wird der Teilschritt Risikoidentifikation näher betrachtet. Die Risikoallokation wird in Kapitel 3.3.3 untersucht. Eine weiterführende Analyse des Risikocontrollings, der Risikobewertung erfolgt nicht.

411 Quelle: Eigene Darstellung in Anlehnung an Finanzministerium des Landes NRW (2007-2), S. 62.

412 Vgl. Käufl (2006), S. 14.

413 Vgl. Finanzministerium des Landes NRW (2007-3), S. 23.

Die qualitative und quantitative Bewertung der identifizierten Risiken ist Bestandteil des zweiten Schritts. Die qualitative Bewertung erfolgt durch die Bestimmung von Eintrittswahrscheinlichkeiten und Schadensausmaßen,[414,415] die quantitative Bewertung durch Bestimmung der Risikomessgrößen und der erwarteten Verteilung.[416]

Nach der Bewertung der Risiken schließt sich der dritte Schritt, die Risikoallokation, an. Es wird das Ziel verfolgt, eine möglichst kostenoptimale Risikoallokation zwischen den Beteiligten zu erreichen.

Im letzten Schritt des Risikomanagements, dem Risikocontrolling, wird versucht, auftretende und potentielle Risiken optimal zu steuern und zu überwachen. Gegenstand des Risikocontrollings ist zum einen die aktive Beeinflussung auftretender und zum anderen die Überwachung potentieller Risiken, um die Handhabung und die Zuordnung zu den jeweiligen Risikoträgern zu ermöglichen. Im Rahmen der Steuerung können beispielsweise Eintrittswahrscheinlichkeiten und Schadensausmaß durch Präventivmaßnahmen beeinflusst werden.[417,418] Grundsätzlich bestehen die Möglichkeiten, Risiken zu akzeptieren, zu vermindern[419], zu übertragen[420] oder zu vermeiden.[421]

PPP-Projekte sind aufgrund der Lebenszyklusbetrachtung mit einer Vielzahl von Risiken in allen Projektphasen behaftet.[422] Die Unsicherheit bei PPP-Projekten bildet die Ungenauigkeit der Kosten- und Erlösprognosen sowie die Annahmen bezüglich der Rahmenbedingungen. Für die Übernahme der Risiken verlangen Kapitalgeber eine Vergütung in Form einer Risikoprämie. Die Optimierung des Risikotransfers im Rahmen von PPP-Projekten und die damit einhergehende Übertragung nur der Risiken auf den Projektpartner, der diese am besten steuern und beeinflussen kann, führt zu einer Minimierung der Risi-

---

414 Vgl. Busch (2003), S. 10ff.
415 Die weiterführende Analyse von Eintrittswahrscheinlichkeiten und Schadensausmaßen erfolgt im Rahmen der vorliegenden Arbeit nicht.
416 Vgl. Käufl (2006), S. 22.
417 Vgl. Finanzministerium des Landes NRW (2007-2), S. 62ff.
418 Siehe dazu weiterführend BMVBW (2003-3), S. 49ff.
419 Oder zu begrenzen. Entspricht Hedging.
420 Beispielsweise an operative Projektbeteiligte oder Versicherungen.
421 Vgl. Käufl (2006), S. 30.
422 Vgl. BMVBW (2003-3).

kokosten. Risiken werden über Prognosen bewertet und über Sicherheitsmargen berücksichtigt. Im Rahmen der PPP-Vertragsausgestaltung wird die Risikoverteilung zwischen den Projektbeteiligten geregelt.[423]

3.3.2 Risikoidentifikation

Grundsätzlich muss bei der Identifikation von Risiken die Perspektive bestimmt werden, aus der die Risiken betrachtet werden sollen. Die Risiken eines PPP-Projektes unterscheiden sich teilweise aus Perspektive der verschiedenen Beteiligten. Für die öffentliche Hand beispielsweise sind die Insolvenz des Auftragnehmers oder Abweichungen der Controllingkosten Risiken. Wohingegen für Bewerber und Sponsoren beispielsweise die Nichtberücksichtigung bei der Vergabe oder fehlende Exitpotentiale Risiken darstellen. Nachfolgend soll zunächst die Identifikation der Risiken aus der Perspektive der öffentlichen Hand erfolgen. Diese Risiken sind Gegenstand des PPP-Projektvertrages und können als PPP-spezifisch klassifiziert werden. Im Anschluss daran erfolgt ergänzend die Betrachtung ausgewählter Risiken aus Perspektive der potentiellen Auftragnehmer.[424,425]

3.3.2.1 Ausgewählte Risiken aus Perspektive der öffentlichen Hand

Die nachfolgend angeführten Risiken können aus Perspektive der öffentlichen Hand identifiziert werden. Die Risiken sind in sieben Kategorien untergliedert.

Die erste Kategorie bilden die Planungs- und Baurisiken. Diese Risiken treten in der Planungs- und Bauphase von PPP-Projekten auf. Sie umfassen vorrangig Verzögerungen und Abweichungen der Planungs- und Bauleistungen.

---

423 Vgl. Siebel (2001), S. 15.

424 In den nachfolgenden beiden Abschnitten werden ausgewählte Risiken dargestellt. Die Aufzählung der Risiken hat keinen Anspruch auf Vollständigkeit. Welche Risiken auftreten, ist in starkem Umfang projekt- und unternehmensabhängig.

425 Die Auflistung der Risiken erfolgt in Anlehnung an Treasury Task Force (1999), S. 31, Jacob, Winter, Stuhr (2003), S.21, BMVBW (2003-4), Arbeitspapier 5, S. 32ff., Miksch (2007), S. 45ff., Becher (2007), S. 5, Tinsley (2000), S. 131ff.

Planungs- und Baurisiken		
Nr.	Risiko	Beschreibung
1	Altlastenrisiko	Nicht erkennbare Kontaminationen
2	Baugrundrisiko	Abweichen des Baugrundes von den Annahmen
3	Verfügungsrisiko	Verzögerte Zugriffsmöglichkeiten auf das Grundstück
4	Genehmigungsrisiko	Keine Erteilung einer Baugenehmigung aufgrund mangelhafter Planung
5	Planungsrisiko	Mängel in der Ablaufplanung, mangelnde Berücksichtigung der Nutzeranforderungen
6	Nachtragsrisiko	Ausschreibungsfehler, Änderungen durch den Auftraggeber
7	Mengen- und Kalkulationsrisiko	Fehlerhafte Planung bzw. Kalkulation
8	Terminrisiko	Nichteinhaltung der geplanten Bauzeit
9	Bauausführungsrisiko	Mangelhafte Bauausführung durch den Auftragnehmer (technisch oder organisatorisch)
10	Bausubstanzrisiko	Abweichung eines Bestandsgebäudes von den Annahmen
11	Ausfallrisiko	Ausfall eines Nachunternehmers des Auftragnehmers

Tabelle 4: Planungs- und Baurisiken[426]

In der zweiten Kategorie, den Betriebs- und Bauunterhaltungsrisiken, sind Risiken enthalten, die während der Betriebsphase auftreten können. Es handelt sich u.a. um Abweichungen der Betriebs- und Bauunterhaltungskosten, Änderungen der technischen Ansprüche sowie frühzeitige Vertragsbeendigungen.

Betriebs- und Bauunterhaltungsrisiken		
Nr.	Risiko	Beschreibung
12	Technologierisiko	Veralterung der technischen Ausstattung
13	Mengen- und Kalkulationsrisiko	Fehlerhafte oder ungenaue Planung bzw. Kalkulation bei den Mengen und dem Aufwand für Betrieb und Bauunterhalt
14	Vandalismusrisiko	Beschädigung des Vertragsgegenstandes aufgrund unsachgemäßer Behandlung
15a	Betriebsrisiko Privat	Betriebsstillstand oder Qualitätsprobleme im Betrieb bedingt durch mangelhafte Leistungen des Auftragnehmers
15b	Betriebsrisiko öH	Betriebsstillstand oder Qualitätsprobleme im Betrieb bedingt durch mangelhafte Leistungen des Auftraggebers
16	Änderungsrisiko	Änderung der Anforderungen des Auftraggebers
17	Ausfallrisiko	Ausfall eines Nachunternehmers des Auftragnehmers
18	Controllingkostenrisiko	Nachträge in der Betriebsphase
19a	Kündigungsrisiko öH	Frühzeitige Vertragsbeendigung aufgrund von Fehlverhalten der öH
19b	Kündigungsrisiko Privat	Frühzeitige Vertragsbeendigung aufgrund von Fehlverhalten des privaten AN.
20	Umweltrisiken	Unvorhergesehene Schädigung der Umwelt

Tabelle 5: Betriebs- und Bauunterhaltungsrisiken[427]

---

[426] Quelle: Eigene Darstellung.
[427] Quelle: Eigene Darstellung.

Kategorie drei zeigt die finanziellen Risiken. Diese umfassen vorrangig die Finanzierung der Projektgesellschaft, aber auch die Insolvenzgefahr dieser. Besonderes Augenmerk sollte an dieser Stelle dem Refinanzierungs- und dem Gesellschafterrisiko gewidmet werden, da diese Risiken in Deutschland in Projektverträgen oftmals vernachlässigt werden. Die finanziellen Risiken können während des gesamten Lebenszyklus auftreten.

Finanzielle Risiken		
Nr.	Risiko	Beschreibung
21	Insolvenzrisiko	Insolvenz der Projektgesellschaft
22	Bereitstellungsrisiko	Verzögerte Bereitstellung der Finanzierungsmittel
23	Refinanzierungsrisiko	Änderung der Finanzierungskosten
24	Gesellschafterrisiko	Änderung der Gesellschafterstruktur der Projektgesellschaft

Tabelle 6: Finanzielle Risiken[428]

Die vierte Risikokategorie sind die Marktrisiken. Diese Risiken werden nur unwesentlich durch die Projekte geprägt, sondern sind in erster Linie von makroökonomischen Entwicklungen abhängig. Die Marktrisiken können während des gesamten Lebenszyklus auftreten.

Marktrisiken		
Nr.	Risiko	Beschreibung
25	Zinsänderungsrisiko	Schwankungen des Kapitalmarktes (Referenzzins)
26	Preisrisiko	Schwankungen der Bezugspreise (beispielsweise für Energie, Baustoffe, Reinigungsleistungen, Versicherungen)
27	Inflationsrisiko	Schwankungen der Inflation
28	Auslastungsrisiko	Schwankungen der Marktnachfrage (z. B. Änderung der Abnehmerwünsche)
29	Wechselkursrisiko	Schwankungen der Wechselkurse

Tabelle 7: Marktrisiken[429]

Die fünfte Risikokategorie sind die rechtlichen und politischen Risiken. Sie umfassen Änderungen der rechtlichen und politischen Rahmenbedingungen. Die rechtlichen und politischen Risiken können während des gesamten Lebenszyklus auftreten.

428 Quelle: Eigene Darstellung.
429 Quelle: Eigene Darstellung.

Rechtliche und politische Risiken		
Nr.	Risiko	Beschreibung
30	Gesetzesänderungsrisiko	Allgemeine (Ökosteuer) oder spezifische Änderung der Gesetzeslage
31	Steueränderungsrisiko	Änderungen der Steuergesetzgebung
32	Risiko der Änderung des politischen Willens	Änderung der politischen Einstellung gegenüber PPP

Tabelle 8: Rechtliche und politische Risiken[430]

Die sechste Kategorie ist die höhere Gewalt. Sie umfasst Risiken, die aufgrund höherer Gewalt auftreten können. Das Risiko aufgrund höherer Gewalt kann während des gesamten Lebenszyklus auftreten.

Höhere Gewalt		
Nr.	Risiko	Beschreibung
33	Höhere Gewalt	Ereignisse wie Unwetter beeinflussen das Projekt

Tabelle 9: Risiken durch höhere Gewalt[431]

Die siebte und letzte Kategorie sind die Verwertungsrisiken. Sie umfassen die Verwertung der Gebäude am Vertragsende.

Verwertungsrisiken		
Nr.	Risiko	Beschreibung
34	Gebäudezustand	Der Gebäudezustand entspricht am Ende der Vertragslaufzeit nicht dem vereinbarten Zustand
35	Verwertungsrisiko	Verwertung des Gebäudes nach Ablauf der Vertragslaufzeit

Tabelle 10: Verwertungsrisiken[432]

3.3.2.2 Ausgewählte Risiken aus Perspektive des privaten Sektors

Aus Perspektive des privaten Sektors besteht eine Vielzahl an Risiken, die neben den im vorhergehenden Abschnitt erläuterten Risiken, die im Rahmen der PPP-Konzeption berücksichtigt werden, bestehen.[433] Nachfolgend soll ausschließlich auf einige Risiken eingegangen werden, die Besonderheiten bei

430 Quelle: Eigene Darstellung.

431 Quelle: Eigene Darstellung.

432 Quelle: Eigene Darstellung.

433 Beispielsweise Personal-, Liquiditäts-, Beschaffungs-, Infrastruktur-, politische, Nachunternehmer- und Organisationsrisiken. Eine Darstellung potentieller Risiken findet sich in Risikoleitfäden bzw. Risikochecklisten. Siehe dazu weiterführende u.a. Käufl (2006), S. 16ff., Tinsley (2000), S. 131ff.

PPP-Projekten im Vergleich zu herkömmlichen Immobilienprojekten darstellen. Risiken, die sich beispielsweise auf die Geschäftsprozesse beziehen, werden nicht weiter analysiert.

Risiken		
Nr.	Risiko	Beschreibung
36	Risiko der Nichtbeauftragung	Gefahr der Nichtbeauftragung
37	Verlängerungsoptionsrisiko	Nutzung einer Vertragsverlängerungsoption
38	Exitrisiko	Mangelnde Exitmöglichkeiten für Kapitalgeber während der Vertragslaufzeit
39	Bonitätsrisiko	Zahlungsunfähigkeit des Auftraggebers

Tabelle 11: Ausgewählte Risiken des privaten Sektors[434]

Das Risiko der Nichtbeauftragung ist aufgrund der aufwändigen Vergabeverfahren bei PPP-Konzepten hoch. Private Bieterkonsortien müssen im Falle des Scheiterns des Angebots hohe Vorleistungen bei geringen Kompensationszahlungen erbringen. PPP-Vergabeverfahren sind im Vergleich zu anderen Immobilienprojekten aufwändig, komplex und kostenintensiv.

Einseitige Vertragsverlängerungsoptionen für die öffentliche Hand sind regelmäßig Bestandteil von PPP-Projekten. Mit diesen Optionen gehen Chancen und Risiken für die Auftragnehmer einher. Vertragsverlängerungsoptionen können sich beispielsweise positiv auf Refinanzierungspotentiale auswirken oder negativ sein, wenn im Rahmen der Verlängerung die angestrebte Rendite nicht erwirtschaftet werden kann.

Der Exit ist für Kapitalgeber ein wesentlicher Bestandteil des Geschäftsprozesses. Er kann für Kapitalgeber bei PPP-Projekten ein erhebliches Risiko darstellen, wenn potentielle Exitmöglichkeiten fehlen.

Als Besonderheit von PPP-Konzeptionen erweist sich die Integration der öffentlichen Hand als Auftraggeber. Die Eintrittswahrscheinlichkeit einer Zahlungsunfähigkeit ist als minimal zu bewerten.

---

434 Quelle: Eigene Darstellung.

3.3.3 Risikotransfer zwischen den Projektbeteiligten

Die Übertragung von Risiken auf einen privaten Partner ist eines der wesentlichen Elemente von PPP. Die zentrale Zielsetzung des Risikotransfers ist die Optimierung der Risikoallokation und die damit einhergehende Generierung von Effizienzvorteilen. Die öffentliche Hand kann Risiken entweder selber übernehmen oder sie teilweise oder vollständig auf den privaten Partner übertragen.[435]

Die Interdependenz zwischen Risikotransfer und Effizienzvorteil lässt sich wie folgt beschreiben:

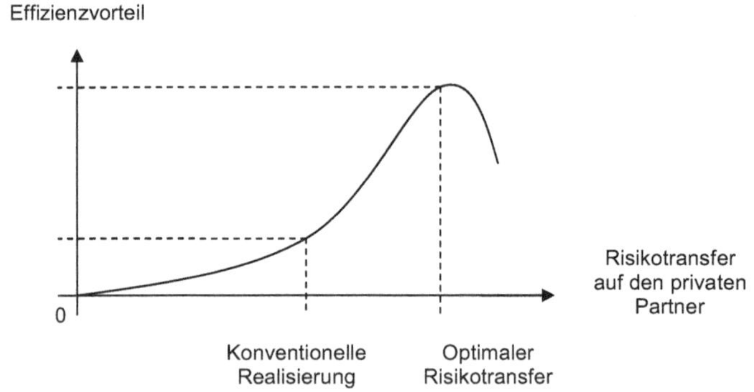

Abbildung 17: Optimaler Risikotransfer[436]

Es lässt sich erkennen, dass es nicht wirtschaftlich erscheint, alle Risiken auf einen privaten Partner zu übertragen. Vielmehr sollte sich der Risikotransfer auf die Risiken beschränken, die der private Partner einschätzen und steuern kann. Das Optimum des Risikotransfers ist gefunden, wenn die Risiken jeweils durch die Partei getragen werden, die diese am besten einschätzen und steuern können.

---

[435] Siehe dazu weiterführend Miksch (2007), S. 48.

[436] Quelle: Eigene Darstellung in Anlehnung an Treasury Task Force (1999), S. 9, Jacob, Kochendörfer (2000), S. 60.

Die Risikoallokation zwischen der öffentlichen Hand und dem privaten Partner erfolgt im PPP-Projektvertrag. Die Verteilung der Risiken auf Seiten der Privaten erfolgt über die verschiedenen Vertragsbeziehungen.[437] Die Projektgesellschaft leitet einen Großteil der Risiken an Nachunternehmer weiter.[438] Der Gesellschaftervertrag regelt die Risikoübernahme der Eigenkapitalgeber, der Darlehensvertrag die der finanzierenden Bank, die Nachunternehmerverträge die der Nachunternehmer und in den Versicherungsvereinbarungen werden ausgewählte Risiken an Versicherungen weitergegeben. Von elementarer Bedeutung im Rahmen von Projektfinanzierungen ist die „back to back"[439] Durchstellung der Risiken von der Projektgesellschaft auf die Nachunternehmer.[440]

Grundsätzlich ist die Übertragung nahezu aller Risiken auf den privaten Partner möglich. Bei der Übertragung von Risiken auf den privaten Partner, die dieser nicht steuern kann, müssen hohe Entschädigungsprämien bezahlt werden und die Übertragung von Risiken, die der private Partner nicht beeinflussen kann, ist aus dessen Perspektive als negativ zu bewerten. Folglich ist der Verbleib ausgewählter Risiken bei der öffentlichen Hand wirtschaftlicher.

In der nachfolgenden Auflistung werden die identifizierten Risiken den Projektbeteiligten zugeordnet, die diese am besten beherrschen können.[441] Die Risiken verbleiben bei der öffentlichen Hand, werden auf den privaten Partner übertragen oder werden geteilt.[442]

---

437 Vgl. Kapitel 3.2.

438 Vgl. Lyonnet du Moutier (2006), S. 86.

439 Die Risiken werden analog zum Projektvertrag mit dem Auftraggeber an den Nachunternehmer weitergereicht.

440 Vgl. Lyonnet du Moutier (2006), S. 86.

441 Die Zuordnung kann nicht allgemeingültig sein. Sie muss projektabhängig geprüft werden. Bei der nachfolgenden Ausführung handelt es sich lediglich um einen Vorschlag. Die Beschreibung der Risiken findet sich in Kapitel 3.3.2.

442 Bei der Verteilung der Risiken handelt es sich um Vorschläge des Autors. Es erfolgt eine Orientierung an den Ausführungen von Jacob, Winter, Stuhr (2003), S. 44f., BMVBW (2003-4), Arbeitspapier 5, S. 49ff., Miksch (2007).

Planungs- und Baurisiken			
Nr.	Risiko	Risikokategorie	Risikoträger
1	Altlastenrisiko	Bestandsrisiko	Öffentliche Hand
2	Baugrundrisiko	Bestandsrisiko	Öffentliche Hand
3	Verfügungsrisiko	Bestandsrisiko	Öffentliche Hand
4	Genehmigungsrisiko	-	Privater Partner
5	Planungsrisiko	Ausführungsrisiko	Privater Partner
6	Nachtragsrisiko	-	Öffentliche Hand
7	Mengen- und Kalkulationsrisiko	Ausführungsrisiko	Privater Partner
8	Terminrisiko	Ausführungsrisiko	Privater Partner
9	Bauausführungsrisiko	Ausführungsrisiko	Privater Partner
10	Bausubstanzrisiko	Bestandsrisiko	Öffentliche Hand
11	Ausfallrisiko	Ausführungsrisiko	Privater Partner

Tabelle 12: Risikoallokation Planungs- und Baurisiken[443]

Die Planungs- und Baurisiken lassen sich kategorisieren in Bestandsrisiken und Ausführungsrisiken. Die Bestandsrisiken 1, 2, 3, 10 sind Risiken, die aufgrund von Abweichungen der Vertragsgrundlage zu Mehrkosten bzw. Mehraufwand führen. Risiken können beispielsweise aufgrund nicht ausreichender Gutachten über den Baugrund oder die Bausubstanz bei der Vertragsschließung sein, so dass Kostenkalkulation nur auf einer unsicheren Grundlage erfolgen kann. Die Übertragung dieser Risiken auf einen privaten Partner erscheint nicht sinnvoll, da deren Auftreten nicht durch diesen beeinflussbar ist und für den Fall einer Übertragung eine unverhältnismäßig hohe Risikoprämie durch den Auftraggeber zu entrichten wäre. Die Risiken sollten durch den öffentlichen Auftraggeber getragen werden. Insbesondere bei Sanierungsmaßnahmen erscheinen Bestandsrisiken von hoher Bedeutung.

Neben den Bestandsrisiken bestehen Ausführungsrisiken. Die Ausführungsrisiken 4, 5, 7, 8, 9 ,11 resultieren aus dem Projekt selbst. Die Auswirkungen der Risiken sind beispielsweise Kostenüberschreitungen oder Bauzeitverlängerungen für den Auftragnehmer. Die Risiken sollten auf den Auftragnehmer übertragen werden, da sie durch diesen direkt beeinflusst und gesteuert werden können.

443 Quelle: Eigene Darstellung.

Das verbleibende Nachtragsrisiko entsteht durch Änderungswünsche des Auftraggebers. Eine Übertragung auf den Auftragnehmer ist nicht sinnvoll. Das Risiko sollte bei der öffentlichen Hand verbleiben.

Betriebs- und Bauunterhaltungsrisiken			
Nr.	Risiko	Risikokategorie	Risikoträger
12	Technologierisiko	-	Öffentliche Hand
13	Mengen- und Kalkulationsrisiko	Ausführungsrisiko	Privater Partner
14	Vandalismusrisiko	-	Risikoteilung
15a	Betriebsrisiko Privat	Ausführungsrisiko	Privater Partner
15b	Betriebsrisiko öH	Ausführungsrisiko	Öffentliche Hand
16	Änderungsrisiko	Ausführungsrisiko	Öffentliche Hand
17	Ausfallrisiko	Ausführungsrisiko	Privater Partner
18	Controllingkostenrisiko	-	Öffentliche Hand
19a	Kündigungsrisiko öH	-	Öffentliche Hand
19b	Kündigungsrisiko Privat	-	Privater Partner
20	Umweltrisiken	Ausführungsrisiko	Privater Partner

Tabelle 13: Risikoallokation Betriebs- und Bauunterhaltungsrisiken[444]

Ein Bestandteil der Betriebs- und Bauunterhaltungsrisiken sind Ausführungsrisiken. Die Ausführungsrisiken 13, 15a, 17, 20 können u.a. als Kostenüberschreitungen oder Qualitätsabweichungen auftreten. Die Risiken sind direkt durch den Auftragnehmer steuerbar und sollten folglich auf diesen übertragen werden. Die Ausführungsrisiken 15b und 16 stehen nicht im Einflussbereich des Auftragnehmers. Der Transfer der Risiken erscheint nicht sinnvoll. Sie sollten bei der öffentlichen Hand verbleiben.

Für das Vandalismusrisiko empfiehlt sich eine Aufteilung des Risikos. Der private Auftragnehmer sollte das Risiko für Bereiche übertragen bekommen, die er beeinflussen kann.[445] Der Transfer des Risikos für Bereiche, die nicht durch den Auftragnehmer beeinflussbar sind, würde ausschließlich zu erhöhten Risikokosten aus Sicht der öffentlichen Hand führen.

[444] Quelle: Eigene Darstellung.
[445] Beispielsweise präventive Maßnahmen.

Das Risiko einer frühzeitigen Vertragsbeendigung, Risiken 19a und 19b, sollte jeweils durch den Partner getragen werden, der diesen Vorgang zu vertreten hat. Abweichungen der Controllingkosten auf Seiten der öffentlichen Hand, Risiko 18, sollten bei der öffentlichen Hand verbleiben.

Das Technologierisiko entspricht einer Veralterung der technischen Ausstattung, beispielsweise aufgrund der Änderung technischer Normen.[446] Dieses Risiko kann nicht durch den Auftragnehmer beeinflusst werden. Der Transfer des Risikos auf den Auftragnehmer ist mit tendenziell sehr hohen Risikoaufschlägen verbunden und sollte nicht erfolgen.

Finanzielle Risiken		
Nr.	Risiko	Risikoträger
21	Insolvenzrisiko	Privater Partner
22	Bereitstellungsrisiko	Privater Partner
23	Refinanzierungsrisiko	Risikoteilung
24	Gesellschafterrisiko	Privater Partner

Tabelle 14: Risikoallokation finanzieller Risiken[447]

Die finanziellen Risiken 21, 22, 24 sollten durch den Auftragnehmer getragen werden, weil diese direkt durch seine Aktivitäten beeinflusst werden.[448]

Das Refinanzierungsrisiko oder die Chance der Generierung von Refinanzierungsgewinnen sollte zwischen den Projektbeteiligten aufgeteilt werden, obwohl die Steuerung und Beeinflussung beim privaten Partner liegt. Aufgrund der langfristigen Ausrichtung von PPP-Verträgen und sich in der Laufzeit ändernder Projektspezifika und Kapitalmarktumgebung ist eine Berücksichtigung des endgültigen Refinanzierungspotentials anfänglich nicht möglich. Die Partizipation der öffentlichen Hand an Refinanzierungsrisiken erscheint gerechtfertigt.

---

[446] Beispielsweise im Bereich EDV.

[447] Quelle: Eigene Darstellung.

[448] Die Bereitstellung der Finanzierungsmittel wird bereits während der Ausschreibung und Vergabe durch Finanzierungszusagen sichergestellt. Die Thematik der Änderungen in der Gesellschafterstruktur der Projektgesellschaften wird auf dem deutschen PPP-Markt stark vernachlässigt. Größtenteils finden sich diesbezüglich keine Regelungen in den Projektverträgen.

Marktrisiken		
Nr.	Risiko	Risikoträger
25	Zinsänderungsrisiko	Öffentliche Hand
26	Preisrisiko[449]	Öffentliche Hand
27	Inflationsrisiko	Öffentliche Hand
28	Auslastungsrisiko	Öffentliche Hand
29	Wechselkursrisiko	Öffentliche Hand

Tabelle 15: Risikoallokation Marktrisiken[450]

Marktrisiken sind dadurch gekennzeichnet, dass sie nicht oder nur in geringem Ausmaß durch die Projektbeteiligten beeinflusst werden können. Unter der Annahme, dass der Auftragnehmer keine oder nur unwesentliche Vorteile bei der Handhabung der Risiken[451] hat, empfiehlt es sich, die Risiken bei der öffentlichen Hand zu belassen. Die Übertragung der Risiken an den privaten Partner wäre mit hohen Risikoprämien verbunden.

Das Preisrisiko und das Inflationsrisiko können sich, bedingt durch die langfristige Vertragsbeziehung wesentlich auf die Kosten und Erlöse der Projektgesellschaft auswirken.[452]

Rechtliche und politische Risiken		
Nr.	Risiko	Risikoträger
30	Gesetzesänderungsrisiko	Öffentliche Hand
31	Steueränderungsrisiko	Öffentliche Hand
32	Risiko der Änderung des politischen Willens	Öffentliche Hand

Tabelle 16: Risikoallokation rechtliche und politische Risiken[453]

[449] Die dargestellte Verteilung der Preisrisiken ist eine sehr allgemeine. An dieser Stelle könnte eine weitere Differenzierung, beispielsweise in Baustoff-, Energie- und Arbeitspreise bzw. -kosten erfolgen. Die Absicherung der Baustoffpreise kann unter Umständen besser durch einen privaten Auftragnehmer gesteuert werden als durch die öffentliche Hand. Die langfristige Absicherung von Energiepreisen kann sich dagegen als problematisch erweisen. Faust (2008), S. 21.

[450] Quelle: Eigene Darstellung.

[451] Beispielsweise durch Zinsfixierung.

[452] Siehe dazu weiterführend Pazych, Weber (2004), S. 376ff., Eppinger (2007), Teil 2.

[453] Quelle: Eigene Darstellung.

Höhere Gewalt		
Nr.	Risiko	Risikoträger
33	Höhere Gewalt	Öffentliche Hand

Tabelle 17: Risikoallokation Risiken durch höhere Gewalt[454]

Rechtliche und politische Risiken sowie das Risiko durch höhere Gewalt können nicht durch den Auftragnehmer beeinflusst werden. Die Übertragung der Risiken erscheint nicht wirtschaftlich.

Verwertungsrisiken		
Nr.	Risiko	Risikoträger
34	Gebäudezustandsrisiko	Privater Partner
35	Verwertungsrisiko	Privater Partner

Tabelle 18: Risikoallokation Verwertungsrisiko[455]

Das Gebäudezustandsrisiko am Ende der Vertragslaufzeit wird durch das Verhalten des Auftragnehmers beeinflusst. Folglich ist die Übertragung des Risikos auf den privaten Partner zu empfehlen.

Bei der Übertragung des Verwertungsrisikos ist eine projektspezifische Betrachtung essentiell, da die Verwertungsmöglichkeiten in erheblichem Umfang von den Spezifika des Vertragsobjektes abhängen. Es kann unterstellt werden, dass die Übertragung des Verwertungsrisikos auf den Auftragnehmer wirtschaftlich sein kann.

[454] Quelle: Eigene Darstellung.
[455] Quelle: Eigene Darstellung.

3.4 PPP im öffentlichen Hochbau

Der Hochbau in Deutschland kann sich in die folgenden sechs Segmente untergliedern:[456]

1. Öffentliche Verwaltung	**2. Bildung**
z. B.: Rathäuser, Finanzämter	z. B.: Schulen, Universitäten
3. Sicherheit	**4. Sport und Kultur**
z. B.: JVA, Polizeigebäude	z. B.: Sportstadien, Schwimmbäder
5. Gesundheit	**6. Sonstiges**
z. B.: Krankenhäuser, Altersheime	z. B.: Messegelände, Parkhäuser

Tabelle 19: Hochbausegmente[457]

Bisher wurden in Deutschland 68 PPP-Projekte bezuschlagt.[458] Die Verteilung der Projekte auf die Hochbausegmente lässt sich wie folgt darstellen:[459]

[456] Die nachfolgenden Ausführungen zu bestehenden und geplanten Projekten beruhen auf den Ausführungen des Hauptverbandes der Deutschen Bauindustrie (2007-1) und (2007-2).
[457] Quelle: Eigene Darstellung in Anlehnung an BMVBW (2003-1), S. 3.
[458] Bei einer sehr engen Einschränkung von PPP. Stand 10/2007.
[459] Vgl. Hauptverband der deutschen Bauindustrie (2007-1).

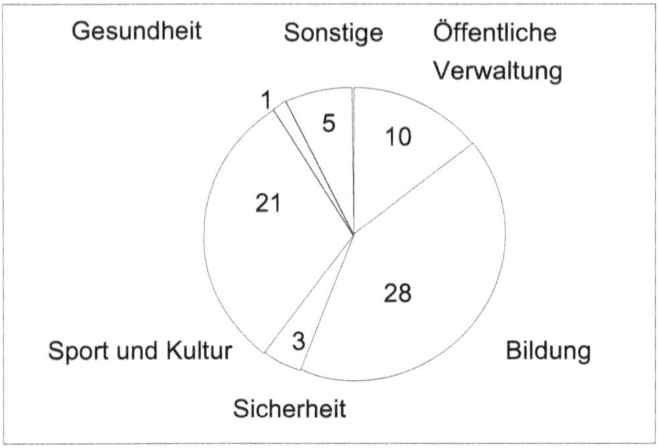

Abbildung 18: Bezuschlagte PPP-Projekte in Deutschland[460]

Der Großteil der Projekte findet sich in den Bereichen Bildung, 28 Projekte (41%), sowie Sport und Kultur, 21 Projekte (31%). An dritter Stelle folgt die öffentliche Verwaltung mit zehn bezuschlagten Projekten (15%). Weniger zahlreich bezuschlagt wurden die Kategorien Sonstige, fünf Projekte (7%), Sicherheit, drei Projekte (4%), und Gesundheit, ein Projekt (2%).

Neben den bezuschlagten Projekten befindet sich eine Vielzahl von Projekten in der Vorbereitungsphase. Der Großteil der sich in Vorbereitung befindlichen Projekte ist in den Bereichen Bildung, öffentliche Verwaltung sowie Sport und Kultur zu finden. Im Vergleich zu den bereits bezuschlagten Projekten sind zudem stark zunehmende Aktivitäten in den verbleibenden Bereichen, insbesondere im Bereich Gesundheit, zu verzeichnen.[461]

Der nachfolgende Abschnitt befasst sich mit der Untersuchung der verschiedenen Hochbausegmente. Es erfolgt die Beurteilung der Segmente durch die Betrachtung der nachfolgenden Kriterien anhand einer ausgewählten repräsentativen[462] Objektgruppe:

---

[460] Quelle: Eigene Darstellung in Anlehnung an Hauptverband der Deutschen Bauindustrie (2007-1).

[461] Siehe dazu weiterführend Hauptverband der Deutschen Bauindustrie (2007-2).

[462] Nahezu alle Objektgruppen in den verschiedenen Segmenten verfügen über abweichen-

- Investitions- und Projektvolumen
- Segmentspezifische Risiken
- Standardisierungspotential[463], Komplexität der Aufgaben[464] und Schnittstellen[465], Struktur und Anzahl der Projekte
- PPP-Vertragsmodelle
- Potentielle Auftragnehmer[466]

Die Betrachtung der Hochbausegmente erscheint essentiell, um projektspezifische Kriterien für PPP-Investitionen bestimmen zu können.[467]

3.4.1 Öffentliche Verwaltung

In den Bereich der öffentlichen Verwaltungsgebäude fallen u.a. Rathäuser, Ämter und Verwaltungsgebäude. In der Vergangenheit wurden bereits einige PPP-Projekte in diesem Bereich umgesetzt und auch im Rahmen der künftigen Entwicklung ist die Anwendung von PPP-Konzeptionen in diesem Bereich zu erwarten.[468]

Die Reduktion des Segmentes auf eine Objektgruppe erscheint aufgrund vergleichbarer Anforderungen der Objektgruppen nicht notwendig. Es kann davon

---

de Spezifika. Um eine Beurteilung der Segmente zu ermöglichen, erfolgt die Reduktion auf eine Objektgruppe.

463 Das Standardisierungspotential bezieht sich in erster Linie auf rechtliche Aspekte, d. h. die Standardisierung des komplexen Vertragswesens bei PPP-Konzeptionen. Eine technische Standardisierung erweist sich aufgrund stark abeichender Rahmenbedingungen der Projekte als problematisch.

464 Im Rahmen von PPP-Konzeptionen werden nur Dienst- und Serviceleistungen erbracht. Medizinische Dienste oder Wachtätigkeiten sind beispielsweise nicht Bestandteil von PPP-Konzeptionen. Trotz dieser Einschränkung können variierende Komplexitäten der zu erbringenden Leistungen bestehen.

465 In Abhängigkeit der Anzahl der Projektbeteiligten und der Komplexität der Leistungen können Schnittstellen für die Verantwortlichkeiten entstehen. Diese Schnittstellen können als problembehaftet eingestuft werden.

466 Nachunternehmer.

467 Die nachfolgenden Ausführungen zu den Hochbausegmenten beruhen auf den Interviews mit Kohnke (2007) und Marke (2007) sowie den Praxiserfahrungen des Autors. Die Ausführungen haben keinen Anspruch auf Vollständigkeit und es handelt sich um subjektive Einschätzungen.

468 Einschätzung des Autors.

ausgegangen werden, dass es im Bereich der öffentlichen Verwaltung eine Vielzahl von Projekten mit vergleichbaren Anforderungen und Strukturen auf einem relativ niedrigen Komplexitätsniveau der zu erbringenden Leistungen gibt. [469] Vor diesem Hintergrund ist von einem hohen Standardisierungs- und Bündelungspotential auszugehen. Das Investitions- und das Projektvolumen der einzelnen Projekte können stark variieren, liegen aber tendenziell im niedrigen Bereich bis ca. 25 Millionen bzw. 50 Millionen Euro. Im Bereich der öffentlichen Verwaltung bestehen häufig einschränkende Eigentumsrahmenbedingungen, die die Anwendbarkeit der PPP-Vertragsmodelle begrenzt.[470] In der Vergangenheit wurden insbesondere Erwerber-, Inhaber- und Mietmodelle konzipiert.

Das potentielle Auftragnehmerfeld für Planungs-, Bau- und Betriebsleistungen ist als vergleichsweise weitreichend einzuschätzen. Projekte in dem Bereich der öffentlichen Verwaltung verfügen in der Regel über kein Auslastungsrisiko. Es könnten Modelle mit Auslastungsrisiko entstehen, wenn sich die Anforderungen der öffentlichen Hand beispielsweise durch eine Verwaltungsreform ändern. Nachfolgend soll unterstellt werden, dass Projekte im Bereich der öffentlichen Verwaltung über keine Auslastungsrisiken verfügen. Ein segmentspezifisches Risiko entsteht durch die repräsentativen Anforderungen, beispielsweise von Rathäusern. Für den Fall, dass das architektonische Konzept nicht den Anforderungen des Auftraggebers entspricht kann sich der PPP-Prozess verzögern.[471] Dieses Risiko kann effizient durch das SPV gesteuert werden.[472]

---

[469] Beispielsweise technische, bauliche und betriebliche Leistungen.
[470] Einschränkungen bestehen beispielsweise bei Rathäusern, bei denen keine Mietmodelle konzipiert werden können.
[471] Vgl. Alfen et al. (2007), S. 225.
[472] Beispielsweise durch Abstimmungstermine und das Vergabeverfahren.

3.4.2 Sicherheit

In den Bereich Sicherheit fallen u.a. Polizeigebäude und Gefängnisse. In der Vergangenheit wurden einige wenige PPP-Projekte in diesem Segment beauftragt. Im Rahmen der künftigen Entwicklung ist die vermehrte Anwendung von PPP-Konzeptionen zu erwarten.[473]

Repräsentativ für den Bereich Sicherheit werden nachfolgend Gefängnisse betrachtet. Das Standardisierungs- und das Bündelungspotential sind aufgrund der hohen Komplexität der zu erbringenden Leistungen[474], der geringen Anzahl an Projekten, einer Vielzahl potentieller Schnittstellen zwischen den Projektbeteiligten und der variierenden Projektstrukturen als gering einzuschätzen. Die Investitions- und Projektvolumen sind, mit größtenteils über 50 Millionen Euro, hoch. Grundsätzlich können entsprechend der vorgegebenen Eigentumsrahmenbedingungen alle PPP-Vertragsmodelle zur Anwendung kommen. Bisher wurden in erster Linie Inhaber- und Mietmodelle verwendet.

Zur Umsetzung von Planungs-, Bau- und Betriebsleistungen sind vorrangig spezialisierte Unternehmen in der Lage. Aufgrund der Sicherheitsanforderungen in Gefängnissen sind in den Baukosten tendenziell hohe Rohstoffanteile enthalten und der Technikanteil ist als hoch einzuschätzen. Die Betriebsleistungen werden teilweise durch die öffentliche Hand in Eigenregie erbracht.[475] Mit Projekten im Bereich Sicherheit gehen in der Regel keine Auslastungsrisiken einher. Der vermehrte Einsatz von Rohstoffen bringt erhöhte Preisrisiken mit sich. Zudem bestehen im Bereich Sicherheit ein erhöhtes Vandalismusrisiko[476] und ein erhöhtes Ausfallrisiko[477] im Rahmen des Betriebes. Preisrisiken für Baustoffe können beispielsweise durch Termingeschäfte gehandhabt werden und erweisen sich als gut steuerbar. Im Rahmen des Vandalismusrisikos sind eine effiziente Verteilung der Verantwortlichkeit zwischen den Vertragsparteien und adäquate Schnittstellenregelungen notwendig.

---

[473] Einschätzung des Autors.

[474] Beispielsweise technische Anforderungen und Ausschluss eines Funktionalitätsausfalls.

[475] Beispielsweise die Reinigung eines Gefängnisses durch Häftlinge.

[476] Beispielsweise durch Häftlinge.

[477] Die Funktionalität muss gewährleistet und ein Ausfall muss ausgeschlossen sein.

Die vertragliche Abstimmung kann sich als problembehaftet erweisen. Bei Erfüllung dieser Auflagen kann von einer Steuerbarkeit durch die Projektgesellschaft ausgegangen werden.

3.4.3 Bildung

Die häufigsten Einrichtungen im Bereich Bildung sind Schulen und Universitäten.[478] In Deutschland wurde bereits eine Vielzahl von PPP-Konzeptionen im Bereich Bildung umgesetzt. Auch in Zukunft ist von einer starken Anwendung in diesem Bereich auszugehen.[479]

Repräsentativ für den Bildungssektor werden nachfolgend Schulen betrachtet. Es gibt viele Schulprojekte in Deutschland. Diese Projekte haben in der Regel ähnliche Anforderungen auf einem vergleichsweise unkomplexen Niveau,[480] woraus ein hohes Standardisierungspotential resultiert. Schulprojekte eignen sich, um mehrere Projekte in eine PPP-Konzeption zu bündeln. Das Investitions- und Projektvolumen von Schulprojekten kann in Abhängigkeit der Anzahl der integrierten Schulen stark variieren. Bei Schulen werden in der Praxis in erster Linie Inhabermodelle angewendet. In Abhängigkeit der vorgegebenen Eigentumsrahmenbedingungen können alle PPP-Vertragsmodelle zur Anwendung kommen.

Das potentielle Auftragnehmerfeld für Planungs-, Bau- und Betriebsleistungen ist als weit reichend einzuschätzen. Projekte in dem Bereich Bildung verfügen in der Regel über kein Auslastungsrisiko. Es könnten Modelle mit Auslastungsrisiko entstehen, wenn sich die Anforderungen der öffentlichen Hand beispielsweise durch demografische Entwicklungen ändern. Nachfolgend soll unterstellt werden, dass Projekte im Bereich der öffentlichen Verwaltung über keine Auslastungsrisiken verfügen. Als besondere Ausprägung von Risiken ist im Bildungssektor ausschließlich das Vandalismusrisiko zu nennen.[481] Zur

---

[478] Bei der Konzeption von PPP-Modellen bei Universitäten ist das Hochschulgesetz von zentraler Bedeutung. Insbesondere der Aspekt der Gewährträgerschaft scheint künftig als einflussreicher Aspekt.

[479] Einschätzung des Autors.

[480] Beispielsweise keine besonderen technischen, baulichen oder betrieblichen Anforderungen.

[481] Durch Schüler.

Handhabung des Risikos sind eine effiziente Risikoallokation, –steuerung und Schnittstellenregelung notwendig. Eine effiziente Steuerung durch die Projektgesellschaft erscheint möglich.

3.4.4 Gesundheit

In den Bereich Gesundheit fallen beispielsweise Krankenhäuser und Altersheime. Bisher wurden im Gesundheitsbereich wenige Projekte umgesetzt. Künftig ist eine stärkere Berücksichtigung von PPP-Konzeptionen in diesem Bereich zu erwarten.[482]

Repräsentativ für den Gesundheitssektor werden nachfolgend Krankenhäuser betrachtet. In Deutschland gibt es viele potentielle Krankenhausprojekte. Für Krankenhäuser können stark divergierende und komplexe Anforderungen[483] an die zu erbringenden Leistungen mit einer Vielzahl potentieller Schnittstellen unterstellt werden.[484] Daraus resultiert ein niedriges Standardisierungspotential. Grundsätzlich ist die Möglichkeit zur Bündelung von Projekten nicht auszuschließen. Das Investitionsvolumen und Projektvolumen von Krankenhäusern ist tendenziell als hoch einzuschätzen. In der Praxis kann noch keine Tendenz zu bestimmten Vertragsmodellen beobachtet werden. In Abhängigkeit von vorgegebenen Eigentumsrahmenbedingungen können alle PPP-Vertragsmodelle zur Anwendung kommen.

Zur Erbringung von Planungs-, Bau- und Betriebsleistungen für Krankenhäuser ist ein hoher Spezialisierungsgrad erforderlich. Folglich besteht nur ein eingeschränkter Kreis potentieller Auftragnehmer. Krankenhäuser verfügen in der Regel über einen hohen Technikanteil und haben sehr hohe Hygieneanforderungen[485]. Bedingt durch diese Anforderungen im Betrieb ist im Bereich der Krankenhäuser von einem erhöhten Betriebsrisiko auszugehen. Die Projektgesellschaft kann das Betriebsrisiko steuern. Für Krankenhäuser bestehen

---

[482] Einschätzung des Autors.
[483] Vgl. Gührs (2006), S. 678f.
[484] Beispielsweise hohe technische, funktionale und bauliche Anforderungen.
[485] Reinigungsdienste zur Einhaltung der Hygieneanforderungen im Gesundheits- wie auch im Sport- und Kulturbereich sind nicht zwingend Bestandteil von PPP-Konzeptionen. Die Übertragung der Leistung kann sich als problematisch erweisen.

Auslastungsrisiken. Die Übertragung dieser Risiken auf den privaten Auftragnehmer erscheint, bedingt durch mangelnde Einflussmöglichkeiten, aber nicht sinnvoll. Für den Bereich Gesundheit kann unterstellt werden, dass im eingeschränkten Rahmen möglicher PPP-Konzeptionen kein Auslastungsrisiko besteht.

3.4.5 Sport und Kultur

Der Bereich Sport und Kultur[486] umfasst u.a. Schwimmbäder und Theater. Im Bereich Sport und Kultur wurden in der Vergangenheit bereits einige Projekte umgesetzt. Künftig sind vermehrt PPP-Konzeptionen in diesem Bereich zu erwarten. Insbesondere im defizitären Schwimmbadsektor ist eine vermehrte Umsetzung von PPP-Konzeptionen wahrscheinlich.[487]

Repräsentativ für den Bereich werden Schwimmbäder betrachtet. In Deutschland bestehen sehr viele potentielle Schwimmbadprojekte mit untereinander abweichenden, teilweise komplexen Projektstrukturen und Anforderungen an die zu erbringenden Leistungen sowie einer Vielzahl potentieller Schnittstellen.[488] Das Standardisierungspotential sowie das Investitions- und Projektvolumen von Schwimmbädern sind tendenziell als niedrig einzuschätzen. Aufgrund der Vielzahl von Projekten besteht das Potential zur Projektbündelung. In der Praxis werden in erster Linie Inhabermodelle umgesetzt. In Abhängigkeit von den vorgegebenen Eigentumsrahmenbedingungen können alle PPP-Vertragsmodelle zur Anwendung kommen.

Das potentielle Auftragnehmerfeld für Planungs-, Bau- und Betriebsleistungen ist als klein einzuschätzen. Insbesondere Bau-[489] und Betriebsleistungen erfordern einen hohen Spezialisierungsgrad. Schwimmbäder haben in der Regel hohe Hygieneanforderungen. Bei den Baumaßnahmen entstehen teilweise hohe Rohstoffkosten und es kann von einem hohen Technikanteil ausgegan-

---

[486] Sport und Kultur entsprechen in der empirischen Erhebung nachfolgend Sport und Unterhaltung.

[487] Einschätzung des Autors.

[488] Beispielsweise die technischen Anforderungen und die Schwimmbadaufsicht. Auch die Einbindung monetärer Unterstützung im defizitären Schwimmbadbereich kann sich als problematisch erweisen.

[489] Beispielsweise Edelstahlarbeiten.

gen werden. Bedingt durch die Bau- und Betriebsleistungen können erhöhte Preis- und Betriebsrisiken unterstellt werden. Diese Risiken können durch das SPV gesteuert werden. Schwimmbadprojekte haben in der Regel ein Auslastungsrisiko, welches Bestandteil der PPP-Konzeption werden kann. Durch die Übertragung des Auslastungsrisikos werden zusätzliche Erlöse, beispielsweise durch Eintrittsgelder, generiert. Die Beeinflussung des Auslastungsrisikos durch die Projektgesellschaft ist nur in eingeschränktem Ausmaß möglich.

3.4.6 Sonstiges

Der Bereich Sonstiges ist äußerst vielfältig. Er umfasst sehr unterschiedliche Objekte wie Kasernen und Parkgaragen. Die Darstellung einer ausgewählten Objektgruppe erscheint nicht aussagefähig und erfolgt nicht. Es wurden bereits Parkgaragen und Kasernen als PPP-Konzeptionen umgesetzt und auch künftig ist eine verstärke Berücksichtigung von PPP-Modellen zu erwarten.[490]

3.4.7 Zusammenfassung

Zusammenfassend lassen sich die verschiedenen Hochbausegmente wie folgt beschreiben:[491]

[490] Einschätzung des Autors.
[491] Das Segment Sonstiges wird nicht betrachtet.

	Öffentliche VW	**Sicherheit (JVA)**	**Bildung (Schule)**	**Gesundheit (Krankenhaus)**	**Sport und Kultur (Schwimmbad)**
PPP-Entwicklung in Deutschland[492]	Fortgeschritten	Im Aufbau	Fortgeschritten	Im Aufbau	Fortgeschritten
Anzahl der Projekte und Standardisierungspotential	Sehr viele Projekte, hohes Standardisierungspotential	Wenige Projekte, niedriges Standardisierungspotential	Sehr viele Projekte, hohes Standardisierungspotential	Viele Projekte, niedriges Standardisierungspotential	Sehr viele Projekte, niedriges Standardisierungspotential
Investitions- und Projektvolumen	Tendenziell niedrig	Tendenziell hoch	Variierend	Tendenziell hoch	Tendenziell niedrig
Vertragsmodelle	Alle	Alle	Alle	Alle	Alle
Potentielle Auftragnehmer	Tendenziell viele	Tendenziell wenige	Tendenziell viele	Tendenziell wenige	Tendenziell wenige
Wesentliche sektorspezifische Risiken	Planungsrisiko	Vandalismus-. Preisrisiko, Technik- und Rohstoffanteil	Vandalismusrisiko	Betriebsrisiko	Auslastungs-, Betriebs- und Preisrisiko

Tabelle 20: Zusammenfassung Hochbausegmente[493]

3.5 Zwischenfazit

Für die nachfolgenden Untersuchungen konnte in den Grundlagenkapiteln als erster Schritt das Grundgerüst für die Analyse des Leistungsspektrums von Finanzintermediären gestellt werden. Der Beteiligungsprozess wurde in die Teilprozesse Investition, Monitoring und Exit untergliedert. In einem zweiten Schritt konnten die Rahmenbedingungen durch Projektfinanzierungen aufgezeigt und die vorhandenen Strukturen durch die Betrachtung der Due Diligence geschärft werden. Projektfinanzierungen können als komplexe, Cash Flow basierte Finanzierungen eingestuft werden, bei denen durch die Gründung einer Projektgesellschaft eine Haftungs- und Risikotrennung ermöglicht wird.

Als dritter Schritt wurden die PPP-Entwicklung und Rahmenbedingungen als Grundlage für die weitere Analyse erfasst. In einem vierten Schritt wurde explizit auf die Projektstruktur und die Finanzierung von projektfinanzierten PPP-

492 Bezogen auf die umgesetzten Projekte.
493 Quelle: Eigene Darstellung.

Projekten, die PPP-spezifischen Risiken und Hochbausegmente, in denen PPP zur Anwendung kommt, eingegangen. Darauf aufbauend werden die Erfassung, Strukturierung und Analyse des PPP-spezifischen Beteiligungsprozesses sowie der zu erbringenden konzeptionellen Leistungen vor der Zuschlagserteilung ermöglicht.

Als wesentliche Spezifikationen von PPP-Projekten lassen sich die PPP-Vertragsmodelle, die Lebenszyklusphasen und die Risiken feststellen. Zur Analyse von Eigenkapitalbeteiligungen bei PPP-Projekten sollte neben den dargestellten Spezifikationen von PPP-Projekten auf die verschiedenen Hochbausegmente eingegangen werden.

4 Leistungsspektrum von Finanzintermediären bei PPP-Beteiligungen

Das nachfolgende theoretische Kapitel erfasst und strukturiert zunächst im Rahmen des Leistungsspektrums von Finanzintermediären bei PPP-Beteiligungen die konzeptionellen Leistungen vor der Zuschlagserteilung und die PPP-spezifischen Leistungen des Beteiligungsprozesses von Finanzintermediären. Darauf aufbauend wird im Detail auf die Einzelleistungen der Prozesse eingegangen. Als nächster Schritt erfolgt die theoretische Analyse der Einflüsse PPP-spezifischer Kriterien auf den Eigenkapitalbeteiligungsprozess. Basierend auf diesen Betrachtungen wird im nächsten Schritt die Herausarbeitung der Besonderheiten der Wertschöpfungskette von Finanzintermediären bei PPP-Projekten ermöglicht. Abschließend werden Sonderprobleme betrachtet. Die durchgeführten Untersuchungen stützen sich auf die Grundlagenkapitel und die praktischen Erfahrungen des Autors bei der Umsetzung und Konzeption von PPP-Vorhaben.

4.1 Konzeptionellen Leistungen und Eigenkapitalbeteiligungsprozess

Grundsätzlich können Industrielle Sponsoren und Finanzintermediäre Projekte in der Angebotsphase initiieren. Als Initiierung werden die Entscheidung zur Teilnahme an einer Ausschreibung und in der Folge im Falle der Beauftragung die Stellung des Eigenkapitals verstanden. Aufgrund der aufgezeigten Finanzierungslücke und der Zielsetzung der vorliegenden Arbeit gilt der Fokus der nachfolgenden Untersuchungen der Initiierung durch Finanzintermediäre.

Zur Erfassung, Strukturierung und Analyse der Leistungen von Finanzintermediären werden der Beteiligungsprozess in die Teilschritte Investition, Monitoring und Exit, der Investitionsprozess in die Teilschritte Beteiligungssuche, Beteiligungsprüfung und Beteiligungsverhandlung und das PPP-Vergabeverfahren in die Teilschritte Bekanntmachung, Teilnahmewettbewerb und Verhandlungsverfahren untergliedert.[494]

[494] Vgl. u.a. Berens, Brauner, Strauch (2002), Reichardt (2005), S. 39.

Bei der Erfassung und Strukturierung der konzeptionellen Leistungen und des Eigenkapitalbeteiligungsprozesses muss grundlegend eine Differenzierung zwischen Primär- und Sekundärmarkt erfolgen, weil die Leistungen stark variieren. Bei Primärmarktbeteiligungen sind durch die Gegebenheiten von PPP-Vorhaben konzeptionelle Leistungen notwendig und der Investitionsprozess ist PPP-spezifisch geprägt. Für Sekundärmarktbeteiligungen müssen keine konzeptionellen Leistungen erbracht werden und der Investitionsprozess ist dem klassischer Unternehmensbeteiligungen sehr ähnlich. Vor diesem Hintergrund fokussieren sich die nachfolgenden Abschnitte auf die Leistungen bei Primärmarktbeteiligungen. Bei der Betrachtung der Finanzintermediäre kann grundsätzlich eine Renditeorientierung unterstellt werden.

Bei Sekundärmarktbeteiligungen umfassen die Beteiligungssuche und die Beteiligungsprüfung bestehende Projekte und beteiligte Nachunternehmer. Als besondere Ausprägung der Beteiligungsprüfung findet die Unternehmensbewertung statt.[495] Die Beteiligungsverhandlungen werden mit den Gesellschaftern der Projektgesellschaft geführt. Die Investition auf dem Sekundärmarkt bildet mit dem Exit auf dem Primärmarkt den Übergang zwischen den beiden Märkten. Bei der Betrachtung des Monitorings erfolgt eine Differenzierung bezüglich der Lebenszyklusphasen und beim Exit bezüglich möglicher Strategien. Die Ergebnisse sind jeweils für den Sekundärmarkt anwendbar.

Um sich über den Primärmarkt an einer Projektgesellschaft beteiligen zu können, müssen Finanzintermediäre als Mitglieder von Bieterkonsortien das Vergabeverfahren gewinnen und die Investition tätigen. Dabei tragen sie durch ihre Leistungen zur Wettbewerbsfähigkeit des Konsortiums bei. Zum einen stellen die Finanzintermediäre das notwendige Eigenkapital für die Finanzierung, und die Bedingungen für die Stellung des Eigenkapitals werden im Rahmen der durch die Bank strukturierten Finanzierung Bestandteil des durch das Bieterkonsortium gestellten Angebots. Neben der reinen Finanzierungsfunktion erbringen Finanzintermediäre zum anderen konzeptionelle Leistungen vor der Zuschlagserteilung und PPP-spezifische Leistungen im Rahmen des

495 Siehe dazu Kapitel 2.3.3.

Investitionsprozesses. Eine Besonderheit bei PPP-Beteiligungen ist, dass die Investitionsentscheidung bereits vor Zuschlagserteilung getroffen werden muss und die tatsächliche Investition erst nach der Vergabe durch die ausschreibende Stelle erfolgen kann.

Der Investitionsprozess und die konzeptionellen Leistungen werden als iterative Prozesse während des Vergabeverfahrens durchgeführt. Als erster Teilschritt bei Primärmarktbeteiligungen erfolgt die Beteiligungssuche über bestehende Bekanntmachungen. Im Anschluss erfolgen als zweiter Schritt die Auswahl von Konsortialpartnern, die Gründung eines Bieterkonsortiums sowie die Qualifikation über den Teilnahmewettbewerb für das Verhandlungsverfahren. Nach einer erfolgreichen Projektqualifikation beginnt das Vergabeverfahren und die Bieter werden zur Angebotserstellung aufgefordert. Die technischen Angebotsbestandteile werden durch die operativen Konsortialpartner erstellt. Als dritten Schritt erbringen Finanzintermediäre ausgewählte Leistungen bei der Angebotserstellung. Die Schritte vier und fünf sind die Beteiligungsprüfung des gesamten Angebotes und die Beteiligungsverhandlungen mit der ausschreibenden Stelle. Ergänzend wird während des Teilnahmewettbewerbes und des Verhandlungsverfahrens die Angebotssteuerung und –optimierung durch die Finanzintermediäre durchgeführt.

Nach der Zuschlagserteilung, der Gründung der Projektgesellschaft und deren Ausstattung mit Kapital ist der nächste Bestandteil des Beteiligungsprozesses von Finanzintermediären das Monitoring,[496] vom Zeitpunkt des Erwerbes der Beteiligung bis zum Ende der Beteiligung.[497] Das Monitoring kann entweder aus der aktiven Einflussnahme auf das Management und die Strukturen des PPP-Projektes bestehen oder sich auf Kontroll- und Eingriffsrechte bezüglich der Leistungserbringung der Nachunternehmer beschränken. Als zentrale Motivation für das Monitoring ist die Einflussnahme auf die Cash Flows und die eigene Rendite anzuführen.

---

[496] Vgl. Pankotsch (2005), S. 2.

[497] Siehe dazu weiterführend u.a. Pankotsch (2005), S. 79ff.

Als letzter Schritt des Beteiligungsprozesses erfolgt der Exit. Der Exit kann entweder am Ende der Vertragslaufzeit sein oder der vorzeitigen Realisierung von Wertsteigerungen und der Liquidierung der Beteiligung dienen.

In der Beteiligungsphase ändert sich die Stellung der Finanzintermediäre zu den operativen Projektbeteiligten im Vergleich zur Angebotsphase, weg von der gemeinschaftlichen Zielsetzung der Zuschlagserteilung hin zu einer kontrollierenden und die eigene Rendite beeinflussenden Stellung. Zudem sind die operativen Projektbeteiligten über die gesamte Projektlaufzeit an das Projekt gebunden, wohingegen Änderungen der Gesellschafterstruktur während der Projektlaufzeit wahrscheinlich sind.

Im Rahmen des Ausschreibungsverfahrens erbringen die Intermediäre eine Vielzahl konzeptioneller Leistungen. Die konkrete Ausgestaltung variiert naturgemäß mit den Projekten und der Zusammensetzung der Bieterkonsortien, so dass die Darstellung nur idealtypisch erfolgen kann.

Zusammenfassend kann festgehalten werden, dass bei Primärmarktbeteiligungen die konzeptionellen Leistungen ergänzend zum Investitionsprozess während des PPP-Vergabeverfahrens erfolgen müssen. Die Leistungen der Finanzintermediäre (FI) lassen sich wie folgt darstellen:

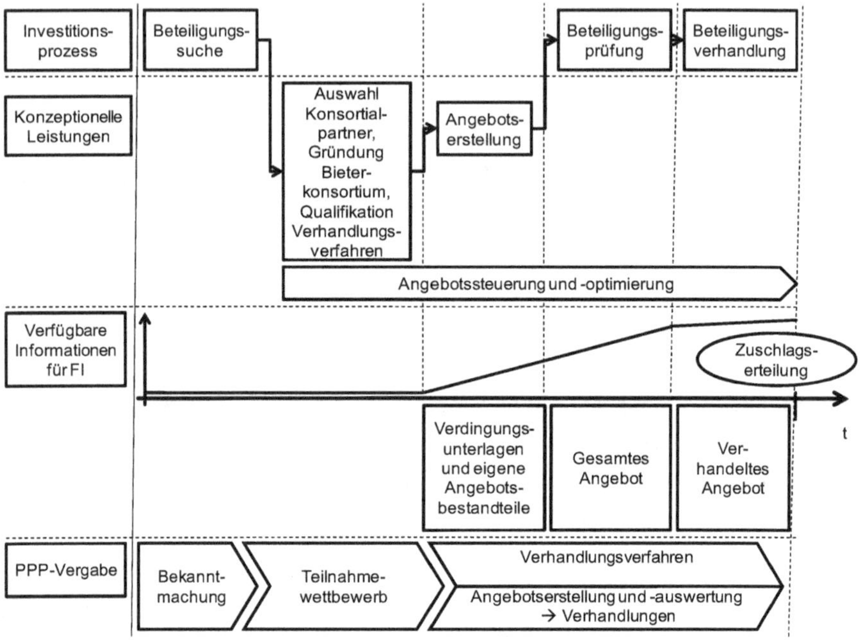

Abbildung 19: Konzeptionelle Leistungen und Investitionsentscheidung von Finanzintermediären auf dem Primärmarkt.[498]

4.2 Konzeptionelle Leistungen und Eigenkapitalbeteiligungsprozess

Nachfolgend werden die einzelnen Leistungsbestandteile der konzeptionellen Leistungen und des Eigenkapitalbeteiligungsprozesses theoretisch untersucht.

4.2.1 Konzeptionelle Leistungen und Investitionsprozess

Die konzeptionellen Leistungen und der Investitionsprozess müssen im Vergabeverfahren erbracht werden und umfassen die Beteiligungssuche, die Auswahl von Konsortialpartnern, die Gründung eines Bieterkonsortiums, die Qualifikation für das Vergabeverfahren, die Angebotserstellung, die Beteiligungsprüfung und die Beteiligungsverhandlung. Die konzeptionellen Leistungen stellen eine besondere Herausforderung bei PPP-Projekten dar, die im

---

498 Quelle: Eigene Darstellung.

Rahmen von Primärmarktbeteiligungen erbracht werden müssen. Der Investitionsprozess gestaltet sich bei Beteiligungen auf dem Primärmarkt PPP-spezifisch.

4.2.1.1 Beteiligungssuche

Im Rahmen der Beteiligungssuche gilt es anhand ausgewählter Kriterien ein geeignetes Projekt über Bekanntmachungen zu identifizieren. Als Kriterien lassen sich die folgenden projektspezifischen Kriterien identifizieren:

- Cash Flow-Risiko-Profil
- Volumen des Projektes
- PPP-Vertragsmodell
- Hochbausegment[499]

Das Cash Flow-Risiko-Profil von Beteiligungen wird im Wesentlichen durch den Zeitpunkt der Beteiligung im Projektlebenszyklus geprägt. Primärmarktbeteiligungen generieren im Gegensatz zu Sekundärmarktbeteiligungen zeitlich versetzt Cash Flows und sind tendenziell mit mehr Risiken behaftet. In der Bauphase werden keine Cash Flows generiert und die Risiken sind als hoch zu bewerten. In der Betriebsphase werden Cash Flows generiert und die Risiken sind rückläufig.

Das Mindestinvestitionsvolumen für viele Finanzintermediäre wird auf 5 Millionen Euro beziffert.[500] Mit der Eigenkapitalquote der Projektgesellschaft variieren die Mindestprojektvolumen für die Generierung der notwendigen Mindestinvestitionsvolumen zur Integration von Finanzintermediären. Bei einem Mindestinvestitionsvolumen von 5 Millionen Euro ist ein Projektvolumen von 62,5 Millionen Euro bei einer Eigenkapitalquote von 8% und 25 Millionen Euro bei einer Eigenkapitalquote von 20% notwendig. Als Einflussgröße auf das Mindestinvestitionsvolumen können die mit einer Transaktion einhergehenden

---

[499] Die PPP-Vertragsmodelle und die Hochbausegmente werden als für Projekte wesentlich beeinflussende Kriterien eingestuft. Eine weiterführende Analyse findet sich in den Kapiteln 4.3 und 4.3.2.

[500] Vgl. Kapital 2.1.6.3.

Kosten identifiziert werden. Um die anfallenden Transaktionskosten zu kompensieren und die geforderte Rendite zu erwirtschaften, ist ein entsprechendes Investitionsvolumen notwendig. Die Transaktionskosten sind beispielsweise abhängig von der Größe des Portfoliounternehmens, dessen Rechtsform oder der Qualität der vorliegenden Informationen im Rahmen der Beteiligungsprüfung. Bei PPP-Projekten sind aufgrund ihrer langfristigen Ausrichtung und interdisziplinären Konzeption tendenziell hohe Transaktionskosten zu erwarten. Eine Vielzahl von PPP-Projekten verfügt über Volumen, die für Finanzintermediäre zu gering erscheinen.

Das Vertragsmodell prägt unter anderem die Eigentumsverhältnisse in und am Ende der Vertragslaufzeit. Für die einzelnen Hochbausegmente bestehen verschiedene Spezifika, wie beispielsweise Risiken, und es ist davon auszugehen, dass die Wettbewerbsfähigkeit und die Leistungsfähigkeit der operativen Konsortialpartner in den Hochbausegmenten variieren.

Neben den projektspezifischen Kriterien gibt es Einflüsse durch das Marktumfeld. Es besteht eine Vielzahl marktspezifischer Kriterien wie die Entwicklung auf dem Zins- und Kapitalmarkt, die Nachfrageentwicklung oder die Entwicklung der Rohstoffpreise. Von zentraler Bedeutung erscheinen bei den marktspezifischen Kriterien die Kapitalmarktkonditionen, deren Übertragung auf den privaten Auftragnehmer bei PPP-Konzeptionen sinnvoll ist.[501]

Grundlegend muss bei der Beteiligungssuche die Motivation für eine Investition berücksichtigt werden. Investitionsmotive können in renditeorientierte und nicht-renditeorientierte untergliedert werden. Grundsätzlich ist bei Beteiligungen durch Finanzintermediäre eine Renditeorientierung zu erwarten und PPP-Investitionen stehen im Wettbewerb zu alternativen Anlagemöglichkeiten.[502] Darüber hinaus muss grundlegend die Stellung im Rahmen der Gesellschafterstruktur berücksichtigt werden.[503]

501 Vgl. Kapitel 3.3.3 und 4.3.5.
502 Vgl. Walther (2008), S. 6.
503 Die Gesellschafterstruktur wird in Kapitel 4.3.4.1 behandelt.

4.2.1.2 Auswahl Konsortialpartner, Gründung eines Bieterkonsortiums und Qualifikation über den Teilnahmewettbewerb

Die Auswahl der Konsortialpartner und die Gründung eines Bieterkonsortiums als Bestandteile der konzeptionellen Leistungen sind essentiell für den Projekterfolg. Ein Großteil der Leistungen im Rahmen der Projektumsetzung und der Angebotserstellung wird durch die operativen Partner erbracht, eine Vielzahl von Risiken auf diese übertragen und der Angebotspreis wesentlich durch diese geprägt. Hinsichtlich der Auswahl der Konsortialpartner sind die Leistungsfähigkeit und die Wettbewerbsfähigkeit, insbesondere vor dem Hintergrund der Projektvolumen, und die langfristigen Vertragsbeziehungen und Leistungserbringungen bei PPP-Projekten zu berücksichtigen. Im Rahmen des Teilnahmewettbewerbes erfolgt anhand einer fixierten Leistungsallokation zwischen den Projektpartnern die Qualifikation für das Verhandlungsverfahren. Zur Auswahl geeigneter Konsortialpartner müssen Finanzintermediäre über Branchen-Know-how verfügen.

4.2.1.3 Angebotserstellung

Die von den Finanzintermediären zu stellenden Angebotsbestandteile sind die Finanzierung, das steuerliche und das rechtliche Konzept sowie die Angebotskalkulation. Die Bestandteile haben starken Einfluss auf die Wettbewerbsfähigkeit des gesamten Angebotes. Die Finanzierung umfasst die Eigenkapitalausstattung in Abhängigkeit der durch die das Fremdkapital stellende Bank gegebenen Finanzierungsstruktur und Besicherungsansprüche. Es ist zu erwarten, dass Finanzintermediäre, bedingt durch ihren unternehmerischen Finanzierungshintergrund, ihrer Expertise und Netzwerke, Einfluss auf die gesamte Finanzierung nehmen können. Insbesondere im Rahmen der Verhandlungen mit der finanzierenden Bank verfügen Finanzintermediäre tendenziell über wesentlich mehr Know-how und Einflussmöglichkeiten als operative Marktteilnehmer. Von besonderer Relevanz im Rahmen der Verhandlungen mit der finanzierenden Bank sind die Sicherheitsansprüche der Bank und die Renditeorientierung der Finanzintermediäre. Das rechtliche Konzept beinhaltet die Vertragsbeziehungen zwischen der Projektgesellschaft, den Nachunternehmern und den Gesellschaftern. Der Projektvertrag zwischen der Projektgesellschaft und dem Auftraggeber ist Bestandteil der Verdingungsunterlagen und wird in der Regel erst im Verhandlungsverfahren angepasst. Die Vertragsverhältnisse zwischen der Projektgesellschaft und dem öffentlichen Auftraggeber werden direkt an die Nachunternehmer durchgestellt.[504] Die wichtigsten Aspekte im Rahmen der steuerlichen Konzeption sind die Gewerbe- und die Umsatzsteuer.[505] Es gilt die Steuerbelastung möglichst zu minimieren. Im Rahmen der Angebotskalkulation wird basierend auf den genannten Angebotsbestandteilen ein Angebotspreis ermittelt. Zur Erstellung der Angebotsunterlagen müssen Finanzintermediäre über fundiertes Fachwissen verfügen.

4.2.1.4 Beteiligungsprüfung

Bei Beteiligungen auf dem Primärmarkt umfasst die Prüfung des Portfoliounternehmens die Prüfung des Angebotes des Bieterkonsortiums im Vergabeverfahren vor der Zuschlagserteilung und die Leistungsfähigkeit der beteiligten Nachunternehmer. Der Inhalt dieser Due Diligence kann untergliedert werden in Finanzielle, Rechtliche und Steuerliche, Technische, Markt, Umwelt sowie Human Ressource Due Diligence.

Bei der Finanziellen Due Diligence erscheinen, aufgrund der ausschließlich projektbezogenen Unternehmensgründung des SPVs und des starken Einflusses des Cash Flows, Projektfinanzierungskennzahlen zur Bewertung von zentraler Bedeutung.[506] Bei Primärmarktbeteiligungen werden die Anforderungen an die Eigenkapitalbeteiligung Bestandteil der Angebotslegung.

In der Due Diligence werden neben quantitativen Größen auch qualitative Einflussfaktoren berücksichtigt. Aufgrund der langfristigen Vertragsverhältnisse und der umfangreichen Aufgabenerfüllung durch Nachunternehmer haben die in einem PPP-Konzept integrierten Nachunternehmen wesentlichen Einfluss auf sämtliche Zahlungsströme an die Kapitalgeber. Gegenstand der Due Diligence sollte folglich, neben der genauen Prüfung des Portfoliounternehmens, die Betrachtung der integrierten Nachunternehmer sein. Einige ausgewählte qualitative Einflussfaktoren sind Track Record, Marktposition und Qualität des

---

[504] Sog. Back to Back Regelungen.

[505] Beispielsweise die Zinsschranke.

[506] Vor dem Hintergrund der projektbezogenen Unternehmensgründung und dem zentralen Einfluss der Cash Flows werden nachfolgend ausschließlich Projektfinanzierungskennzahlen bei der Betrachtung finanzwirtschaftlicher Kennzahlen berücksichtigt.

Managements. Die Marktposition des SPVs ist ausschließlich bei PPP-Projekten mit Auslastungsrisiko wichtig. Aufgrund der projektbezogenen Gründung des SPVs wird dessen Track Record ausschließlich durch den Fortschritt des Projektes geprägt.[507]

4.2.1.5 Beteiligungsverhandlung

Die Beteiligungsverhandlungen bei Primärmarktbeteiligungen sind als Bestandteil des Verhandlungsverfahrens die Verhandlungen mit der ausschreibenden Stelle. Finanzintermediäre können gezielt Einfluss auf die Projektkonzeption und die Zuschlagserteilung nehmen. In den Verhandlungen werden Details der Vertragsausgestaltung, der technischen und rechtlichen Verdingungsunterlagen, der Risikoallokation und der Entgeltzahlungen durch den öffentlichen Auftragnehmer verhandelt und festgelegt. Beispielsweise bedingt durch die Unvollkommenheit des Projektvertrages sowie die Outputorientierung der technischen Verdingungsunterlagen können entscheidende Adjustierungen für die Projektumsetzung und die Wertschöpfung des Bieterkonsortiums erfolgen. Im Rahmen der Verhandlungen vertritt das Bieterkonsortium seine Interessen gemeinschaftlich und versucht den Zuschlag für das Projekt zu erhalten.

4.2.1.6 Angebotssteuerung und –optimierung

Die Angebotssteuerung entspricht der Gesamtkoordination des Bieterkonsortiums und der Abstimmung hinsichtlich der Anforderungen der Verdingungsunterlagen. Im Rahmen der Angebotsoptimierung können beispielsweise eine Nachunternehmer übergreifende Analyse und Optimierung der über den Lebenszyklus anfallenden Kosten oder ein Benchmarking zur Identifikation potentieller Schwachstellen des Angebotes erfolgen. Die Zielsetzung der Angebotssteuerung und -optimierung besteht aus der Sicherstellung der Anfertigung eines wettbewerbsfähigen Angebotes, welches den Projektanforderungen entspricht.

---

[507] Die Berücksichtigung der Projektentwicklung erfolgt über die Lebenszyklusphasen. Nachfolgend wird der Track Record des SPVs vernachlässigt.

4.2.1.7 Zusammenfassung

Die Zielsetzung der Leistungselemente der konzeptionellen Leistungen und der Teilschritte des Investitionsprozesses lässt sich zusammenfassend wie folgt darstellen:

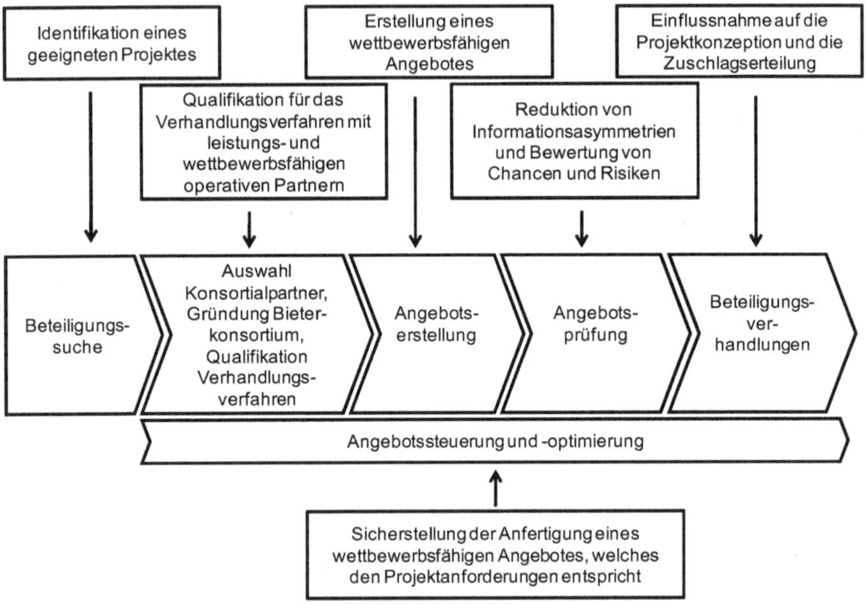

Abbildung 20: Zielsetzung der Leistungselemente der konzeptionellen Leistungen und der Teilschritte des Investitionsprozesses bei Primärmarktbeteiligungen[508]

4.2.2 Monitoring

Nach der Zuschlagserteilung wird die Projektgesellschaft mit fixierten Nachunternehmerverträgen und Projektvertrag gegründet. Es bestehen grundsätzlich eingeschränkte Einflusspotentiale im Rahmen der Beteiligungsbetreuung durch Finanzintermediäre. Strukturelle Änderungen der Projektkonzeption und die Auswahl neuer Nachunternehmer bzw. die Einflussnahme auf Nachunternehmerverträge sind nur in Ausnahmefällen möglich. Einflussmöglichkeiten

[508] Quelle: Eigene Darstellung.

auf die Projektstruktur bestehen vorrangig im Rahmen der Finanzierung, durch Refinanzierungsmaßnahmen.[509] Die Einflussmöglichkeiten auf das Unternehmensmanagement beispielsweise im Rahmen des Marketings und die Unternehmensstrategie sind bei PPP-Konzeptionen von nachrangiger Bedeutung, weil in der Regel im Hochbau keine oder ausschließlich geringe Auslastungsrisiken bestehen, PPP-Projekte sich vorrangig auf gebäudenahe Leistungen beziehen und das Leistungsspektrum der Projektgesellschaft sich auf ein Projekt begrenzt. Als zentraler Bestandteil der Beteiligungsbetreuung erscheinen phasenübergreifend Kontroll- und Eingriffsrechte bei der Projektumsetzung durch die operativen Projektbeteiligten im Rahmen des Risikomanagements. In der Planungs- und Bauphase sowie der Betriebsphase 1 sind die Risikobehaftung tendenziell hoch, und die Ausübung von Kontroll- und Eingriffsrechten hat hohen Einfluss auf den Projekterfolg. Bedingt durch die in der Betriebsphase 2 rückläufige Risikobehaftung verlieren Kontroll- und Eingriffsrechte an Bedeutung. Neben den Kontroll- und Eingriffsrechten der Eigenkapital gebenden Finanzintermediäre verfügt die finanzierende Bank in der Regel über Kontroll- und Eingriffsrechte.

4.2.3 Exit

Als Exitmöglichkeiten bei PPP-Projekten kommen entweder das Ende der Vertragslaufzeit oder die vorzeitige Veräußerung der Beteiligung über den Sekundärmarkt in Betracht. Als mögliche Exitstrategien über den Sekundärmarkt können Secondary Purchase[510], IPO[511], Trade Sale[512] und Buy Back[513] identifiziert werden.[514]

Die Optionen Trade Sale und Buy Back können als Exitstrategien ausgeschlossen werden, da unterstellt werden kann, dass weder Industrielle Sponsoren noch die Unternehmensgründer Interesse an einer Beteiligung an der

509 Siehe dazu Kapitel 4.3.4.3.
510 Veräußerung an einen anderen Finanzinvestor bzw. Finanzintermediär.
511 Börsenplatzierung.
512 Veräußerung an einen Industriellen Sponsor.
513 Rückkauf durch die Unternehmensgründer.
514 Vgl. Stein (2004), S. 125ff.

Projektgesellschaft in der Betriebsphase haben. Die Veräußerung an Industrielle Sponsoren erscheint grundsätzlich möglich. Die generierbaren Skaleneffekte erscheinen in Relation zu den notwendigen Investitionen gering.[515] Eine Börsenplatzierung ist grundsätzlich möglich, kann nachfolgend aber aufgrund des ausschließlichen Projektbezuges von PPP-Projekten vernachlässigt werden. Als mögliche Exitstrategie für den Sekundärmarkt verbleibt folglich die Veräußerung an andere Finanzintermediäre in Form eines Secondary Purchase. Der Exit am Ende der Vertragslaufzeit wird durch das PPP-Vertragsmodell geprägt.

Für Finanzintermediäre, die sich auf dem Primärmarkt an PPP-Projekten beteiligen, ist für den Fall, dass sie die Beteiligung nicht bis zum Ende der Vertragslaufzeit halten wollen, das Bestehen eines Sekundärmarktes essentiell, um Wertsteigerungen vor Ablauf der Projektlaufzeit und dem Erhalt sämtlicher Entgeltzahlungen vorzeitig zu realisieren. Durch die Veräußerung der Beteiligung wird die Möglichkeit geschaffen, das gebundene Kapital risiko- und renditeadäquat zu reinvestieren. Neben den Beteiligungen von Finanzintermediären ist der Sekundärmarkt für Industrielle Sponsoren, die Beteiligungen an PPP-Projekten halten, wichtig, um das gebundene Kapital zu liquidieren und in neue Projekte investieren zu können. Durch das Bestehen eines Sekundärmarktes wird risikosuchenden Finanzintermediären und Industriellen Sponsoren des Primärmarktes nach den risikobehafteten Projektphasen ermöglicht, ihre Beteiligungen zu veräußern, und risikoaverse Finanzintermediäre können Beteiligungen tätigen.

Die Preisfindung auf dem Sekundärmarkt bildet die zentrale Einflussgröße auf die Rendite bei der Realisierung von Wertsteigerungen von Primärmarktintermediären. Zudem determiniert die Preisfindung die langfristig realisierbare Rendite von Sekundärmarktintermediären auf Basis der Entgeltzahlungen durch den Auftraggeber bei fixierten Rahmenbedingungen und begrenzten Einflussmöglichkeiten. Durch Preisabschläge wird beispielsweise die Rendite der Primärmarktintermediäre zu Gunsten der Sekundärmarktintermediäre reduziert. Der Preis wird über Angebot und Nachfrage bestimmt und orientiert

---

515 Eine weiterführende Analyse von Skaleneffekten bei PPP-Investitionen erfolgt nicht.

sich am Unternehmenswert, der beispielsweise über die künftig generierbaren Cash Flows bestimmt wird.[516] Beispielsweise bestehende Refinanzierungspotentiale werden in der Praxis regelmäßig als Chancen in der Preisfindung auf dem Sekundärmarkt berücksichtigt. Zudem kann die Preisfindung, beispielsweise durch die Korrelation zu alternativen Anlagemöglichkeiten und Diversifikationspotentiale, beeinflusst werden.

In Deutschland besteht kein etablierter Sekundärmarkt und aufgrund der mangelnden Standardisierung und Handelbarkeit von PPP-Beteiligungen ist eine durch den Markt regulierte Preisfindung nur eingeschränkt möglich. Die entstehenden Transaktionskosten und Kosten für die Reduktion bestehender Informationsasymmetrien sind als hoch zu bewerten und reduzieren die realisierbare Rendite.

Weltweit werden verstärkt Finanzintermediäre bei PPP-/PFI-Projekten tätig.[517] Die Entwicklung des Sekundärmarktes bleibt allerdings hinter den Erwartungen zurück.[518] Für Beteiligungskapital an PFI-Projekten in England kann beispielsweise unterstellt werden, dass in der Regel Exitmöglichkeiten in Form von Secondary Purchase bestehen. Es treten vermehrt Finanzintermediäre auf, die in den unterschiedlichen Projektphasen PFI-Projekte kaufen. Eine Erhebung des Comptroller and Auditor General kommt zu dem Ergebnis, dass bei 32 PFI-Projekten Änderungen in der Eigenkapitalstruktur vollzogen wurden. Der Großteil der Veräußerungen des Beteiligungskapitals erfolgte mehr als drei Jahre nach der ursprünglichen Vertragskonzeption.[519]

---

516 Bspw. Entity- und Equity-Ansatz. Siehe dazu weiterführend u.a. Braun (2005), Drukarczyk (2003–2), Kames (2000). Neben den dargestellten Methoden kann die Unternehmensbewertung über Real Optionen oder Ertragswertverfahren erfolgen. Eine weiterführende Analyse dieser Methodik erfolgt nicht. Siehe dazu u.a. Lerner, Hardymon, Leamon (2005).

517 Als Finanzintermediären auf dem Sekundärmarkt für PFI/PPP-Beteiligungskapital sind beispielsweise Henderson Global Finanzintermediärs, Infrastructure Finanzintermediärs, Innisfree und Braclays Capitals tätig. Die Tätigkeitsfelder der Finanzintermediären umfassen beispielsweise Refinanzierungen. Siehe dazu weiterführend Comptroller and Auditor General (2006), S. 42f.

518 Vgl. Beaumont (2004), S. 14ff.

519 Vgl. Comptroller and Auditor General (2006), S. 29.

Änderungen der Gesellschafterstruktur finden in Deutschland in PPP-Verträgen nur teilweise Berücksichtigung. Es werden beispielsweise Klauseln formuliert, die Änderungen der Gesellschafterstruktur erst zwei Jahre nach Fertigstellung der Baumaßnahmen ermöglichen. Problematisch bei der Konzeption von PPP-Modellen erweist sich, dass der öffentliche Auftraggeber zum einen über wesentliche Einflussmöglichkeiten auf Änderungen in der Gesellschafterstruktur verfügt[520] und zum anderen auf Seiten der öffentlichen Hand oftmals keine Transparenz darüber besteht, welche Auswirkungen Änderungen in der Gesellschafterstruktur nach sich ziehen.

4.3 Einfluss PPP-spezifischer Kriterien

Der nachfolgende Abschnitt betrachtet die Auswirkungen verschiedener PPP-spezifischer Kriterien auf den Beteiligungsprozess von Finanzintermediären. Als PPP-spezifische Kriterien werden die PPP-Vertragsmodelle, die Hochbausegmente, das Investitions- und Projektvolumen, die Lebenszyklusphase und der Risikotransfer betrachtet.

4.3.1 PPP-Vertragsmodelle

Gegenstand des Kapitels ist die Untersuchung der vier in Kapitel 3.1.4 dargestellten PPP-Vertragsmodelle aus der Perspektive von Finanzintermediären. Die folgenden Rahmenbedingungen werden für die Analyse der Vertragsmodelle festgelegt:

- Die öffentliche Hand ist anfänglich Eigentümerin des Grundstückes.
- Die Risikoallokation ist, mit Ausnahme des Verwertungsrisikos und des Risikos des Gebäudezustandes am Ende der Vertragslaufzeit, nicht Gegenstand der PPP-Vertragsmodelle. Sie wird projektspezifisch festgelegt. Vor diesem Hintergrund ist eine gesonderte Betrachtung von Risiken nicht notwendig. Insbesondere das Auftreten von Auslastungsrisiken ist unabhängig vom PPP-Vertrag.

[520] Vgl. Beaumont (2004), S. 15.

- Die Ausprägung der Zahlungsmechanismen, beispielsweise von Bonus-Malus-Systemen, ist unabhängig vom PPP-Vertrag.

Zur Bewertung der Attraktivität der verschiedenen Vertragsmodelle werden die folgenden Aspekte herangezogen:

- Eigentumstransfer

  Es kann unterstellt werden, dass die mit einem Eigentumserwerb an einem Grundstück einhergehenden Investitions- und Besicherungsmöglichkeiten aus Sicht eines Finanzintermediärs positiv zu bewerten sind. Eine Nichtübertragung wird negativ bewertet.[521]

- Zahlungsströme

  Die Beeinflussung der Zahlungsströme durch den Eigentumserwerb durch die öffentliche Hand führt zu einer Erhöhung des Projektvolumens und wird positiv bewertet. Eine negative Bewertung erfolgt nicht.

- Verwertungsrisiko

  Die Übertragung des Verwertungsrisikos auf den Auftragnehmer wird negativ und die Nichtübertragung positiv bewertet.[522]

- Risiko Gebäudezustand am Ende der Vertragslaufzeit

  Der Zustand der Gebäude am Ende der Vertragslaufzeit kann durch das SPV stark beeinflusst werden und hat keine negativen Auswirkungen auf die Attraktivität der Vertragsmodelle.

Zusammenfassend kann die folgende Bewertung erfolgen:[523]

---

[521] Für Investitionsvehikel, die in Grundstücke investieren müssen, kann der Eigentumstransfer von hoher Bedeutung sein. Zudem gehen Besicherungsmöglichkeiten mit dem Eigentumstransfer einher.

[522] Es besteht eine starke Projektabhängigkeit. In Premiumlagen beispielsweise wäre es positiv zu bewerten. Aufgrund des tendenziell hohen Einflusses erfolgt eine starke Gewichtung des Verwertungsrisikos bei der Bewertung.

[523] Die Grundlage der Bewertung bilden die Ausführungen in Kapitel 3.1.4. In der Summe werden „+“ als „+1“ gewertet, „-“ als „-1“ und „0“ als „0“.

	Erwerbermodell	Inhabermodell	Mietmodell	Leasingmodell
Eigentumstransfer	+	-	+	+
Zahlungsströme	+	0	0	0[524]
Verwertungsrisiko	++	++	-	--[525]
Risiko Gebäude-zustand	0	0	0	0
Summe	4	1	0	-1

Tabelle 21: Bewertung der verschiedenen Vertragsmodelle[526]

Aus der Bewertung der Vertragsmodelle anhand der angeführten Kriterien lässt sich unter Berücksichtigung der anfänglich bestimmten Rahmenbedingungen theoretisch ableiten, dass für Finanzintermediäre die Attraktivität der verschiedenen PPP-Vertragsmodelle, beginnend mit dem attraktivsten, wie folgt ist:

1. Erwerbermodell
2. Inhabermodell
3. Mietmodell
4. Leasingmodell

Im Vergleich zu den anderen Modellen ist das Erwerbermodell mit Abstand das attraktivste.

4.3.2 Hochbausegmente

Im folgenden Abschnitt erfolgt die Untersuchung der ersten fünf der sechs in Kapitel 3.4 dargestellten Hochbausegmente aus der Perspektive von Finanzintermediären. Die Bewertung beruht auf der im genannten Kapitel durchgeführten Analyse anhand der ausgewählten repräsentativen Objektgruppen.

---

524 Es werden nur geringfügige Zahlungsströme unterstellt.

525 Das Optionsrecht der öffentlichen Hand wird schlechter als ein alleiniges Verwertungsrisiko gewertet.

526 Quelle: Eigene Darstellung.

Aufgrund der vielfältigen Anwendung verschiedener Vertragsmodelle in den verschiedenen Segmenten erscheint bei der Analyse der Segmente die Berücksichtigung der Vertragsmodelle nicht notwendig. Die Kategorie Sonstiges wird nicht betrachtet.

Zur Bewertung der Attraktivität der verschiedenen Vertragsmodelle werden die folgenden Aspekte herangezogen:

- Projektvolumen

  Das Projektvolumen ist ein wesentlicher Einflussfaktor auf die Fragestellung, ob Finanzintermediäre in Projekte integriert werden können. Durch hohe Projektvolumen kann ergänzend der Zugang zu alternativen Finanzierungsquellen und -strukturen ermöglicht werden.[527] Große potentielle Projektvolumen werden positiv, kleine negativ bewertet.[528]

- Bündelungspotential

  Durch die Bündelung von Projekten wird u.a. das Projektvolumen erhöht, eine Stärkung und Stabilisierung der Cash Flows, die Quersubventionierung von Projekten sowie die Generierung von Größenvorteil und Effizienzgewinnen ermöglicht.[529] Das Bestehen von Bündelungspotentialen wird positiv bewertet.[530,531]

- Standardisierungspotential

  Das Standardisierungspotential von Projekten beeinflusst deren Bündelungspotential und die Transaktionskosten von Investitionen. Durch die Standardisierung des Vertragswesens können insbesondere die Kosten für juristische Berater und die Transaktionskosten gesenkt werden. Ein hohes Standardisierungspotential wirkt sich positiv aus, ein geringes negativ.

527 Beispielsweise Wrapping und Private Placement.

528 Bei großen Volumen erfolgt eine doppelte Gewichtung bei der Bewertung.

529 Vgl. Comptroller and Auditor General (2006), S. 31.

530 Unterschiedliche Ausprägungen werden bei der Bewertung berücksichtigt.

531 Die Bündelung von Projekten wird nur innerhalb eines Segmentes betrachtet. Es ist davon auszugehen, dass sich die Projektbündelung von Projekten in der Angebots- und Konzeptionsphase als problematisch erweist.

- Anzahl potentieller Nachunternehmer

  Bei der Betrachtung der Anzahl potentieller Nachunternehmer ist eine hohe Anzahl einer geringen Anzahl vorzuziehen. Die Grundlage dieser Einschätzung bildet die Annahme, dass zum einen eine höhere regionale Verfügbarkeit und zum anderen das Entstehen eines Preiswettbewerbs erwartet werden kann. Eine hohe Anzahl wird positiv bewertet, eine geringe negativ.

- Segmentspezifische Risiken

  Bei der Betrachtung der segmentspezifischen Risiken werden ausschließlich Risiken berücksichtigt, die sich negativ auf die Attraktivität der Segmente auswirken können. Eine negative Auswirkung kann ausschließlich bei problematischer Handhabung unterstellt werden. Eine hohe Risikobehaftung ist aus Sicht von Finanzintermediären nicht negativ zu bewerten.[532]

Zusammenfassend kann folgende Bewertung erfolgen:[533]

	Öffentliche Verwaltung	**Sicherheit**	**Bildung**	**Gesundheit**	**Sport und Kultur**
Repräsentative Objektgruppe	-	JVA	Schule	Krankenhaus	Schwimmbad
Projektvolumen	-	++	-	++	-
Bündelungs-potential	++	0	++	+	+
Standardisierungs-potential	+	-	+	-	-
Anzahl Nachunter-nehmer	+	-	+	-	-
Segmentspezifische Risiken	0, tendenziell niedrige Risiken	0, tendenziell hohe Risiken	0, tendenziell moderate Risiken	0, tendenziell hohe Risiken	--, tendenziell hohe Risiken, nur teilweise steuerbar; Eintrittserlöse
Summe	3	0	3	1	-4

Tabelle 22: Bewertung der Attraktivität der verschiedenen Hochbausegmente[534]

532 Bei der Bewertung erfolgt eine doppelte Gewichtung.

533 Die Grundlage der Bewertung bilden die Ausführungen in Kapitel 3.4. In der Summe werden „+“ als „+1“ gewertet, „-“ als „-1“ und „0“ als „0“.

534 Quelle: Eigene Darstellung.

Aus der Bewertung der Hochbausegmente anhand der angeführten Kriterien lässt sich theoretisch ableiten, dass für Finanzintermediäre insbesondere Projekte in den Segmenten öffentliche Verwaltung und Bildung attraktiv sind. Die Segmente Sicherheit und Gesundheit sind von geringerer Attraktivität. Investitionen in dem Bereich Sport erscheinen von geringer Attraktivität.

4.3.3 Investitions- und Projektvolumen

PPP-Projekte wurden, u.a. bedingt durch ihre Cash Flow-Risiko-Profile, die Korrelation zu anderen Assetklassen,[535] die Integration der öffentlichen Hand und die bestehenden Renditepotentiale, durch Finanzintermediäre als eine eigene Assetklasse entdeckt. Eine Vielzahl von Finanzintermediären versucht, PPP-Projekte in ihr Investitionsportfolio aufzunehmen. Der Markt ist von hoher Liquidität geprägt,[536] und allein seit 2006 wurden über 75 Fonds konzipiert, bei denen PPP-Projekte Bestandteil der Investitionskategorien waren.[537] Einige Fonds, wie beispielsweise der bereits 2005 konzipierte Immosafe, mussten aufgrund mangelnder Anlageobjekte geschlossen werden. Bedingt durch die Bestrebungen des Gesetzgebers, vermehrt Investitionen in PPP-Projekte zu ermöglichen, ist künftig eine Zunahme des vorhandenen Beteiligungskapitals für PPP-Projekte zu erwarten. Im Vergleich dazu bewegen sich die PPP-Quote in Deutschland und die damit einhergehenden Projektvolumen auf einem relativ geringen Niveau. Trotz einer angestrebten PPP-Quote von 15% kann unterstellt werden, dass mittelfristig das vorhandene potentielle Eigenkapital die durch PPP-Projekte generierten Projektvolumen übersteigt.

Theoretisch kann abgeleitet werden, dass mittelfristig, bedingt durch die relativ geringen Projektvolumen im Vergleich zum potentiell vorhandenen Beteiligungskapital, ein hoher Wettbewerb für PPP-Beteiligungen zu erwarten ist.

---

535 Vgl. Beaumont (2004), S.15.
536 Vgl. Becher (2008 -2), S. 40.
537 Vgl. Hensel (2008), S. 7.

4.3.4 Lebenszyklusphasen

Wie in Kapitel 3.2.3 dargestellt, lässt sich der Lebenszyklus von PPP-Projekten in verschiedene Phasen mit unterschiedlich ausgeprägten Cash Flows und Risiken untergliedern. Bei der Betrachtung der Lebenszyklusphasen ist davon auszugehen, dass zum ersten die von der Bank geforderte Eigenkapitalausstattung und damit einhergehend die Kapitalstruktur variieren. Zum zweiten die in Abhängigkeit des eingegangenen Risikos erzielbare Rendite phasenabhängig sind sowie zum dritten phasenabhängig verschiedene Refinanzierungspotentiale vorliegen. Die Betrachtung des Lebenszyklus berücksichtigt im Anschluss die Teilbereiche Gesellschafter- und Kapitalstruktur, Rendite und Finanzintermediäre sowie Refinanzierungspotentiale.

4.3.4.1 Gesellschafter- und Kapitalstruktur

Für die nachfolgende Betrachtung wird vereinfachend unterstellt, dass die Eingriffsmöglichkeiten auf das Projekt im Rahmen von Minderheitsbeteiligungen im Vergleich zu Mehrheitsbeteiligungen schwach ausgeprägt sind.[538]

Wie in Kapitel 3.2.4 ausgeführt, sind Beteiligungen auf dem Primärmarkt für risikosuchende Intermediäre attraktiv, wohingegen Beteiligungen auf dem Sekundärmarkt für risikoaverse Intermediäre attraktiv sind. In der Planungs- und Bauphase sind sowohl Mehrheits- als auch Minderheitsbeteiligungen durch Finanzintermediäre an PPP-SPVs umsetzbar. Bedingt durch die maßgebliche Beeinflussung des Projektes durch Bauunternehmen kann deren Beteiligung am Eigenkapital aus Sicht von Finanzintermediären sinnvoll sein. Es ist davon auszugehen, dass die Gesellschaftsstruktur von dem Projektinitiator dominiert wird. Bei Mehrheitsbeteiligungen ist anzunehmen, dass Finanzintermediäre, bedingt durch die zu erbringenden Leistungen als Initiatoren, der hohen Risikobehaftung in dieser Phase und der bestehenden Eingriffsmöglichkeiten, über ein ausgeprägtes technisches und Branchen-Know-how verfügen müssen. Bei Minderheitsbeteiligungen sinken, bedingt durch die mit der Beteiligung einhergehenden Eingriffsmöglichkeiten, die Anforderungen an die Finanzintermediäre.

---

538 Für Minderheitsbeteiligungen eignet sich Mezzanine-Kapital.

In der Betriebsphase 1 sind die Baumaßnahmen fertig gestellt. Der Betrieb ist noch nicht etabliert und die Funktionalität des Gebäudes ist noch nicht sichergestellt. Es ist davon auszugehen, dass die am Eigenkapital beteiligten risikosuchenden Finanzintermediäre die Beteiligung weiterhin halten und Wertsteigerung durch die Etablierung des Betriebes in einem funktionalen Gebäude generieren wollen. Finanzintermediäre können sowohl Minderheits- als auch Mehrheitsbeteiligungen am SPV halten. Für den Fall, dass in der Bauphase Industrielle Sponsoren am Eigenkapital beteiligt wurden, kann die weitere Beteiligung aus Sicht von Finanzintermediären sinnvoll sein.[539] Aufgrund der Risikoausprägung erscheinen Beteiligungen für risikoaverse Finanzintermediäre nur bedingt attraktiv. Für Mehrheitsbeteiligungen sind die Anforderungen an das Know-how, bedingt durch die Risikobehaftung und die bestehenden Eingriffsmöglichkeiten, im Vergleich zu Minderheitsbeteiligungen wichtiger einzustufen.

In der sich anschließenden Betriebsphase 2 haben sich die mit dem Projekt einhergehenden Risiken stark reduziert. Für die ursprünglich beteiligten risikosuchenden Finanzintermediäre kann unterstellt werden, dass die Zielsetzung besteht, die generierten Wertsteigerungen vorzeitig zu realisieren. Das gesamte Eigenkapital der Projektgesellschaft kann an risikoaverse Finanzintermediäre veräußert werden. Trotz der rückläufigen Projektrisiken empfiehlt es sich für Mehrheitsbeteiligungen, aufgrund der langfristigen Beteiligungsausrichtung in dieser Phase und der durchzuführenden Betriebs- und Instandhaltungsmaßnahmen, über ein ausgeprägtes technisches Know-how zu verfügen. Diese Voraussetzung erscheint aber nicht zwingend notwendig. Minderheitsbeteiligte müssen bedingt durch die Risikobehaftung und die Eingriffsmöglichkeiten über kein fundiertes Fachwissen verfügen. Die Beteiligung der operativen Projektbeteiligten am Eigenkapital verliert vor dem Hintergrund der Etablierung des Betriebes in einem funktionsfähigen Gebäude an Bedeutung. Insbesondere in der Betriebsphase 2 sind Mehrheitsbeteiligungen durch risikoaverse Finanzintermediäre zu erwarten.

---

539 Die Moral Hazard Problematik kann an dieser Stelle auftreten.

Die Eigenkapitalanforderungen und Besicherungsansprüche der finanzierenden Bank sind in den risikobehafteten Phasen Planung und Bau sowie Betrieb 1 höher einzuschätzen als in der Betriebsphase 2. Das Eigenkapital dient der Absicherung der Finanzierung gegenüber bestehender Risiken.[540] Allgemein gültige Aussagen zur Eigenkapitalausstattung erscheinen vor dem Hintergrund einer Vielzahl bestehender Instrumente im Rahmen der Ausgestaltung der Finanzierung und der starken Varianz der projektspezifischen Risiken problematisch. Um Aussagen über die Eigenkapitalausstattung von PPP-SPVs zu ermöglichen, erscheint eine tiefgreifende Clusterung der Projekte notwendig. In der Literatur werden für Projekte, die über ein Marktrisiko verfügen, Eigenkapitalquoten zwischen 15% und 25% und für Projekte ohne Marktrisiko Eigenkapitalquoten zwischen 8% und 12% unterstellt.[541]

4.3.4.2 Rendite und Finanzintermediäre

In der Planungs- und Bauphase werden die zahlungswirksamen Kosten durch die Bauzwischenfinanzierung gedeckt. Die Rendite der Projektsponsoren wird über Wertsteigerungen der Projektgesellschaft, durch eine effiziente Risikobehandlung[542] und durch die künftig durch den Auftraggeber zu entrichtenden Entgeltzahlungen generiert.[543]

In der Betriebsphase 1 entrichtet der öffentliche Auftraggeber erste Entgeltzahlungen an die Projektgesellschaft. Die Entgeltzahlungen umfassen den investiven Bestandteil für die Bereitstellung des Gebäudes und einen operativen Bestandteil. Die wesentlichen auszahlungswirksamen Kosten auf Ebene der Projektgesellschaft entstehen durch die Finanzierung und den Betrieb. Die Rendite wird in dieser frühen Betriebsphase zum einen über Wertsteigerungen der Projektgesellschaft und zum anderen aufgrund von Ausschüttungen generiert.

---

540 Loss-Absorption.

541 Vgl. Deutscher Bundestag (2007).

542 Beispielsweise die fristgerechte Fertigstellung der Baumaßnahmen.

543 Es kann unterstellt werden, dass Gewinnaufschläge in den Planungs- und Baukosten enthalten sind, die bei einer risikooptimalen Umsetzung maximiert werden, und dass keine Fremdkapitalanteile an die Eigenkapitalgeber ausgeschüttet werden.

Die Wertsteigerungen entstehen durch die Etablierung des Betriebes in einem funktionalen Gebäude, die Ausschüttungen werden durch die Entgeltzahlungen ermöglicht. In der Betriebsphase beginnt mit den Entgeltzahlungen die Realisierung der generierten Wertsteigerungen.

In der Betriebsphase 2 sind die Risiken minimiert und die Entgeltzahlungen können als „proven Cash Flows" bezeichnet werden. Die auszahlungswirksamen Kosten entstehen im Rahmen der Finanzierung und des Betriebes. Mit zunehmender Projektlaufzeit nimmt die Bedeutung der auszahlungswirksamen Instandhaltungskosten als Bestandteil der Betriebsleistungen zu. Die Rendite wird größtenteils basierend auf den sicheren Entgeltzahlungen des Auftraggebers generiert.

In der gesamten Betriebszeit kann der öffentliche Auftraggeber bei Schlechtleistungen der Projektgesellschaft im Rahmen der Projektfinanzierung sowohl den operativen als auch den investiven Entgeltbestandteil kürzen. Die Kürzungsmöglichkeit wird regelmäßig über Bonus-Malus-Vertragsklauseln reguliert. Neben den Bonus-Malus-Regelungen bestehen rechtliche Kürzungsmöglichkeiten.

In der Literatur ist in frühen Lebenszyklusphasen von einer erwarteten Eigenkapitalrendite von 15% bis 17% die Rede.[544] Die Renditeerwartungen für die späteren Projektlebenszyklusphasen liegen in Abhängigkeit der Risikoausprägung zwischen der genannten Eigenkapitalrendite und quasi risikolosen Kapitalmarktanlagen.

Von den in Kapitel 2.1.5 dargestellten Investitionsvehikeln können Beteiligungen in der Angebots- und Konzeptionsphase von PPP-Projekten für risikosuchende geschlossene Immobilienfonds und Private Equity Fonds lukrativ sein.[545,546] PPP-Projekte sind in den risikobehafteten Phasen Planung und Bau

[544] Vgl. Comptroller and Auditor General (2006), S. 5.

[545] Als Problembereich könnte sich das Volumen einzelner Projekte erweisen. Eine Bündelung in der Angebots- und Konzeptionsphase erscheint problematisch.

[546] Es besteht keine Projektgesellschaft. Folglich sind keine Eigenkapitalbeteiligungen möglich. Die Beteiligung beschränkt sich auf die konzeptionellen Leistungen und den spezifischen Investitionsprozess.

sowie Betrieb 1 Anlagemöglichkeiten für Private Equity Fonds, risikosuchende geschlossene Immobilienfonds und Infrastrukturfonds in Form von Spezialfonds. Infrastrukturfonds in Form von Publikumsfonds können, bedingt durch ihre Anlagerestriktionen, nicht in diesen Phasen in PPP-Projekte investieren.[547] Für REITs und offene Immobilienfonds erscheinen Investitionen in PPP-Projekte aufgrund der Anlagerestriktion bei den betrachteten Modellen mit Gründung eines SPVs nicht umsetzbar. Bei Immobilien-AGs liegt der Fokus der Investitionen tendenziell auf Immobilien, nicht auf Projektgesellschaften. Vor diesem Hintergrund werden diese nicht als Finanzintermediäre in diesen Phasen betrachtet. In der sich anschließenden Betriebsphase 2 gehen die Projektrisiken zurück. Investitionen in dieser Phase erscheinen für risikoaverse Finanzintermediäre lukrativ. Als potentielle Finanzintermediäre treten geschlossene Immobilienfonds, denen eine tendenziell konservative Anlagestrategie unterstellt werden kann, und Infrastrukturfonds als Publikums- und als Spezialfonds auf.

Zusammenfassend können für die untersuchten deutschen Investitionsvehikel die folgenden Beteiligungszyklen abgeleitet werden:

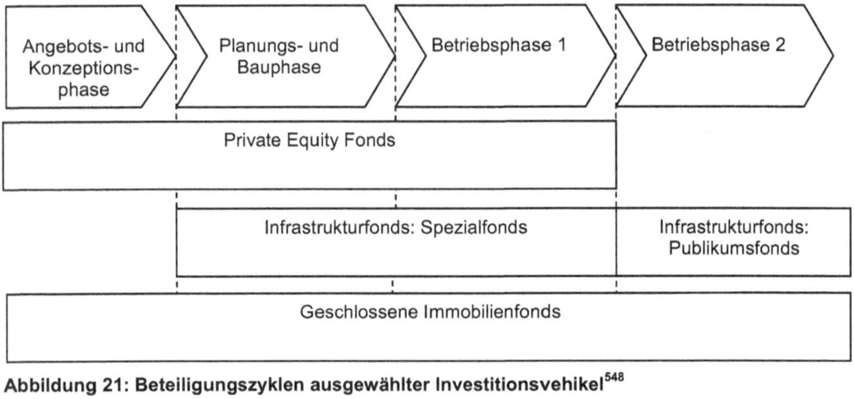

Abbildung 21: Beteiligungszyklen ausgewählter Investitionsvehikel[548]

[547] Betrieb 1 muss differenziert betrachtet werden.
[548] Quelle: Eigene Darstellung.

4.3.4.3 Refinanzierung

Die im Rahmen der Zuschlagserteilung berücksichtigte Finanzierung kann während der langfristigen Vertragslaufzeit umgestaltet werden und zu Refinanzierungsgewinnen führen. Nicht sicher kalkulierbare Refinanzierungspotentiale werden bei der Vergabe von PPP-Projekten in der Regel nicht berücksichtigt und die Eigenkapitalrendite kann durch Refinanzierungsmaßnahmen in hohem Ausmaß beeinflusst werden. Aufgrund des Bestehens von Refinanzierungspotentialen können beispielsweise erhebliche Veräußerungsgewinne durch die ursprünglichen Projektträger generiert werden.[549] Neben den Chancen durch Refinanzierungen gehen mit der künftigen Unsicherheit über die Projektentwicklung auch Risiken einher, die zu Mehrkosten führen können.

Die Grundlagen für Refinanzierungsmöglichkeiten können, wie in Kapitel 3.2.2.3 dargestellt, mannigfaltig sein. Marktspezifische Einflussfaktoren werden nachfolgend nicht berücksichtigt. Sie können phasenunabhängig zu Chancen und Risiken führen. In der Planungs- und Bauphase sind die Refinanzierungspotentiale als gering einzuschätzen. Eine wesentliche Unterschreitung der kalkulierten Risiken oder eine frühzeitige positive Unternehmensentwicklung sind nicht zu erwarten. In der Betriebsphase 1 können durch frühe positive Unternehmens- und Risikoentwicklungen die Anforderungen der finanzierenden Banken zurückgehen und Refinanzierungsmöglichkeiten entstehen. In der Betriebsphase 2 ist mit einem starken Rückgang der Risiken zu rechnen. Bedingt durch Änderungen der Risikostruktur können beispielsweise die Relation zwischen Eigen- und Fremdkapital sowie die Sicherungsansprüche der finanzierenden Bank in Form von Reservekonten bzw. die Risikomarge angepasst werden. Aus diesen Maßnahmen erfolgt eine Reduktion der gesamten Kapitalkosten bzw. eine Änderung der Cash Flow Prioritäten, woraus eine Erhöhung der Eigenkapitalrendite resultiert. Eine Reduzierung der Kapitalkosten durch Bankenrefinanzierungen, „Wrapping“ oder „Private Placements“ erscheint insbesondere in der Betriebsphase 2 umsetzbar. Zudem können sich Vertragsverlängerungsoptionen wesentlich auf das Auszahlungs-

549 Vgl. Becher (2008-1).

profil an die Kapitalgeber auswirken. Die Ausübung von Vertragsverlängerungsoptionen erfolgt in der Betriebsphase 2. Mit zeitlichem Fortschritt der Betriebsphase 2 gehen die Refinanzierungspotentiale, bedingt durch das rückläufige Projektvolumen, zurück.

4.3.5 Risikotransfer

Das Ausmaß und die Beeinflussbarkeit einzelner Risiken sind in hohem Maß projektabhängig. Nachfolgend können nur allgemeine Ausführungen zur Risikoallokation bezüglich verschiedener Risikokategorien getroffen werden. Aus der Perspektive von Finanzintermediären kann unterstellt werden, dass ausschließlich die Übertragung beeinflussbarer Risiken umsetzbar und wünschenswert ist. Die Risikoallokation ist Gegenstand des Projektvertrages und die auftretenden Einzelrisiken müssen separat analysiert und zwischen den Projektbeteiligten verteilt werden. Die Risikoidentifikation und Vorschläge zur Risikoallokation erfolgen in den Kapiteln 3.3.2 und 3.3.3.

Bei einer ausschließlichen Betrachtung der Risikokategorien erscheint die Übertragung von Bestandsrisiken im Rahmen der Planungs- und Baurisiken auf Finanzintermediäre durch die Projektgesellschaft schwer beeinflussbar und somit unwirtschaftlich, wohingegen Ausführungsrisiken in großem Umfang auf die Projektgesellschaft übertragen werden sollten.[550] Die Übertragung von Betriebsrisiken in hohem Ausmaß auf die Projektgesellschaft erscheint sinnvoll. Die Übertragung von Markt- und Auslastungsrisiken auf die Projektgesellschaft erscheint nur in geringem Ausmaß wirtschaftlich und umsetzbar. Eine Übertragung von Rechtssprechungs- und Restwertrisiken sowie Risiken durch höhere Gewalt ist nicht sinnvoll. Zudem ist davon auszugehen, dass die Übertragung eines Auslastungsrisikos auf das SPV die Attraktivität für Finanzintermediäre negativ beeinflusst.

Theoretisch kann abgeleitet werden, dass beruhend auf der Beeinflussbarkeit der Risiken, aus der Sicht von Finanzintermediären die nachfolgenden Risiken in den beschriebenen Intensitäten auf die Projektgesellschaft und damit auf die Eigenkapitalgeber übertragen werden sollten:

---

550 Eine Weiterentwicklung durch Befragungen zu Einzelrisiken erscheint sinnvoll.

Risiko	**Bestand (1)**	**Planung (2)**	**Bau (3)**	**Betrieb (4)**	**Finanzierung (5)**
Übertragung	Gering/keine	Hoch	Hoch	Hoch	Hoch
Risiko	**Markt und Auslastung (6)**	**Rechtssprechung (7)**	**Höhere Gewalt (8)**	**Restwert (9)**	
Übertragung	Gering/keine	Gering/keine	Gering/keine	Gering/keine	

Tabelle 23: Risikotransfer[551]

4.4 Wertschöpfungskette von Finanzintermediären bei PPP-Projekten

PPP-Projekte im Hochbau weisen für Cash Flow abhängige Projektfinanzierungen, in denen die Projektrisiken von elementarer Bedeutung sind, entscheidende Ausprägungen auf. Die wichtigsten Ausprägungen sind zum einen, dass die Cash Flows langfristig durch die öffentliche Hand besichert sind und die Bonität des Abnehmers als herausragend eingestuft werden kann. Zum anderen ermöglichen PPP-Konzeptionen, dass ausschließlich Risiken auf die privaten Partner übertragen werden, die durch diese beeinflussbar sind. Insbesondere bestehen in der Regel keine oder ausschließlich geringfügige Auslastungsrisiken, woraus resultiert, dass im Rahmen der Beteiligungsbetreuung keine Beratung bzw. Optimierung hinsichtlich der Auslastung erfolgen muss und die Risikobehaftung vergleichsweise gering ist.[552]

Die Wertschöpfungskette von Finanzintermediären bei Primärmarkt- und bei Sekundärmarktbeteiligungen an PPP-Projekten unterscheidet sich und stellt insbesondere auf dem Primärmarkt Neuerungen zu den Strukturen klassischer Unternehmensbeteiligungen dar.

Bei Primärmarktbeteiligungen müssen Finanzintermediäre konzeptionelle Leistungen erbringen und die Bestandteile des Investitionsprozesses gestalten sich anderes als bei Beteiligungen an bestehenden Unternehmen. Die konzeptionellen Leistungen und die Investition erfolgen als iterative Prozesse während der Vergabe als erster Schritt der Wertschöpfungskette von Finanzintermediären. Mit den konzeptionellen Leistungen und den Beteiligungsverhandlungen gehen einerseits hohe Kosten und fachliche Anforderungen vor der

---

551 Quelle: Eigene Darstellung.

552 Beispielsweise im Vergleich zu Projektfinanzierungen in dem Bereich Verkehrsinfrastruktur mit Markt- und Auslastungsrisiken.

Zuschlagserteilung einher. Andererseits besteht durch die Erbringung der Leistungen ein hohes Einflusspotential auf die Zuschlagserteilung und die Projektkonzeption. Die Zuschlagserteilung ist von der Leistungsfähigkeit des gesamten Bieterkonsortiums abhängig und die Finanzintermediäre steuern nur einen limitierten Anteil bei. Die Beteiligungssuche muss sich an den Bekanntmachungen für Teilnahmewettbewerbe orientieren. In der Beteiligungsprüfung erfolgt nicht die Prüfung eines bestehenden Unternehmens sondern die Prüfung eines Angebotes mit fixierten Nachunternehmern. Zudem umfasst die Beteiligungsverhandlung Verhandlungen mit der ausschreibenden Stelle, bei denen die Projektkonzeption im Detail beeinflusst werden kann und die Interessen des gesamten Bieterkonsortiums zu berücksichtigen sind.

Für Sekundärmarktbeteiligungen müssen keine konzeptionellen Leistungen erbracht werden. Die Beteiligungssuche und die Beteiligungsprüfung umfassen bestehende Projekte. Die Beteiligungsverhandlungen werden mit den Gesellschaftern der Projektgesellschaft geführt.

Das Monitoring ist der zweite Schritt der Wertschöpfungskette bei PPP-Beteiligungen. Es beschränkt sich vorrangig auf das Risikomanagement in Form von Kontroll- und Eingriffsrechten. Bedingt durch die lebenszyklusspezifische Risikobehaftung ist das Risikomanagement in den frühen Projektphasen Planung und Bau sowie Betrieb 1 wichtig und nimmt in der Betriebsphase 2 ab. Die Einflussmöglichkeiten auf die Projektstruktur und das Unternehmensmanagement sind, bedingt durch die langfristige Konzeption und die Leistungserbringung durch die operativen Projektbeteiligten, eingeschränkt. Strukturelle Änderungen können in erster Linie im Rahmen der Finanzierung realisiert werden.

Der Exit bildet den letzten Schritt der Wertschöpfungskette. Der Exit bildet den Übergang vom Primär- auf den Sekundärmarkt. Durch das Bestehen eines Sekundärmarktes werden die vorzeitige Realisierung von Wertsteigerungen ermöglicht und Anlageopportunitäten geschaffen. Die zentrale Steuerungsgröße auf dem Sekundärmarkt ist die Preisfindung. Sie wird durch Angebot und Nachfrage sowie die künftigen Cash Flows determiniert. Bedingt durch die aktuelle Marktentwicklung in Deutschland sind die Handelbarkeit, die Preisfindung und die Transaktionskosten bei PPP-Beteiligungen als nicht optimal zu bewerten.

Die Wertschöpfung erfolgt in der stark risikotragenden Bauphase über Wertsteigerungen im Rahmen der Baumaßnahmen. In der risikobehafteten frühen Betriebsphase erfolgt die Wertschöpfung über Wertsteigerungen durch die Etablierung des Betriebes in einem funktionsfähigen Gebäude und über Entgeltzahlungen durch die öffentliche Hand, in der etablierten Betriebsphase in erster Linie über Entgeltzahlungen. Die konzeptionellen Leistungen beeinflussen im Rahmen der Wertschöpfung die Beauftragungswahrscheinlichkeit und die künftig zu erwartenden Cash Flows. Die Grundlage der Renditerealisierung bilden die über den Wettbewerb im Rahmen der Vergabe festgelegten Entgeltzahlungen und die entstehenden auszahlungswirksamen Kosten bei der Umsetzung. Die Entgeltzahlungen werden teilweise über Bonus-Malus-Regelungen reguliert und durch eine effiziente Risikohandhabung können die entstehenden Kosten minimiert und die Rendite maximiert werden. Darüber hinaus können Refinanzierungsmaßnahmen und -potentiale die Rendite beeinflussen. Bei Transaktionen auf dem Sekundärmarkt wird die vorzeitig realisierbare Rendite der Primärmarktintermediäre und die langfristige Rendite auf Basis der Cash Flows durch die Preisfindung bei Sekundärmarkttransaktionen determiniert.

Zusammenfassend kann festgehalten werden, dass Primärmarktinvestitionen für risikosuchende Finanzintermediäre lukrativ sind, die über ein umfassendes fachliches Know-how verfügen und in der Lage sind die konzeptionellen Leistungen, die Verhandlungen mit der ausschreibenden Stelle sowie das Risikomanagement zu erbringen. Für risikosuchende Finanzintermediäre sind die Phasen Planung und Bau sowie Betrieb 1 attraktiv. Zudem sind Primärmarktinvestitionen dadurch geprägt, dass die Cash Flow Rückflüsse zeitlich versetzt nach der Planungs- und Bauphase generiert werden. Sekundärmarktbeteiligungen eignen sich für risikoaverse Finanzintermediäre, die ausschließlich geringfügige Beteiligungsbetreuungsleistungen erbringen und in langfristig stabile Cash Flows investieren wollen. Für risikoaverse Finanzintermediäre ist insbesondere die Betriebsphase 2 attraktiv. Cash Flows werden kurz nach der Beteiligung generiert. Lebenszyklusbedingt ist der Investitionshorizont von Primärmarktintermediären als mittel- bis kurzfristig, der von Sekundärmarkt als langfristig einzuschätzen.

Die Stellung der Finanzintermediäre zu den operativen Projektbeteiligten verändert sich während des Betrachtungszeitraums. Die Finanzintermediäre kontrollieren nach der Zuschlagserteilung die Leistungen der operativen Projektbeteiligten, wohingegen vor der Zuschlagserteilung gemeinschaftlich die Zuschlagserteilung forciert wird und eine starke gegenseitige Abhängigkeit bei der Angebotserstellung besteht.

Der Wertschöpfungsprozess von Finanzintermediären auf dem Primärmarkt lässt sich wie folgt festhalten:

Abbildung 22: Wertschöpfungsprozess von Finanzintermediären auf dem Primärmarkt[553]

4.5 Sonderprobleme

4.5.1 Subprime-Krise

Als Subprime-Markt wird der Teil des Hypotheken-Marktes bezeichnet, der hauptsächlich aus Kreditnehmern mit schwacher Bonität besteht. Aufgrund hoher Kreditausfälle in den USA hat sich auf den Finanzmärkten eine Krise entwickelt. Die Kreditausfälle beruhen auf mangelnder Berücksichtigung der mit dem Hypothekenmarkt einhergehenden Risiken. Bedingt durch die massi-

553 Quelle: Eigene Darstellung.

von Ausfälle ist künftig bei der Kreditvergabe eine verstärkte und sensiblere Berücksichtigung der Risiken zu erwarten. Für projektfinanzierte PPP-Projekte könnten entscheidende Auswirkungen resultieren. Zum einen könnten künftig die Restriktionen bei der Vergabe von Projektfinanzierungen durch den Anstieg der Besicherungsanforderungen und der Auflagen durch Projektfinanzierungskennzahlen ansteigen. Zum anderen könnten sich die Risikomargen für PPP-Projekte erhöhen. Im Ganzen betrachtet würde sich daraus eine Erhöhung der Kosten bei der privatwirtschaftlichen Finanzierung öffentlicher Aufgaben ergeben. Ergänzend könnten sich, unter der Annahme, dass die aufgeführten Änderungen kurz- bis mittelfristig auftreten, langfristig erhebliche Refinanzierungspotentiale ergeben. Von den dadurch entstehenden Refinanzierungsgewinnen würden bei der aktuellen Handhabung allein oder im wesentlichen Umfang die Gesellschafter der Projektgesellschaft profitieren.

4.5.2 Moral Hazard

Moral Hazard entspricht dem Konflikt, „wenn eine Partei, deren Handlungen unbeobachtet bleiben, die Wahrscheinlichkeit oder das Ausmaß einer Zahlung beeinflussen kann.“[554] Moral Hazard bezeichnet, im Gegensatz zur Adversen Selektion,[555] Sachverhalte nach einem Vertragsschluss.[556] Bei der Betrachtung der Integration von Finanzintermediären in komplexe PPP-Konzeptionen erscheint eine Vielzahl potentieller Ansatzpunkte von Moral Hazard.[557]

Von besonders hoher Relevanz erscheint das Verhalten der ursprünglich integrierten Industriellen Sponsoren, die beispielsweise Bauarbeiten ausführen und Betriebs- und Bauunterhaltungsleistungen über den gesamten Lebenszyk-

---

554 Siehe Pindyck, Rubinfeld (2003), S. 849.

555 Eine Analyse der Adversen Selektion aufgrund von Informationsasymmetrien bei PPP-Konzeptionen erscheint notwendig. Beispielsweise sollte die Thematik „window-dressing“, d. h. eine positive Darstellung der Unternehmensperformance, im Zusammenhang mit Refinanzierungen betrachtet werden. Siehe dazu weiterführend Cornelli, Yosha (2003), S. 1ff., Jensen, Meckling (1976), S. 305ff.

556 Vgl. Bryant (1980), S. 335.

557 Eine umfassende Analyse kann im Rahmen der vorliegenden Arbeit nicht erfolgen. In den Bereich des Moral Hazard fällt beispielsweise auch die Beziehung zwischen Anlegern und Finanzintermediären. Siehe dazu weiterführend Lerner, Hardymon, Leamon (2005), S. 67.

lus erbringen müssen, bei der Veräußerung ihrer Beteiligung an Finanzintermediäre. Ein anderes Problemfeld könnte beispielsweise das Verhalten von Finanzintermediären bei der frühzeitigen Realisierung von Refinanzierungsgewinnen sein. Es gilt in diesem Zusammenhang sicherzustellen, dass adäquate Anreizmechanismen und Kontrollsysteme vorhanden sind und ein Optimum zwischen den Kontrollkosten und dem Wohlfahrtsverlust gefunden wird.

5 Empirische Studie und Interpretation der Ergebnisse

Das nachfolgende Kapitel geht in einem ersten Schritt auf die durchgeführte empirische Studie zum Eigenkapitalbeteiligungsprozess von Finanzintermediären bei PPP-Projekten ein. Es werden die Vorgehensweise sowie die Ergebnisse aufgezeigt. In einem zweiten Schritt stellt die Arbeit die empirischen Ergebnisse den theoretischen aus Kapitel 4 gegenüber. Die empirische Ergänzung und Prüfung der theoretischen Ergebnisse ist bedingt durch den aktuellen Forschungsstand essentiell, um das Realproblem detailliert zu analysieren. Darauf basierend können eine umfassende Analyse aus den Perspektiven der verschiedenen Projektbeteiligten als Interpretation der Ergebnisse sowie die Ableitung von Handlungsempfehlungen erfolgen.

5.1 Vorgehensweise der empirischen Studie

Das nachfolgende Kapital geht zunächst auf die Methodik, die Teilnehmer und die Qualität der empirischen Studie ein. Bedingt durch den aktuellen Forschungsstand handelt es sich bei der Studie um eine empirisch qualitative. Die Auswahl und Befragung der Teilnehmer erfolgt gezielt. Als Abschluss des Kapitels werden die anhand der theoretischen Erkenntnisse des letzten Kapitels abgeleiteten Forschungsfragen als Grundlage für die empirische Studie aufgezeigt. Die Zielsetzung der Forschungsfragen besteht zum einen aus der Prüfung der theoretisch abgeleiteten Erkenntnisse und zum anderen aus der Erweiterung bzw. Detaillierung der theoretischen Erkenntnisse.

5.1.1 Methodik

Bedingt durch den lückenhaften Forschungsstand und den explorativen Charakter der vorliegenden Arbeit, kommt eine empirisch qualitative Forschungsmethodik zur Anwendung.[558] Die Umsetzung quantitativer Forschung in Form einer großzahligen empirischen Erhebung[559] ist vor dem Hintergrund der jungen Marktentwicklung und der nur in Ausnahmefällen erfolgten Integration von

---

[558] Siehe Kapitel 1.4.

[559] Siehe dazu weiterführend Albers, Klapper, Konradt, Walter, Wolf (2006), S. 1ff., Stier (1996) S. 1ff.

Finanzintermediären nicht möglich. Eine gezielte Teilnehmerauswahl ist notwendig, um die Beantwortbarkeit der komplexen Fragen und die Qualität der Ergebnisse sicherzustellen sowie die Rücklaufquote zu maximieren. Im Rahmen der qualitativen empirischen Forschung eignen sich teilweise strukturierte und teilweise offene Fragestellungen zur Erlangung subjektiver Daten.[560,561]

Die angewandte Vorgehensweise zur empirischen Untersuchung der Eigenkapitalfinanzierungsproblematik von PPP-Projekten lässt sich wie folgt beschreiben:

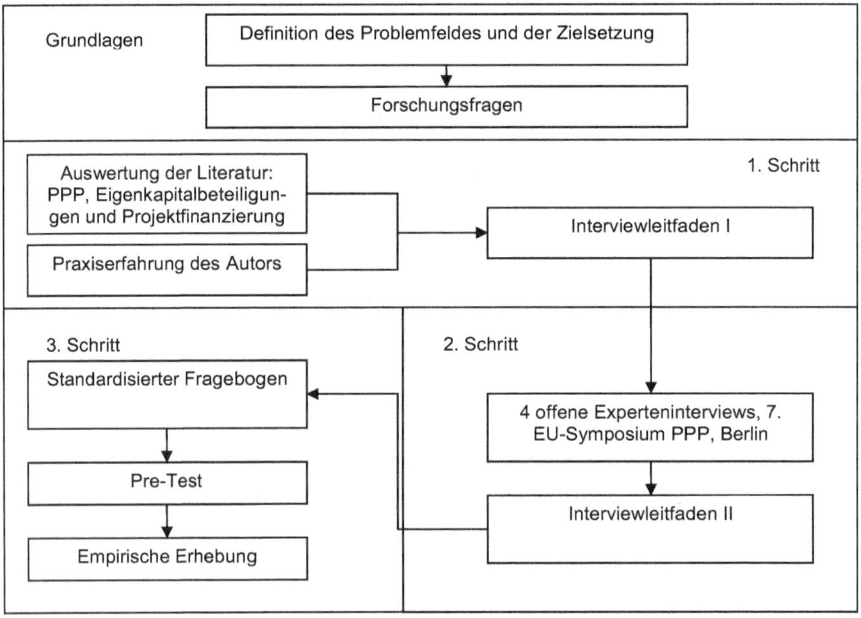

Abbildung 23: Vorgehensweise im Rahmen der empirischen Erhebung[562]

560 Subjektive Daten entsprechen wahrnehmungsbezogenen Einschätzungen. Vgl. Rohn (2006), S. 103.

561 Vgl. Rack, Christophersen (2006), S. 19ff., Stier (1996), S. 183 ff.

562 Quelle: Eigene Darstellung.

Grundlegend wurden im Rahmen einer Vorphase das Problemfeld und die Zielsetzung definiert sowie die zu untersuchenden Forschungsfragen formuliert. Im Anschluss umfasste der erste Schritt die Entwicklung des Interviewleitfadens I auf Basis der gesichteten Fachliteratur zu den Themenbereichen PPP, Eigenkapitalbeteiligungen und Projektfinanzierungen sowie der Praxiserfahrung des Autors bei der Umsetzung von PPP-Projekten. Der entwickelte Leitfaden wurde in einem zweiten Schritt durch vier offene Experteninterviews auf dem 7. Europäischen Symposium PPP – Secondary Markets[563], Berlin, 10. Mai 2007, weiterentwickelt. Auf Grundlage des Interviewleitfadens II konnte in einem dritten Schritt die Konzeption eines größtenteils standardisierten Fragebogens erfolgen. Der Fragebogen wurde in einem Pre-Test geprüft und bildete die Grundlage der empirischen Erhebung.

Bedingt durch die Komplexität des untersuchten Forschungsbereichs ist bei der Erhebung eine besondere Strenge der Prüfung anzuwenden, um auswertbare Ergebnisse zu generieren.[564] Aus diesem Grund wurde ein größtenteils standardisierter Fragebogen konzipiert, der auf den in der Fachliteratur definierten PPP-Grundlagen und dem Private Equity Cycle basiert.

Der konzipierte Fragebogen umfasst insgesamt 27 Fragen. Neben geschlossenen und teilweise geschlossenen Fragen wurden Hierarchiefragen gestellt. Die operative Messung der Merkmalsausprägungen bei den geschlossenen Fragen erfolgte über verschiedene Skalen. Aufgrund der teilweise hohen Anforderungen an die Teilnehmer zur Beantwortung der Fragen bestand keine Verpflichtung zur Beantwortung aller Fragen.

5.1.2 Teilnehmer

Bedingt durch den hohen Spezialisierungsgrad des untersuchten Forschungskomplexes und der in Deutschland nur in geringem Ausmaß vorhandenen praktischen Erfahrungen erwies sich die Auswahl geeigneter Teilnehmer für die empirische Befragung als problematisch. Die potentiellen Teilnehmer müssen zum einen über umfassende Erfahrungen in dem interdisziplinären Be-

563 Siehe dazu Jacob, Stuhr (2008).
564 Popper (1966), S. 5.

reich PPP und darüber hinaus über vertieftes Finanzierungs- und Investitions-Know-how verfügen. Die gezielte Identifikation potentieller Teilnehmer erfolgte anhand der Teilnehmer von Fachtagungen mit den Schwerpunkten Finanzierung und PPP sowie aus Mitgliedern von Fachverbänden. Als geeignete Fachtagungen wurden das 7. Europäische Symposium PPP – Secondary Markets und die PPP-Tagung 7. Betriebswirtschaftliches Symposium Bau in Weimar, als geeigneter Fachverband der Bundesverband Deutscher Kapitalbeteiligungsgesellschaften (BVK), German Private Equity and Venture Capital Association e. V., identifiziert. Es erfolgte bei den Vertretern des BVK ausschließlich die Kontaktierung von Unternehmen, bei denen Immobilieninvestitionen Bestandteil des Anlagefokus sind.

Im Rahmen der Befragung wurden im September 2007 99 potentielle Teilnehmer identifiziert sowie telefonisch und per E-mail kontaktiert. Die 99 Befragten beantworteten 35 Fragebögen. Die Rücklaufquote liegt bei 35%. 23 der befragten Teilnehmer wurden über den BVK und 76 über die Fachtagungen ausgewählt. Die 76 über die Fachtagungen identifizierten Teilnehmer beantworteten 34 Fragebögen. Dies entspricht einer Rücklaufquote von über 44%. Nichtbeantwortungen wurden größtenteils aufgrund der Komplexität der Fragen gerechtfertigt. Die 23 BVK-Mitglieder beantworteten einen Fragebogen. Als Begründung für die Nichtbeantwortung wurde von den Vertretern der BVK im Großteil der Fälle die mangelnde Auseinandersetzung mit PPP-Investitionen oder die Wahrung von Firmengeheimnissen angeführt. Als Implikation kann festgehalten werden, dass sich der Großteil der deutschen Finanzintermediäre noch nicht mit Beteiligungen an PPP-Projekten auseinander gesetzt hat.

Zur Untergliederung der Teilnehmer wurde bei der Erhebung zum einen in den Fragen 2 und 3 abgefragt, wie lange sich die Teilnehmer bereits mit PPP auseinandersetzten und ob sie direkt am Eigenkapitalbeteiligungsprozess teilnehmen. Die Teilnehmer setzten sich im Durchschnitt 6,14 Jahre mit PPP auseinander und 13 Teilnehmer sind direkt am Eigenkapitalinvestitionsprozess beteiligt. Zum anderen können den Teilnehmern verschiedene Tätigkeitsfelder zugeordnet werden. Die folgende Clusterung ergibt sich für die Teilnehmer:

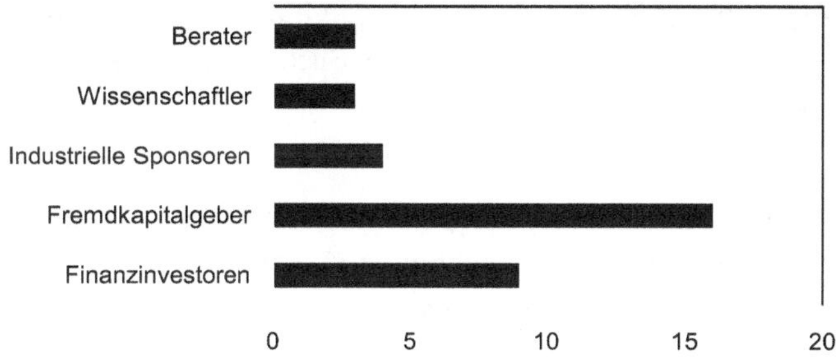

Abbildung 24: Clusterung der Teilnehmer[565]

Die meisten Teilnehmer stammen direkt aus dem Finanzierungs- und Investitionsbereich. Sie treten entweder als Finanzintermediäre, Finanzinvestoren und Fremdkapitalgeber, oder als Industrielle Sponsoren auf. Zudem sind unter den Befragten Wissenschaftler und Berater, die in dem Bereich PPP aktiv sind.

5.1.3 Qualität der Erhebung

Der Großteil der Fragen kann aufgrund der Standardisierung des Fragebogens von über 85% der Teilnehmer beantwortet und ausgewertet werden. Lediglich bei wenigen Ausnahmen erfolgt die Beantwortung durch weniger Personen oder keine Auswertung ist möglich. Die Frage 15 ist nach Einschätzung des Autors aufgrund der zu komplexen Clusterung der Projekte und die Frage 24 aufgrund der zu unscharfen Clusterung der Antwortmöglichkeiten nicht im gewünschten Umfang beantwortet. Die Berücksichtigung der Fragen 8 und 25 erfolgt, bedingt durch die zu geringe Spezifikation in der Fragestellung, nicht.

Die Qualität und die Repräsentativität der Ergebnisse sind durch die gezielte Auswahl der Teilnehmer, die Konzeption eines standardisierten Fragebogens, die größtenteils zufrieden stellende Beantwortung und Auswertbarkeit der Fragen als hoch zu bewerten.[566]

---

565 Quelle: Eigene Darstellung.

566 Siehe dazu weiterführend Himme (2006), S. 383ff.

Durch die gezielte Auswahl der Teilnehmer mit ausgeprägtem Fachwissen und Praxiserfahrungen können trotz des relativ geringen Stichprobenumfangs qualitativ hochwertige Ergebnisse geschaffen werden, die die Interessen potentieller Finanzintermediäre auf dem jungen PPP-Investitionsmarkt widerspiegeln.

Insbesondere bei der ex post Betrachtung des Ergebnisses, dass nur ein Vertreter des BVK die Beantwortung des Fragebogens durchführte, erscheint die Auswahl der Teilnehmer über PPP-Fachtagungen sinnvoll.

Bei der Auswertung der Ergebnisse erfolgt die separate Betrachtung für ausgewählte Teilnehmercluster nicht, weil der geringe Umfang der Stichprobe eine Untergliederung der Teilnehmer nicht sinnvoll erscheinen lässt. Auch eine statistische Auswertung der Ergebnisse wird aufgrund des Umfangs der Stichprobe nicht durchgeführt.

5.1.4 Theoretische Fragestellungen

Durch die empirische Studie sollen zum einen theoretische Erkenntnisse geprüft und zum anderen der Detaillierungsgrad der theoretischen Betrachtung ergänzt werden. Zur Umsetzung dieser Zielsetzung werden nachfolgend, basierend auf den theoretischen Untersuchungen in den Kapiteln 4.2 und 4.3, Forschungsfragen abgeleitet.

5.1.4.1 Investition

Zum PPP-spezifischen Investitionsprozess und insbesondere zur detaillierten Betrachtung der Due Diligence im Rahmen der Beteiligungsprüfung lassen sich die folgenden Fragestellungen ableiten:

Forschungsfragen zum Investitionsprozess:

Welche Kriterien sind für Eigenkapitalbeteiligungen an PPP-Projekten ausschlaggebend?

Welche Investitionsmotive bestehen für Eigenkapitalbeteiligungen an PPP-Projekten?

Wie hoch sind die Kosten der Due Diligence bei PPP-Beteiligungen?

Welche Kriterien sind die wichtigsten bei der Due Diligence von PPP-Projekten?

Welche Methodik wird zur Unternehmensbewertung bei der Finanziellen Due Diligence angewendet?

Welche Projektfinanzierungskennzahlen finden bei der Finanziellen Due Diligence Anwendung?

Welche Unternehmensspezifika sind im Rahmen der Finanziellen Due Diligence die wichtigsten?

5.1.4.2 Monitoring

Zur Prüfung der theoretischen Erkenntnisse hinsichtlich des Monitorings bei PPP-Projekten lässt sich die folgende Fragestellung ableiten:

Forschungsfrage zum Monitoring:

In welchem Umfang ermöglichen Beteiligungsbetreuungsmaßnahmen von Finanzintermediären Optimierungsmöglichkeiten für PPP-Konzeptionen und welche Beratungsleistungen durch Finanzintermediäre sind wichtig?

5.1.4.3 Exit

Das zentrale Problem im Rahmen des Exits bei PPP-Projekten ist die Fragestellung nach der künftigen Entwicklung des Sekundärmarktes. Zur weiteren Detaillierung der theoretischen Erkenntnisse soll die folgende Fragestellung untersucht werden:

> *Forschungsfrage zum Exit:*
>
> Wie ist das künftige Exitpotential von PPP-Beteiligungen zu beurteilen?

5.1.4.4 PPP-Vertragsmodelle und Hochbausegmente

Wie theoretisch dargestellt, beeinflussen die PPP-spezifischen Gegebenheiten den Eigenkapitalbeteiligungsprozess wesentlich. Um die theoretischen Erkenntnisse zu prüfen und diese zu erweitern, lassen sich bezüglich der PPP-Vertragsmodelle und Hochbausegmente folgende Fragestellungen ableiten:

> *Forschungsfrage zu den PPP-Vertragsmodellen:*
>
> Wie attraktiv sind die verschiedenen PPP-Vertragsmodelle für Finanzintermediäre?

> *Forschungsfrage zu den Hochbausegmenten:*
>
> Wie attraktiv sind die verschiedenen Hochbausegmente für Finanzintermediäre?

5.1.4.5 Investitions- und Projektvolumen

Das Investitionsvolumen und das Projektvolumen sind zum einen für Finanzintermediäre entscheidende Kriterien im Rahmen der Investition, zum anderen beeinflusst die Entwicklung des PPP-Marktes und der vorhanden Projektvolumen Primär- und Sekundärmarkt. Zur Prüfung und Erweiterung der theoretischen Erkenntnisse können die folgenden Fragestellungen abgeleitet werden:

Forschungsfragen zum Investitions- und Projektvolumen:

Wie wird die künftige Relation zwischen Projektvolumen und potentiell vorhandenem Beteiligungskapital bewertet?

Welches Mindestinvestitionsvolumen ist bei PPP-Beteiligungen notwendig?

5.1.4.6 Lebenszyklusphasen

Ein zentrales PPP-spezifisches Kriterium bilden die Lebenszyklusphasen mit stark variierenden Cash Flow-Risiko-Profilen. Zur detaillierten Betrachtung der Lebenszyklusphasen werden die Gesellschafter- und Kapitalstruktur, die Rendite und die Refinanzierung herangezogen. Die folgenden Forschungsfragen können zur Prüfung und Erweiterung der theoretischen Erkenntnisse festgehalten werden:

Forschungsfragen zur Gesellschafter- und Kapitalstruktur:

Welche Eigenkapitalausstattung ist in den jeweiligen Lebenszyklusphasen notwendig?

Bestehen Präferenzen bezüglich der Verteilung der verbleibenden Gesellschaftsanteile?

In welchem Ausmaß müssen Minderheits- und Mehrheitsbeteiligte über technisches und Branchen-Know-how verfügen?

Forschungsfragen zur Rendite:

Welche Renditebandbreiten erwarten Finanzintermediäre in den verschiedenen Lebenszyklusphasen?

Wie wichtig ist die Ausgestaltung von Bonus-Malus-Systemen für Finanzintermediäre?

Auf welcher Basis wird die Rendite in den verschiedenen Lebenszyklusphasen generiert?

Forschungsfrage zur Refinanzierung:

Wie sind die Refinanzierungspotentiale in den verschiedenen Lebenszyklusphasen zu bewerten?

5.1.4.7 Risikotransfer

Der Risikotransfer ist für Projektfinanzierungen elementar und bildet einen wichtigen Bestandteil von PPP. Zur PPP-spezifischen Bewertung von PPP-Beteiligungen können zur Prüfung und Erweiterung der theoretischen Erkenntnisse hinsichtlich des Risikotransfers die folgenden Forschungsfragen abgeleitet werden:

Forschungsfragen zum Risikotransfer :

Welche Risiken sollten auf die Projektgesellschaft übertragen werden?

Welche Risiken haben den stärksten Einfluss auf PPP-Investitionen?

Wie wirkt sich das Bestehen des Auslastungsrisikos auf die Attraktivität eines Projektes aus?

5.2 Ergebnisse der Empirischen Studie

Das nachfolgende Kapitel zeigt die Ergebnisse der empirischen Studie auf. Die Grundlage der empirischen Studie bilden die in Kapitel 5.1.4 abgeleiteten theoretischen Fragestellungen.

Bei der empirischen Studie dienen die Fragen 1 bis 3 der Spezifizierung der Teilnehmer. Bei der Untersuchung des Beteiligungsprozesses erfolgt eine Untergliederung in die Teilprozesse Investition, Monitoring und Exit. Die Fragen 7, 9, 10, 11, 17, 18, 19, 20, 24 und 27 des Fragebogens[567] befassen sich mit dem Beteiligungsprozess. Die Fragen 4, 5, 6, 12, 13, 14, 15, 16, 21, 22, 23 und 26 gehen auf die Auswirkungen der PPP-spezifischen Kriterien ein.[568]

---

567 Siehe Anhang.

568 Die Betrachtung der Ergebnisse der Fragen 8 und 25 erfolgt mangels der Spezifizierung der Fragestellung nicht.

5.2.1 Investition

Gegenstand der empirischen Erhebung sind die in Kapitel 5.1.4.1 abgeleiteten Fragestellungen zum Investitionsprozess.

Bei der Betrachtung renditeorientierter PPP-Beteiligungen müssen zur Spezifizierung der Investitionsmotive der Investitionshorizont, die Wertschöpfung und ergänzend durch die Anlage generierbare Portfolioeffekte betrachtet werden. Die geschlossene Frage 17 mit einer Normalskala als Beantwortungsmöglichkeit hinterfragt die Investitionsmotive für PPP-Beteiligungen und kommt zu den folgenden Ergebnissen:

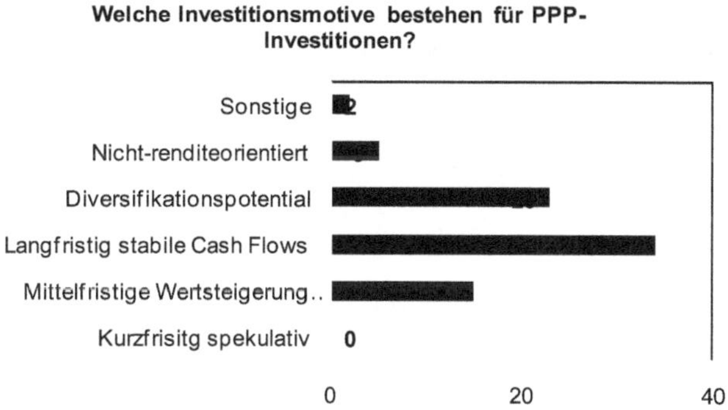

Abbildung 25: PPP-Investitionsmotive

34 Teilnehmer beantworten die Frage. Alle Befragten identifizieren die Generierung langfristig stabiler Cash Flows als Investitionsmotiv für PPP-Investitionen. Mit 23 bzw. 15 Nennungen können als weitere Investitionsmotive das Diversifikationspotential von PPP-Investitionen sowie mittelfristige Wertsteigerungen aufgrund aktiver Einflussnahmen genannt werden. Als Investitionsmotive für PPP-Investitionen zu vernachlässigen sind kurzfristig spekulative Motive, nicht-renditeorientierte Motive sowie die Kategorie Sonstige. Die Besicherung der Cash Flows durch die öffentliche Hand, die die Grundlage der Generierung von Wertsteigerungen, der langfristig stabilen Cash Flows und eines hohes Diversifikationspotentials bilden, kann folglich positiv bewertet werden.

Die Beurteilung der Bedeutung verschiedener Kriterien im Rahmen der Investitionsentscheidung erfolgt in der hierarchischen Frage 7. Diese berücksichtigt neben projektspezifischen und kapitalmarktspezifischen Einflussfaktoren das Investitionsvehikel des Finanzintermediärs. Folgende Ergebnisse werden ermittelt:

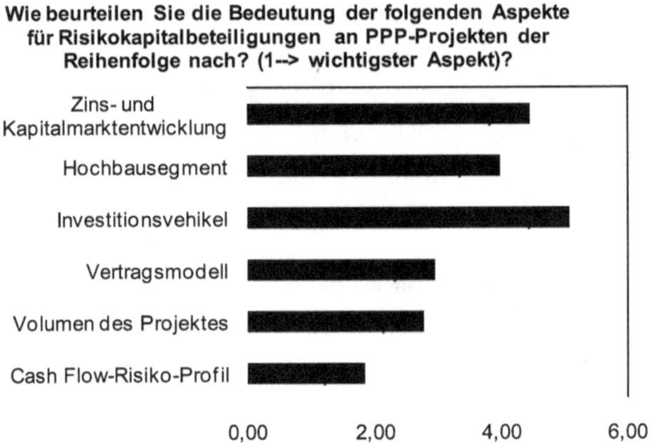

Abbildung 26: Einflusskriterien auf PPP-Investitionen[569]

Die Frage wird von 32 Teilnehmern beantwortet. Mit signifikantem Unterschied zu den verbleibenden Einflusskriterien zeigt sich die durchschnittliche Bewertung des Cash Flow-Risiko-Profils eines Projektes als wichtigstes Kriterium zur Beurteilung von PPP-Projekten. Zudem von hohem Einfluss sind das Vertragsmodell und das Projektvolumen. An vierter Stelle folgt das Hochbausegment. Von nachrangiger Bedeutung sind an fünfter Stelle die Zins- und Kapitalmarktentwicklung[570] sowie an sechster Stelle das Investitionsvehikel des Finanzintermediärs.[571] Zusammenfassend kann festgehalten werden, dass projektspezifische Kriterien bei Eigenkapitalbeteiligungen an PPP-Projekten von zentraler Bedeutung sind.

---

569 Quelle: Eigene Darstellung.

570 Der relativ geringe Einfluss der kapitalmarktspezifischen Kriterien erscheint vor dem Hintergrund von tendenziell als gut zu bewertenden Absicherungsmöglichkeiten von Kapitalmarktentwicklungen plausibel.

571 Das Investitionsvehikel wird nachfolgend nicht mehr berücksichtigt. Die Berücksichtigung in der empirischen Erhebung gilt ausschließlich der Prüfung der unterstellten Vernachlässigbarkeit der Investitionsvehikel auf international agierenden Kapitalmärkten.

Die hierarchische Frage 18 befasst sich mit dem Einfluss der einzelnen Bestandteile der Due Diligence. Die folgenden Ergebnisse werden ermittelt:

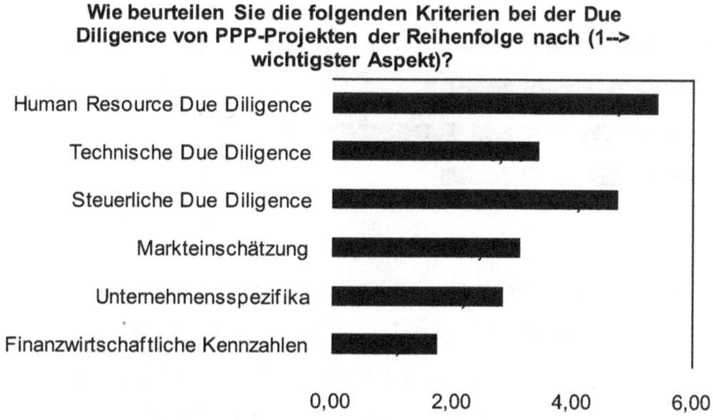

Abbildung 27: Einfluss der Bestandteile der Due Diligence

Die Frage wird von 33 Teilnehmern beantwortet. Das durchschnittlich mit Abstand am meisten beachtete Kriterium in der Due Diligence sind finanzwirtschaftliche Kennzahlen. Neben den finanzwirtschaftlichen Kennzahlen sind die Unternehmensspezifika[572], die Marktentwicklung[573] und die technische Due Diligence von Bedeutung. Die schwächste Bedeutung wird der steuerlichen Due Diligence und der Human Ressource Due Diligence zugeordnet.

Für Projektfinanzierungen erscheinen Projektfinanzierungskennzahlen von zentraler Bedeutung. Gegenstand der teilweise geschlossenen Frage 10 ist, ob Projektfinanzierungskennzahlen bei PPP-Investitionen Anwendung finden und wenn ja, welche. Folgende Ergebnisse werden ermittelt:

---

572 Im Rahmen der Unternehmensspezifika bestehen Überlappungspotentiale zwischen den Untersuchungsbereichen der verschiedenen Bestandteile der Due Diligence.

573 Entspricht der Markt Due Diligence.

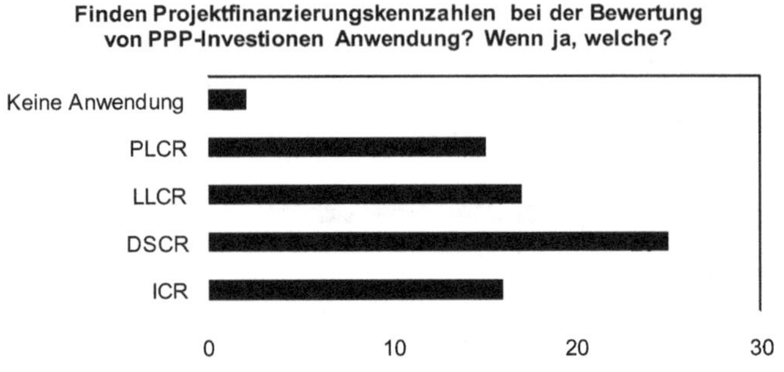

Abbildung 28: Berücksichtigung von Projektfinanzierungskennzahlen[574]

Die Frage wird von 35 Teilnehmern beantwortet. 94% der Befragten geben an, dass Projektfinanzierungskennzahlen bei PPP-Investitionen Berücksichtigung finden. Die meist verwendete Kennzahl ist der DSCR mit 25 Nennungen, der den Schuldendienst jährlich betrachtet. Vor diesem Hintergrund kann die hohe Bedeutung der laufenden Absicherung des Projektes durch Reservekonten zur Erfüllung der jährlichen Kennzahlen erkannt werden.[575] Die Kennzahlen ICR, LLCR und PLCR bewegen sich mit 15 bis 17 Nennungen auf gleichem Niveau. Neben den genannten Kennzahlen konnten keine weiteren Projektfinanzierungskennzahlen mit hoher Bedeutung identifiziert werden.

Im Rahmen der Beteiligungsprüfung werden bei PPP-Investitionen die Spezifika des SPVs und der in das PPP-Konzept integrierten Nachunternehmer berücksichtigt. Die teilweise geschlossene Frage 11 hinterfragt den Einfluss der verschiedenen Unternehmensspezifika auf die Investitionsentscheidung in einer Normalskala und kommt zu den folgenden Ergebnissen:

---

574 Quelle: Eigene Darstellung.

575 Siehe dazu Kapitel 3.2.2.2.

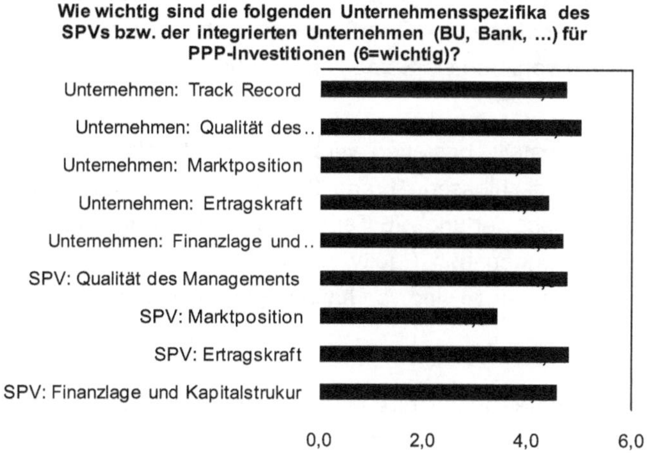

Abbildung 29: Einfluss der Unternehmensspezifika[576]

Die Frage wird durch 35 Teilnehmer beantwortet. Nahezu alle Unternehmensspezifika des SPVs und der integrierten Unternehmen werden im Durchschnitt auf einem konstant hohen Niveau als wichtig beurteilt. Eine Ausnahme bildet die Marktposition des SPVs. Ihre Bedeutung wird im Vergleich zu den verbleibenden Spezifika als unwichtiger beurteilt.[577] Neben den genannten Unternehmensspezifika werden die umfassende Betrachtung aller Beteiligten sowie deren Interaktionen mit der SPV als wichtige Ansatzpunkte durch Teilnehmer der Befragung angeführt.

Die Kosten der Due Diligence haben wesentlichen Einfluss auf die Rendite von PPP-Investitionen. Die entstehenden Kosten müssen durch das Projekt überkompensiert werden und beeinflussen folglich u.a. die Mindestinvestitionsvolumen. Die geschlossene Frage 19 verfolgt die Zielsetzung, die Kosten einer Due Diligence über eine Intervallskala zu ermitteln. 26 Teilnehmer beantworten die Frage.

---

576 Quelle: Eigene Darstellung.

577 Als Grund für diese Einschätzung kann die Integration der öffentlichen Hand als Abnehmer angeführt werden.

Als Ergebnis der Befragung kann festgehalten werden, dass pauschale Aussagen zu der Höhe der Kosten einer Due Diligence nicht möglich sind. Die Kosten der Due Diligence variieren stark und können ausschließlich projektbezogen ermittelt werden.

Wie in Kapitel 2.3.3 dargestellt, bestehen verschiedene Ansätze zur Unternehmensbewertung. Die geschlossene Frage 9 hinterfragt die verwendeten Ansätze zur Unternehmensbewertung. 26 Teilnehmer beantworten die Frage und 20 Teilnehmer bevorzugen den Equity Ansatz. Der Entity Ansatz, der APV-Ansatz oder sonstige Ansätze sind von nachrangiger Bedeutung.

5.2.2 Monitoring

Das Monitoring bzw. die Beteiligungsbetreuung beschreibt die Einflussnahme durch einen Finanzintermediär auf ein Portfoliounternehmen. Gegenstand der empirischen Erhebung sind bei der Analyse der Beteiligungsbetreuung bei PPP-Investitionen die in Kapitel 5.1.4.2 formulierte Fragestellung.

Die geschlossene Frage 20 befasst sich mit den Optimierungspotentialen durch Beratungsleistungen im Rahmen der Beteiligungsbetreuung durch Finanzintermediäre. Die Teilnehmer sollen über eine Normalskala verschiedene Beratungsleistungen beurteilen. Als mögliche Beratungsleistungen werden die in Kapitel 2.1.4.3 angeführten herangezogen. Besonderes Augenmerk gilt der finanziellen Beratung und den Refinanzierungsmaßnahmen. Folgende Ergebnisse können festgehalten werden:

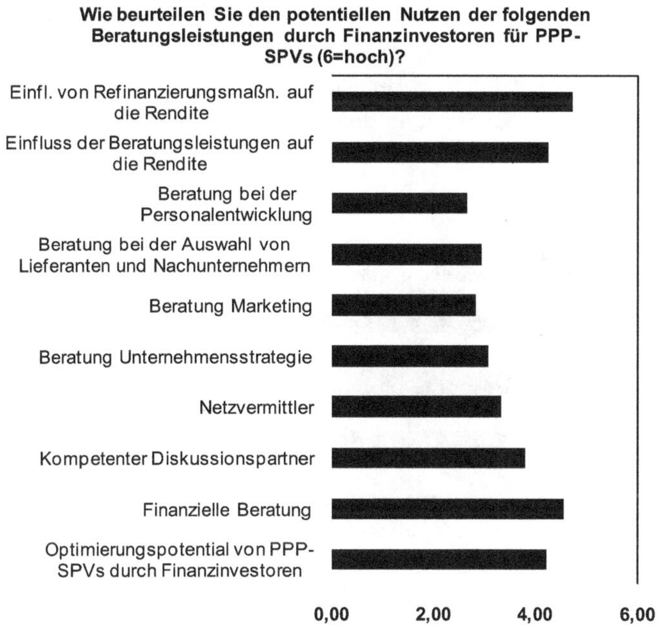

Abbildung 30: Beratungsleistungen durch Finanzintermediäre[578]

Die Fragestellung wird durch 32 Teilnehmer beantwortet. Die Befragung kommt zu den Ergebnissen, dass ein nicht unerhebliches Optimierungspotential für PPP-SPVs durch Beratungsleistungen von Finanzintermediären besteht und diese Betreuung die Rendite beeinflussen kann. Als potentiell bedeutendste Beratungsleistung kann die finanzielle Beratung identifiziert werden. An zweiter Stelle folgt die Leistung des kompetenten Diskussionspartners. Die Bedeutung der Beratungsleistungen in den Bereichen Netzwerkvermittlung, Unternehmensstrategie, Marketing, Personalentwicklung sowie Lieferanten- und Nachunternehmerauswahl ist vergleichsweise nachrangig. Die potentiellen Auswirkungen von Refinanzierungsmaßnahmen auf die Rendite von Finanzintermediären werden als hoch bewertet.

---

[578] Quelle: Eigene Darstellung.

5.2.3 Exit

Aufgrund der noch jungen PPP-Marktentwicklung in Deutschland besteht noch kein etablierter Sekundärmarkt für PPP-Beteiligungen. Die in Kapitel 5.1.4.3 ausgeführte Fragestellung zur Entwicklung des PPP-Sekundärmarktes ist Gegenstand der geschlossenen Frage 27 und wird über eine Normalskala beantwortet. Folgende Ergebnisse können festgehalten werden:

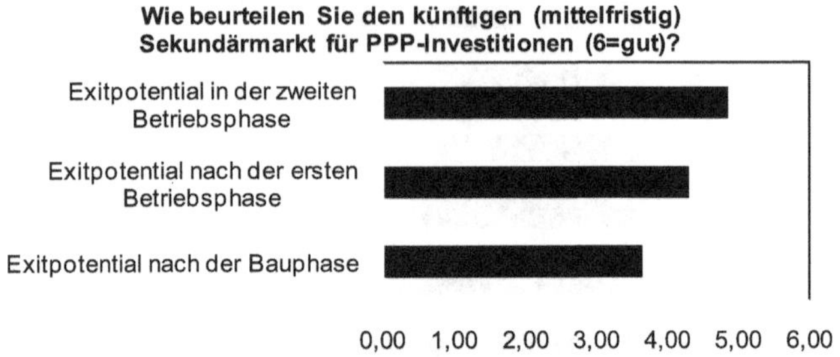

Abbildung 31: Bewertung Sekundärmarkt[579]

Die Frage wird von 33 Teilnehmern beantwortet. Die durchschnittliche Bewertung des mittelfristigen Exitpotentials nimmt mit zunehmendem Projektfortschritt zu. Das Exitpotential in der zweiten Betriebsphase wird am besten eingeschätzt, das nach der Bauphase am schlechtesten. Das Exitpotential nach der ersten Betriebsphase liegt bei der Bewertung zwischen den beiden anderen. Vor diesem Hintergrund erscheinen insbesondere Projekte mit niedrigen Risiken leicht veräußerbar.

---

579 Quelle: Eigene Darstellung.

5.2.4 PPP-Vertragsmodelle und Hochbausegmente

Zur Attraktivität der PPP-Vertragsmodelle und der Hochbausegmente für Finanzintermediäre werden in Kapitel 5.1.4.4 Forschungsfragen abgeleitet.

Die Attraktivität der verschiedenen PPP-Vertragsmodelle wird in Frage 5 behandelt. Die Beantwortung erfolgt über eine Normalskala. Die folgenden Ergebnisse können festgehalten werden:

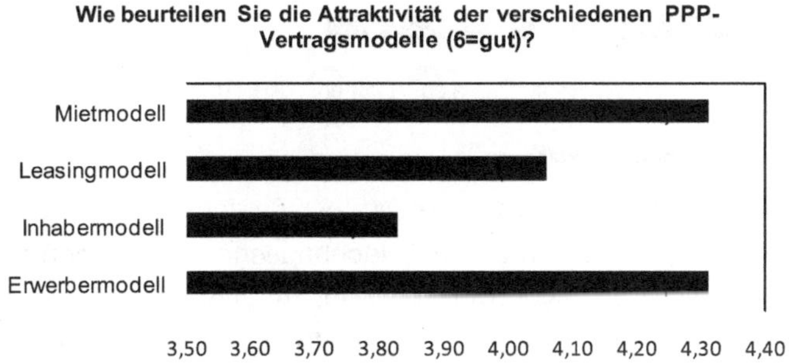

Abbildung 32: Attraktivität der PPP-Vertragsmodelle[580]

Die Frage wird von 35 Teilnehmern beantwortet. Die Durchschnittswerte für alle Vertragsmodelle bewegen sich auf einem ähnlichen Niveau. Die attraktivsten Modelle für Finanzintermediäre sind das Erwerber- und das Mietmodell. An dritter Stelle ist das Leasingmodell zu nennen. Das am wenigsten attraktivste Modell ist das Inhabermodell. Es können keine wesentlichen Unterschiede bei der Attraktivität der Modelle festgestellt werden.

Die Attraktivität der verschiedenen Hochbausegmente ist Gegenstand der geschlossenen Frage 4, die Beantwortung erfolgt über eine Normalskala. Folgende Ergebnisse können festgehalten werden:

580 Quelle: Eigene Darstellung.

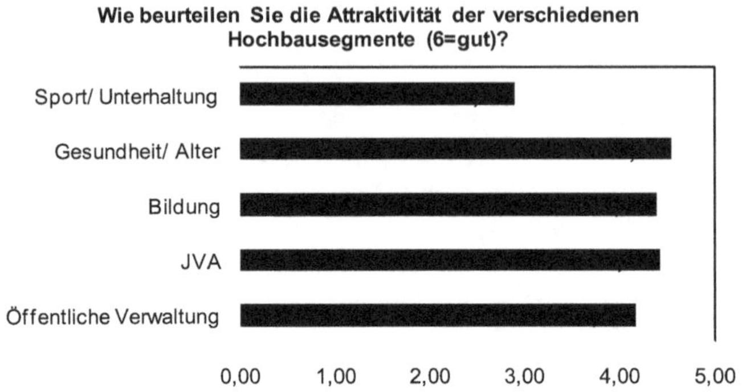

Abbildung 33: Attraktivität der Hochbausegmente[581]

Die Frage wird von 35 Teilnehmern beantwortet. Zwischen den Durchschnittswerten der Attraktivitätsbewertung der Hochbausegmente können teilweise signifikante Unterschiede festgestellt werden. Beginnend mit dem attraktivsten Segment sind die Segmente Gesundheit/Alter, Bildung, JVA und öffentliche Verwaltung auf einem relativ konstanten Niveau und für Finanzintermediäre als attraktiv zu bewerten. Die Attraktivität des Segmentes Sport/Unterhaltung wird wesentlich schwächer bewertet.

5.2.5 Investitions- und Projektvolumen

Die grundlegenden Forschungsfragen zum Investitions- und Projektvolumen finden sich in Kapitel 5.1.4.5.

Das Mindestinvestitionsvolumen potentieller Finanzintermediäre variiert stark mit deren Investitionsvehikeln und Investitionsstrategien. Die offene Frage 24 hinterfragt die Mindestinvestitionsvolumen für Minderheits- und Mehrheitsbeteiligungen. Die Frage wird von 12 Teilnehmern beantwortet und die Ergebnisse der Erhebung schwanken erwartungsgemäß sehr stark mit den unterschiedlichen Ausrichtungen der Teilnehmer der Befragung. Die Bandbreite für die Mindestinvestitionen reicht sowohl für Minderheitsgesellschafter als auch für Mehrheitsgesellschafter von 5 bis 40 Millionen Euro. Es kann kein signifikanter Unterschied zwischen dem Mindestinvestitionsvolumen für Minderheits-

---

581 Quelle: Eigene Darstellung.

und dem für Mehrheitsbeteiligungen identifiziert werden. Die in der Literatur identifizierte Größe von 5 Millionen Euro als Mindestinvestitionsvolumen kann sowohl für Mehrheits- als auch für Minderheitsbeteiligungen an PPP-Projekten bestätigt werden.

Die geschlossene Frage 6 befasst sich mit der mittelfristigen Entwicklung des Projektvolumens von PPP-Projekten und dem vorhandenen Eigenkapital. Über eine Normalskala werden die mittelfristig zu erwartenden PPP-Projektvolumen und Eigenkapitalinvestitionsvolumen hinterfragt. Die Frage wird von 35 Teilnehmern beantwortet. Die Befragten beurteilen das Volumen des künftig vorhandenen Eigenkapitals im Verhältnis zum vorhandenen PPP-Projektvolumen als wesentlich höher.

5.2.6 Lebenszyklusphasen

Bei der Betrachtung des PPP-spezifischen Lebenszyklus wird in der empirischen Studie auf die Aspekte Gesellschafter- und Kapitalstruktur, die erwarteten Renditen sowie Refinanzierungspotentiale eingegangen. Die grundlegenden Forschungsfragen finden sich in Kapitel 5.1.4.6.

5.2.6.1 Gesellschafter- und Kapitalstruktur

Die Eigenkapitalanforderungen über den Lebenszyklus von PPP-Projekten sind Gegenstand der geschlossenen Frage 21. Die Frage befasst sich, die Komplexität der Finanzierung und Besicherung stark vereinfachend, ausschließlich mit der Eigenkapitalausstattung. Um eine Aussage bezüglich der Eigenkapitalanforderungen von PPP-Projekten treffen zu können, ist die gesonderte Betrachtung der Risikoausprägung notwendig. Zur Clusterung von PPP-Projekten werden das Auslastungs- und das Restwertrisiko berücksichtigt. Die Betrachtung des Restwertrisikos in der Bauphase erscheint nicht notwendig. Die gesonderte Untersuchung verschiedener Betriebsphasen erfolgt aufgrund der berücksichtigten Clusterung der Risikoausprägung nicht. Die folgenden Ergebnisse können festgehalten werden:

Abbildung 34: Eigenkapitalausstattung[582]

31 Teilnehmer beantworten die Frage. Die höchsten Eigenkapitalanforderungen sind unabhängig von der Risikobehaftung in der Planungs- und Bauphase zu betrachten. Sie liegen leicht über den Eigenkapitalanforderungen der Betriebsphase. Sowohl in der Planungs- und Bau- als auch in der Betriebsphase hat das Auslastungsrisiko wesentlichen Einfluss auf die Eigenkapitalausstattung des SPVs. Bei Bestehen eines Auslastungsrisikos steigt die Eigenkapitalausstattung phasenunabhängig um ca. 50% an. Analog verhält sich die Eigenkapitalausstattung in der Betriebsphase beim Vorhandensein eines Restwertrisikos. Es können keine Unterschiede bei der Eigenkapitalausstattung bezüglich des Restwert- und des Auslastungsrisikos festgestellt werden. Aufgrund der nur geringen Variation der Eigenkapitalausstattung in den Lebenszyklusphasen kann unterstellt werden, dass die Besicherungsansprüche der finanzierenden Banken in erster Linie durch weitere Instrumente ergänzt werden, wie Reservekonten. Zudem kann festgehalten werden, dass die Eigenkapitalausstattung stark durch die projektspezifischen Risiken beeinflusst wird.

---

[582] Quelle: Eigene Darstellung.

Die ermittelten Durchschnittswerte liegen für das Auslastungsrisiko im Bereich der in Fachliteratur angeführten.[583] Eine Vielzahl der Einzelwerte beim Bestehen von Auslastungsrisiken liegt unter den in der Literatur angegebenen. Die Werte beim Bestehen eines Restwertrisikos übersteigen die literarischen Werte.[584]

Die geschlossenen Fragen 23 und 26 befassen sich mit der Gesellschafterstruktur des SPVs. Sie werden von 32 bzw. 34 Teilnehmern beantwortet. Es kann festgestellt werden, dass kein signifikanter Unterschied zwischen der Eignung von PPP-Projekten für Minderheits- und Mehrheitsgesellschafter besteht. Die Anforderungen an technisches und Branchen-Know-how werden bei Mehrheitsbeteiligungen (5,03) wesentlich höher eingeschätzt als bei Minderheitsbeteiligungen (3,56). Im Rahmen der Befragung sind keine wesentlichen Präferenzen bezüglich der Verteilung des verbleibenden Eigenkapitals zwischen operativen Projektbeteiligten und anderen Finanzintermediären feststellbar.

5.2.6.2 Rendite

In der geschlossenen Frage 15 soll die erwartete Rendite von PPP-Projekten ermittelt werden. Zur Clusterung der Projekte erfolgt im Rahmen der Fragestellung zum einen eine Unterteilung in die verschiedenen Lebenszyklusphasen und zum anderen eine Differenzierung bezüglich des Bestehens eines Auslastungs- und eines Restwertrisikos. Die Frage wird von 13 Teilnehmern, teilweise unvollständig, beantwortet. Als Grundlage kann die zu ungenaue Differenzierung der Projekte angeführt werden. Eine aussagefähige Auswertung der Ergebnisse erscheint nicht möglich. Grundlegend kann unterstellt werden, dass die Determination der realisierbaren Rendite durch den Markt erfolgt.[585]

---

[583] Siehe dazu Kapitel 4.3.4.1.
[584] Vergleich mit Bandbreite ohne Auslastungsrisiko.
[585] Vgl. Jacob, Stuhr (2008), S. 76.

In der Fachliteratur wird die erwartete Rendite für Projekte in der Bauphase mit Marktrisiko auf >15%, ohne Marktrisiko auf 10% bis 11% sowie in der Betriebsphase mit Marktrisiko auf >8%, ohne Marktrisiko auf 6% bis 8% beziffert.[586]

Ergänzend hinterfragt der erste Teil der geschlossenen Frage 16 die erwartete Performance von PPP-Projekten. Der Teil wird von 21 Personen beantwortet und kommt zu dem Ergebnis, dass die durchschnittlichen Erwartungswerte bei PPP-Investitionen bei 14%iger Renditeübersteigung, 74%iger Renditeerfüllung und 12%iger Renditeunterschreitung liegen.

Die Renditegenerierung ist Gegenstand der geschlossenen Frage 14 und kommt zu den folgenden Ergebnissen:

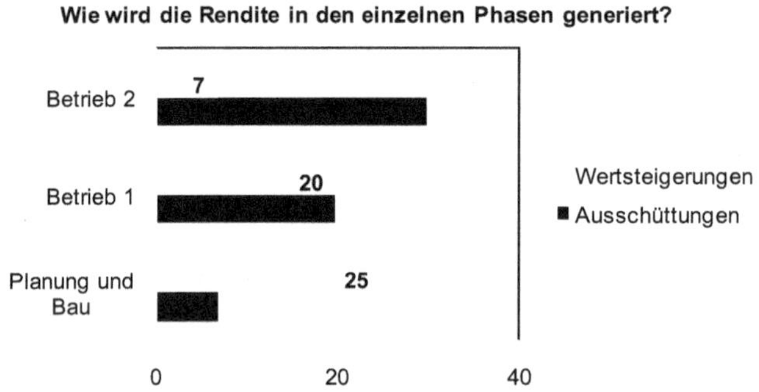

Abbildung 35: Renditegenerierung[587]

32 Teilnehmer beantworten die Frage. In der Planungs- und Bauphase geht der Großteil der Befragten davon aus, dass die Rendite auf Basis von Wertsteigerungen des SPVs generiert wird. In der Betriebsphase 1 erfolgt die Generierung der Rendite sowohl durch Wertsteigerungen als auch durch Ausschüttungen. In der Betriebsphase 2 geht der Großteil der Befragten von der Generierung der Rendite auf Basis von Ausschüttungen aus.

586 Vgl. Becher (2008 -2), S. 41.

587 Quelle: Eigene Darstellung.

Durch Bonus-Malus-Regelungen wird im Rahmen von PPP-Projektverträgen zum einen versucht, Anreizmechanismen für die Projektbeteiligten zu schaffen und zum anderen, die Entgeltzahlungen an die Projektgesellschaft zu regulieren. Gegenstand der geschlossenen Frage 12 ist die Ausgestaltung von Bonus-Malus-Regelungen. Die Frage wird von 33 Teilnehmern beantwortet und führt zu dem Ergebnis, dass die anreizbildende Wirkung eines qualitätsabhängigen Entgeltes von hoher Bedeutung ist. Eine vertraglich fixierte Begrenzung der Kürzungsmöglichkeiten durch den Auftraggeber erscheint von nachrangiger Bedeutung.

5.2.6.3 Refinanzierungspotential

Die geschlossene Frage 22 befasst sich mit dem Potential von Refinanzierungsmaßnahmen während des Lebenszyklus von PPP-Projekten. Die Beantwortung erfolgt über eine Normalskala. Folgende Ergebnisse können festgehalten werden:

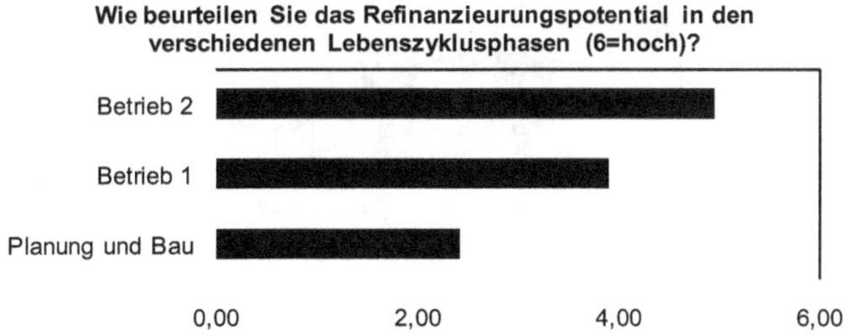

Abbildung 36: Refinanzierungspotentiale[588]

Die Frage wird von 31 Teilnehmern beantwortet. In der Planungs- und Bauphase besteht ein sehr geringes Refinanzierungspotential. In der sich anschließenden Betriebsphase 1 steigt das Refinanzierungspotential an. Das größte Refinanzierungspotential besteht in der Betriebsphase 2.

---

[588] Quelle: Eigene Darstellung.

5.2.7 Risikotransfer

Im Rahmen der empirischen Erhebung sollen die in Kapitel 5.1.4.7 festgelegten Fragestellungen untersucht werden. Der Risikotransfer und die Auswirkungen der Risiken sind Gegenstand der teilweise geschlossenen Frage 13. Bezüglich des Risikotransfers können im ersten Teil der Frage die folgenden Ergebnisse festgehalten werden:

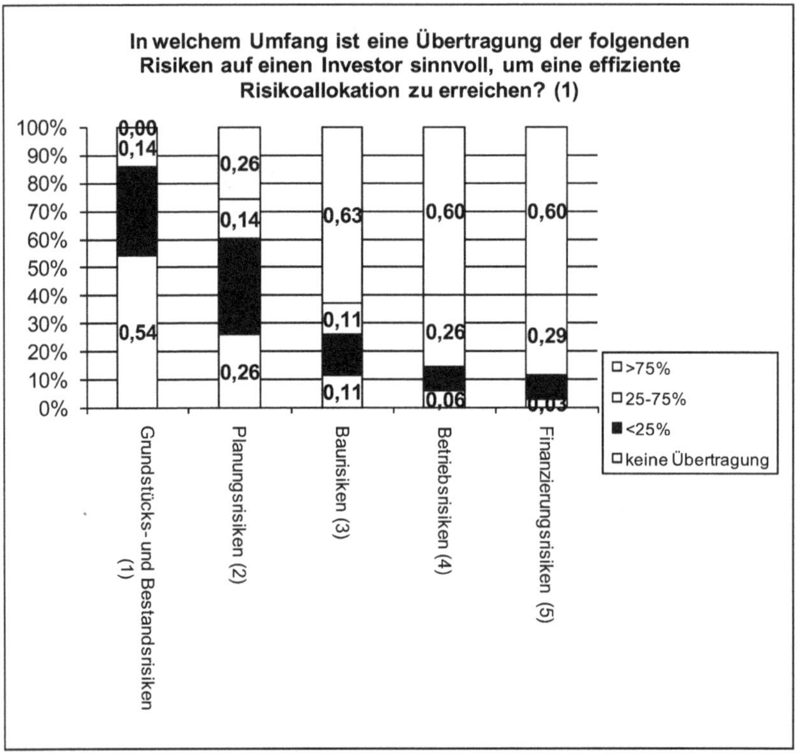

Abbildung 37: Risikoübertragung auf Eigenkapitalgeber 1[589]

589 Quelle: Eigene Darstellung.

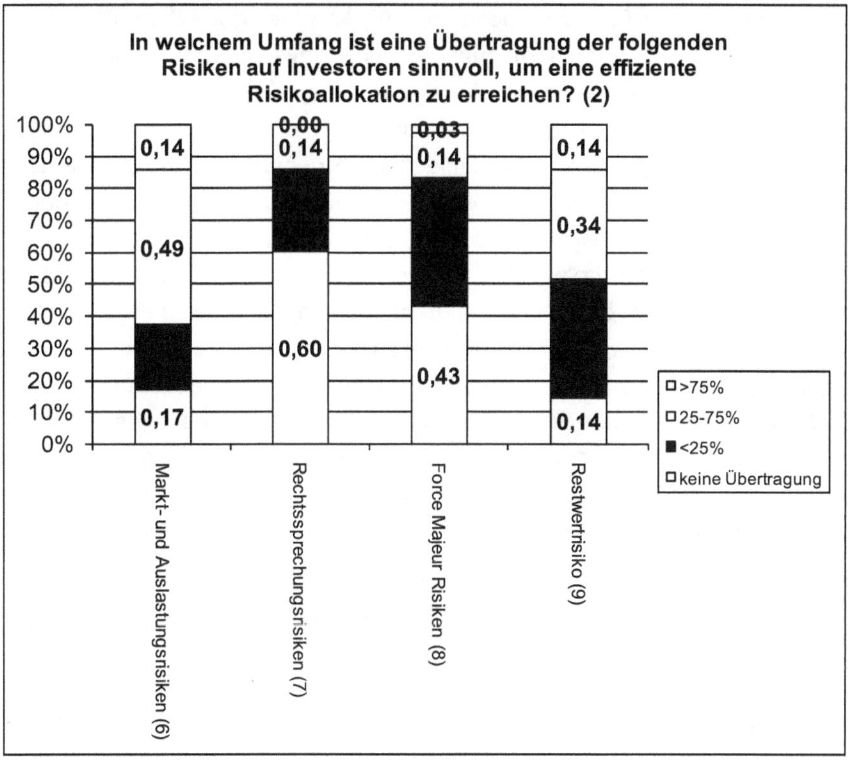

Abbildung 38: Risikoübertragung auf Eigenkapitalgeber 2[590]

35 Teilnehmer beantworten den Fragenabschnitt. Für Grundstücks- und Bestandsrisiken (1) ist der Großteil der Befragten der Meinung, dass keine Übertragung der Risiken (54%) oder ausschließlich eine Übertragung in sehr geringem Umfang (31%) auf die Eigenkapitalgeber erfolgen sollte. Für Planungsrisiken (2) kann kein eindeutiges Ergebnis festgehalten werden und die Angaben zeigen starke Abweichungen auf. Der Grund für die fehlende Aussagekraft des Ergebnisses könnten die stark variierenden Verantwortlichkeiten und Steuerungspotentiale von Planungsrisiken sein.[591] Für Baurisiken (3), Be-

[590] Quelle: Eigene Darstellung.

[591] Beispielsweise Planungsfehler durch den Auftragnehmer und Änderungswünsche durch

triebsrisiken (4) und Finanzierungsrisiken (5) kann festgestellt werden, dass eine Übertragung in hohem Ausmaß auf den privaten Partner sinnvoll erscheint. Jeweils 60% oder mehr der Befragten sprechen sich für eine vollkommene oder mehrheitliche Übertragung der Risiken aus. Für Markt- und Auslastungsrisiken (6) kann kein eindeutiges Ergebnis festgehalten werden. 49% der Befragten sprechen sich für eine Risikoteilung aus. Um eine eindeutige Zuordnung zu ermöglichen, erscheint eine differenzierte Betrachtung potentieller Einzelrisiken notwendig.[592] Für einen Verbleib des Rechtsprechungsrisikos bei dem öffentlichen Auftraggeber sind 60% der Befragten. Risiken durch höhere Gewalt (8) sollten entweder gesamt (43%) durch den Auftraggeber getragen werden oder in großem Umfang (40%) bei der öffentlichen Hand verbleiben. Für das Restwertrisiko (9) kann kein eindeutiges Ergebnis festgehalten werden. Tendenziell ist eine Risikoteilung mit der Ausrichtung des vermehrten Verbleibes des Risikos bei der öffentlichen Hand festzustellen. Weitere Risiken können nicht identifiziert werden.

Bezüglich des potentiellen Einflusses der Risiken können im zweiten Teil der Frage 13, bei doppelter Gewichtung des einflussreichsten Risikos und einfacher Gewichtung des Risikos mit dem zweitstärksten Einfluss auf das Risiko-Rendite-Profil eines Finanzintermediärs, folgende Ergebnisse festgehalten werden:

den Auftraggeber.

592 Es kann eine starke Projektabhängigkeit unterstellt werden.

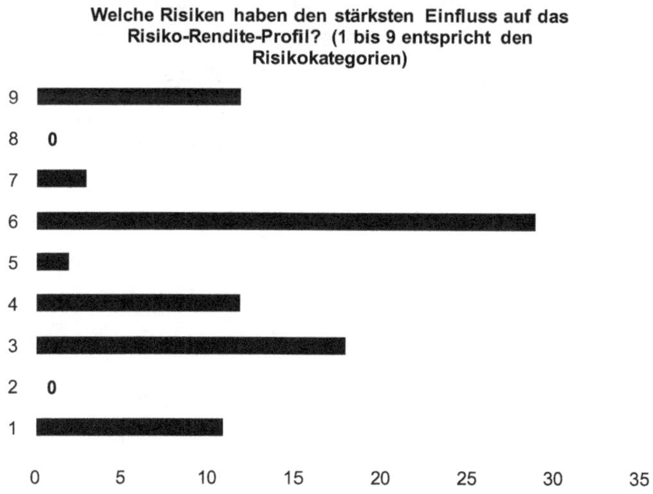

Abbildung 39: Risikoeinfluss[593]

29 Teilnehmer beantworten den Fragenabschnitt. Die einflussreichste Risikokategorie sind Markt- und Auslastungsrisiken. An zweiter Stelle folgen die Baurisiken. Zudem als bedeutend werden die Kategorien Planungs-, Restwert- und Bestandsrisiken eingeschätzt. Der Einfluss der verbleibenden Risikokategorien ist geringer.

Der Einfluss des Bestehens eines Markt- und Auslastungsrisikos ist ergänzend Bestandteil der geschlossenen Frage 5. Die Frage wird von 35 Teilnehmern beantwortet und kommt zum Ergebnis, dass Projekte, die über Auslastungsrisiken verfügen, wesentlich weniger attraktiv sind als Projekte ohne Auslastungsrisiko.

5.3 Gegenüberstellung Ergebnisse

Es schließt sich die Gegenüberstellung der theoretischen Ergebnisse und der empirischen Ergebnisse an. Durch die Gegenüberstellung sollen zum einen eine Prüfung und zum anderen eine Schärfung der theoretischen Erkenntnisse

---

[593] Quelle: Eigene Darstellung.

durch die Ergänzung um die empirischen Erkenntnisse erfolgen. Im Gegensatz zu der theoretischen Untersuchung, die ergänzend die konzeptionellen Leistungen untersucht, konzentriert sich die empirische Studie auf den Eigenkapitalbeteiligungsprozess. Bei der Betrachtung des Eigenkapitalbeteiligungsprozesses erfolgt jeweils eine Untergliederung in die Teilschritte Investition, Monitoring und Exit sowie eine ergänzende Betrachtung der Einflüsse PPP-spezifischer Kriterien. Als PPP-spezifische Kriterien erfolgt eine Betrachtung der PPP-Vertragsmodelle, der Hochbausegmente, der Investitions- und Projektvolumen, der Lebenszyklusphasen sowie des Risikotransfers.

5.3.1 Investition

Im Rahmen der empirischen Studie kann eine vertiefte Betrachtung des PPP-spezifischen Investitionsprozesses erfolgen. Als zentrale Motivationsaspekte für PPP-Beteiligungen können empirisch die Generierungen langfristig stabiler Cash Flows, mittelfristige Wertsteigerungen aufgrund aktiver Einflussnahme sowie das Diversifikationspotential von PPP-Investments identifiziert werden. Zudem ermittelt die Studie, dass das projektspezifische Cash Flow-Risiko-Profil von PPP-Projekten den größten Einfluss auf den Investitionsprozess hat. Die Cash Flow-Risiko-Orientierung zeigt sich zum einen durch den stärksten Einfluss des Cash Flow-Risiko-Profils im Rahmen der Einflusskriterien auf die Beteiligung und zum anderen durch die Bewertung der finanzwirtschaftlichen Kennzahlen als wichtigster Bestandteil der Due Diligence. Die am meisten berücksichtigte Projektfinanzierungskennzahl ist der die Cash Flows jährlich betrachtende DSCR. Die starke Berücksichtigung des DSCR macht die Bedeutung der jährlichen Erfüllung der Finanzierungsanforderungen deutlich. Als zweitwichtigster Bestandteil der Due Diligence werden die Unternehmensspezifika genannt. Bei der Betrachtung der Unternehmensspezifika sind, passend zu den theoretischen Ergebnissen, sowohl die Bewertung der integrierten Unternehmen sowie die des SPVs als bedeutend einzuschätzen. Die theoretische Überlegung, dass bei der Beteiligungsprüfung sowohl die Projektgesellschaft als auch die beteiligten Nachunternehmer betrachtet werden, wird dahingehend weiterentwickelt, dass die Bedeutung im Rahmen der Erhebung als gleichwertig eingestuft wird.

Basierend auf diesen Ergebnissen ist die Integration der öffentlichen Hand und den damit einhergehenden Effekten der Besicherung der Cash Flows sowie der Unabhängigkeit zu den Märkten als positiv zu bewerten. Bedingt durch den zentralen Einfluss des Cash Flow-Risiko-Profils ist die theoretisch erfolgte Differenzierung hinsichtlich der Attraktivität der verschiedenen Lebenszyklusphasen mit variierenden Cash Flow-Risiko-Profilen für Finanzintermediäre korrekt.

5.3.2 Monitoring

In der empirischen Studie wird ermittelt, dass durch das Monitoring oder die Beteiligungsbetreuung von Finanzintermediären teilweise erhebliche Optimierungspotentiale bestehen. Die Beratungsleistung mit dem am stärksten zu bewertenden Einfluss ist die finanzielle Beratung. Insbesondere durch Refinanzierungsmaßnahmen können die mit PPP-Investitionen einhergehenden Renditen wesentlich beeinflusst werden. An zweiter Stelle folgt die allgemeine Beratung als kompetenter Diskussionspartner. Leistungen im Rahmen der Unterstützung des Unternehmensmanagements und der Umstrukturierungsmaßnahmen werden als vergleichsweise unbedeutend eingestuft. Die theoretischen Überlegungen zum Monitoring bei PPP-Beteiligungen können empirisch belegt werden.

5.3.3 Exit, Investitions- und Projektvolumen

Bedingt durch die junge Marktentwicklung besteht kein etablierter Sekundärmarkt für PPP-Investitionen. Im Rahmen der empirischen Studie wurde ein Vergleich der mittelfristigen Erwartungswerte der vorhandenen Projektvolumen mit der Marktliquidität für PPP-Investitionen durchgeführt. Die theoretischen Überlegungen können bestätigt werden, dass ein starker Wettbewerb für PPP-Investitionen zu erwarten ist und sich mittelfristig ein Sekundärmarkt für PPP-Beteiligungen etablieren sollte. Empirisch wird ermittelt, dass das Exitpotential künftig, insbesondere in der Betriebsphase 2, hoch sein sollte. In den früheren Projektphasen kann sich die Veräußerung von Beteiligungen als problematischer erweisen. Die theoretischen Überlegungen hinsichtlich des Zeitpunktes von Sekundärmarkttransaktionen können bestätigt werden. Das notwendige Mindestinvestitionsvolumen variiert in der empirischen Studie stark. Als Untergrenze können 5 Millionen Euro angeführt werden.

5.3.4 PPP-Vertragsmodelle und Hochbausegmente

Im Rahmen der empirischen Studie konnten keine signifikanten Unterschiede bezüglich der Attraktivität der verschiedenen PPP-Vertragsmodelle ermittelt werden. Die theoretischen Überlegungen können folglich nicht bestätigt werden. Zur Begründung der unwesentlichen Attraktivität ist anzuführen, dass zum Ersten durch die PPP-Vertragsmodelle keine tiefgreifende Berücksichtigung der mit den Projekten einhergehenden Risiken erfolgt und somit die Aussagekraft eingeschränkt ist. Zum Zweiten kann unterstellt werden, dass das Bestehen eines Verwertungsrisikos das Risikoprofil eines Projektes prägt, dadurch allerdings kein Rückgang der Attraktivität zu verzeichnen ist. Zum Dritten ist davon auszugehen, dass der Aspekt Eigentumstransfer durch eine geeignete Auswahl eines Investitionsvehikels gehandhabt werden kann.

Empirisch wird ermittelt, dass die Attraktivität des Segmentes Sport und Unterhaltung gering ist. Die verbleibenden Segmente bewegen sich auf einem vergleichbar hohen Attraktivitätsniveau. Hinsichtlich der Attraktivität des Segmentes Sport und Unterhaltung können die theoretischen Überlegungen belegt werden. Die theoretisch abgeleitete Untergliederung der verbleibenden Segmente kann nicht bestätigt werden. Als Ursache der Varianz können die Vielzahl der berücksichtigten Faktoren und deren subjektive Bewertung angeführt werden.

Um eine weiterführende Bewertung der Hochbausegmente und PPP-Vertragsmodelle zu ermöglichen, erscheint eine fundierte empirische Analyse notwendig, in der die Bewertung ausgewählter Kriterien in den Vertragsmodellen und Hochbausegmenten erfolgt und die Ausrichtungen potentieller Finanzintermediäre berücksichtigt werden.

5.3.5 Lebenszyklusphasen – Gesellschafter und Kapitalstruktur

Empirisch wird ermittelt, dass zum einen in der Planungs- und Bauphase eine tendenziell leicht höhere Eigenkapitalausstattung als in der Betriebsphase zu erwarten ist und die Eigenkapitalausstattung zudem im wesentlichen durch die Risikobehaftung, beispielsweise Restwert- oder Auslastungsrisiken, determiniert wird. Die theoretischen Überlegungen können bestätigt werden. Allgemein gültige Aussagen zur Eigenkapitalausstattung erscheinen problematisch. Es erscheint notwendig, die gesamte Finanzierungs- und Sicherheitenstruktur zu betrachten. Die Durchschnittswerte und Randwerte der in der Erhebung ermittelten Eigenkapitalausstattung entsprechen nur teilweise den literarischen Werten.

Empirisch können keine Präferenzen bezüglich der Verteilung der verbleibenden Gesellschafteranteile ermittelt werden. Die theoretischen Überlegungen können nicht bestätigt werden. Folglich schätzen die Teilnehmer der Erhebung die Beteiligung operativer Projektbeteiligter an der Projektgesellschaft für nicht notwendig ein.

Im Rahmen der empirischen Studie wird ermittelt, dass Minderheitsgesellschafter im Vergleich zu Mehrheitsgesellschaftern erhöhtes technisches und Branchen-Know-how benötigen. Dieses Ergebnis ergänzt die theoretische Untersuchung, in der ermittelt wird, dass insbesondere Primärmarktfinanzintermediäre spezifisches Fachwissen benötigen.

5.3.6 Lebenszyklusphasen – Rendite

Eine belastbare Aussage zur erwarteten Rendite von PPP-Investitionen kann im Rahmen der empirischen Erhebung nicht ermittelt werden und die theoretischen Erkenntnisse können nicht ergänzt werden. Als Gründe dafür, dass keine eindeutigen Werte generiert werden können, sind die starke Projekt- und Marktabhängigkeit der Rendite anzuführen. Empirisch wird ermittelt, dass in der Planungs- und Bauphase die Rendite größtenteils auf der Wertsteigerung der Projektgesellschaft, in der Betriebsphase 1 auf Wertsteigerungen und Ausschüttungen von Teilen der Entgeltzahlungen und in der Betriebsphase 2 größtenteils auf Ausschüttungen basiert. Die theoretischen Überlegungen zur Wertschöpfung werden bestätigt.

5.3.7 Lebenszyklusphasen – Refinanzierung

Die empirische Studie kommt zu dem Ergebnis, dass in der Planungs- und Bauphase ein sehr geringes Refinanzierungspotential, in der sich anschließenden Betriebsphase 1 ein steigendes Refinanzierungspotential und in der Betriebsphase 2 das größte Refinanzierungspotential bestehen. Die Studie belegt die theoretischen Überlegungen.

5.3.8 Risikotransfer

Die empirische Untersuchung des Risikotransfers kommt zu den eindeutigen Ergebnissen, dass die Übertragung von Bau-, Betriebs- und Finanzierungsrisiken auf die Projektgesellschaft sinnvoll ist. Die Übertragung von Grundstücks- und Bestands-, Rechtssprechungsrisiken und Risiken durch höhere Gewalt ist nicht zweckmäßig. Für die Risikokategorien Planungs-, Markt- und Auslastungs- sowie Restwertrisiko kann keine eindeutige Risikozuordnung erfolgen. In diesen Kategorien ist einzelrisikoabhängig eine Risikoteilung zu erwarten. Als einflussreichste Risikokategorien können Markt- und Auslastungsrisiken, gefolgt von den Bau-, Planungs-, Restwert- und Bestandsrisiken identifiziert werden.

Im Rahmen der empirischen Untersuchung können die theoretischen Ergebnisse teilweise bestätigt werden. Die getroffenen Annahmen für die Risikokategorien Grundstücks- und Bestandsrisiken, Baurisiken, Betriebsrisiken, Finanzierungsrisiken, Rechtssprechungsrisiken und Force Majeur Risiken treffen zu. Eine eindeutige Aussage zur Risikokategorie Planungsrisiken ist nicht möglich. Für die Risikokategorie Markt- und Auslastungsrisiken ist die getroffene Annahme nicht zu bestätigen. Für die Risikokategorie Restwertrisiko kann in der Erhebung kein eindeutiges Ergebnis festgehalten werden. Die Grundlage für die teilweise Varianz der theoretischen und empirischen Ergebnisse liegt in der Unschärfe der Betrachtung im Rahmen der Berücksichtigung der Risikokategorien.

In der empirischen Studie wird die theoretische Erkenntnis bestätigt, dass die Risikoallokation ein zentraler Ansatzpunkt bei der Integration von Finanzintermediären ist und die Finanzierung bzw. Kapitalstruktur durch die bestehenden Risiken geprägt wird. Bei der Übertragung von Risiken, die für Finanzintermediäre schlecht beeinflussbar sind, sollte sich die Integration als äußerst problematisch erweisen.

5.4 Interpretation der Ergebnisse und Handlungsempfehlungen

Im Rahmen der Interpretation der Ergebnisse geht die Arbeit auf die verschiedenen Perspektiven der Projektbeteiligten ein. Zudem werden Handlungsempfehlungen abgeleitet und kritische Aspekte aus Perspektive der Projektbeteiligten herausgearbeitet.

5.4.1 Perspektive von Finanzintermediären

Primärmarktbeteiligungen eignen sich für risikosuchende Finanzintermediäre, die über fundierte Branchenkenntnisse verfügen und in der Lage sind, die interdisziplinär anspruchsvollen konzeptionellen Leistungen vor Zuschlagserteilung, die Beteiligungsverhandlungen mit dem öffentlichen Auftraggeber sowie ein aktives Risikomanagement in der Bau- und frühen Betriebsphase zu erbringen. Die Wertschöpfung erfolgt vorrangig durch Wertsteigerungen mit der Umsetzung der risikobehafteten Baumaßnahmen und der Etablierung des Betriebs. Bei Primärmarktinvestitionen werden in der Planungs- und Bauphase keine Cash Flows durch Entgeltzahlungen des Auftraggebers generiert. Die ersten Cash Flows werden in der Betriebsphase generiert. Durch die frühzeitige Beteiligung an Projekten können Anlageopportunitäten geschaffen und aktiv beeinflusst werden.

Sekundärmarktbeteiligungen sind für risikoaverse Finanzintermediäre lukrativ, die in stabile Cash Flows investieren und ausschließlich geringfügige Leistungen im Rahmen des Monitoring erbringen wollen. Finanzintermediäre auf dem Sekundärmarkt müssen keine konzeptionellen Leistungen erbringen und beteiligen sich an Projektgesellschaften, die bereits in der Betriebsphase sind. Bedingt durch die fortgeschrittene Projektentwicklung werden bereits kurz nach der Investition Cash Flows generiert und die rückläufigen Risiken reduzieren die Anforderungen an die Kontroll- und Eingriffsrechte. Durch Refinanzierungsmaßnahmen bzw. -potentiale kann die Rendite stark beeinflusst werden. Um Refinanzierungsmaßnahmen zu ermöglichen, sind gewisse Mindestvolumen notwendig. Beispielsweise durch die Bündelung von Einzelprojekten können die notwendigen Volumen geschaffen werden. Refinanzierungspotentiale könnten künftig, insbesondere aufgrund der Auswirkungen der Subprime-Krise, bestehen.

PPP-Beteiligungen im öffentlichen Hochbau erweisen sich aufgrund ihrer spezifischen Anforderungen als neuartige Beteiligungsmöglichkeiten für Finanzintermediäre. Zum einen prägen die Integration der öffentlichen Hand und die PPP-spezifischen Risiken bzw. Risikoallokation das Cash Flow-Risiko-Profil entscheidend. Dadurch sind Auswirkungen auf die Konzeption als Projektfinanzierung zu erwarten. Insbesondere die Anforderungen an die Risikobesicherung müssen vor dem Hintergrund der gegebenen Rahmenbedingungen adjustiert werden, um sich im Wettbewerb behaupten zu können. Zum anderen weicht der Beteiligungsprozess von klassischen Unternehmensbeteiligungen ab. Neben der Notwendigkeit konzeptioneller Leistungen und der spezifischen Ausgestaltung des Investitionsprozesses bei Primärmarktbeteiligungen sind die Gegebenheiten durch die langfristige Vertragsfixierung und die resultierenden Auswirkungen auf das Monitoring neuartige Strukturen.

Das Bestehen eines Sekundärmarktes ist von essentieller Bedeutung, um zum einen den auf dem Primärmarkt tätigen Finanzintermediären Möglichkeiten zu bieten, ihre Beteiligungen vorzeitig zu veräußern und Wertsteigerungen zu realisieren. Zum anderen ist es wichtig, um risikoaverse Finanzintermediären Anlagemöglichkeiten zu schaffen. Durch die Etablierung eines Sekundärmarktes können die Preisfindung und die Rendite der Marktteilnehmer durch den Markt reguliert werden. Als Voraussetzung für die Etablierung eines Sekundärmarktes ist die Weiterentwicklung des Primärmarktes notwendig. Mittelfristig sind die Etablierung eines Sekundärmarktes sowie dadurch entstehende Exitpotentiale, insbesondere für fortgeschrittene Projektphasen, zu erwarten. Eine Gefahr für den Sekundärmarkt kann das Bestehen von Einflussrechten der öffentlichen Hand bei Änderungen der Gesellschafterstruktur bilden.

Wesentliche Hindernisse für die Integration von Finanzintermediären auf dem Primärmarkt sind die mit PPP-Projekten einhergehenden Kosten im Rahmen der konzeptionellen Leistungen und des Investitionsprozesses vor der Zuschlagserteilung sowie die späte Beteiligungstransparenz bei der Angebotserstellung. Die projektbezogene Beteiligungsprüfung des gesamten Angebotes ist als Grundlage für die Investitionsentscheidung und Angebotslegung essentiell und erfolgt erst nach der Erstellung sämtlicher Angebotsunterlagen. Es besteht die Gefahr, dass im Rahmen der Beteiligungsprüfung Mängel auftauchen, die eine Beteiligung ausschließen und keine Möglichkeit besteht die entstandenen Kosten zu kompensieren. Zudem ist die Zuschlagserteilung in hohem Ausmaß von den operativen Projektbeteiligten abhängig und im Falle einer Nichtbeauftragung können die entstandenen Kosten nicht kompensiert werden. Die Kosten vor der Zuschlagserteilung stellen für Finanzintermediäre ein erhebliches Risiko dar und der Projekterfolg kann nur teilweise beeinflusst werden.

Um das Risiko vor der Zuschlagserteilung zu minimieren, gilt es die entstehenden Kosten zu reduzieren. Zum einen bestehen die Möglichkeiten der Standardisierung und Vereinfachung des PPP-Vergabeverfahrens. Mögliche Ansätze sind beispielsweise die Standardisierungen des Teilnahmewettbewerbes oder der Verdingungsunterlagen. Durch die Standardisierung des Teilnahmewettbewerbs können die im Rahmen der Projektqualifikation anfallenden Kosten reduziert werden. Durch die Standardisierung der Verdingungsunterlagen können der Aufwand im Rahmen der Angebotserstellung sowie die anfallenden Kosten für die Beteiligungsprüfung reduziert werden. Die praktische Umsetzbarkeit erscheint in erster Linie bei den rechtlichen Verdingungsunterlagen und beim Teilnahmewettbewerb möglich. Eine Standardisierung der technischen Verdingungsunterlagen sowie der Finanzierung erscheint, bedingt durch teilweise stark variierende Projektspezifizierungen und die Strukturierung der Finanzierung durch die Bank, problematisch. Die Standardisierung ist zudem in hohem Ausmaß von den Erfahrungen der Marktteilnehmer und der Zusammenarbeit der Marktteilnehmer unter Federführung und Förderung der öffentlichen Hand abhängig. Einen weiteren Ansatzpunkt bildet die Reduktion der Kosten innerhalb des Bieterkonsortiums. Beispielsweise durch strategische Partnerschaften mit operativen Marktteilnehmern können die Kosten für die Angebotserstellung, die Beteiligungsprüfung sowie die Angebotssteuerung und -optimierung reduziert werden. Aufgrund der Neuartigkeit der Verfahren und der Gründung eines Bieterkonsortiums, kann die Durchführung der Angebotssteuerung und –optimierung als sehr wichtig für den Projekterfolg eingestuft werden.

Mit der Weiterentwicklung des Primärmarktes, der Reduktion der Kosten und Risiken vor der Zuschlagserteilung und der Etablierung eines Sekundärmarktes ist ein erheblicher Zuwachs der Attraktivität des Segmentes zu erwarten. Durch diese Entwicklung werden Anreize für leistungsfähige und spezialisierte Finanzintermediäre geschaffen, sich im PPP-Segment zu betätigen.

5.4.2 Perspektive der öffentlichen Hand

Um die aufgezeigte Finanzierungslücke zu schließen und die öffentliche Leistungserbringung effizient zu gestalten, ist die Integration von Finanzintermediären unumgänglich. Finanzintermediäre tragen durch ihr Know-how und den Wettbewerb auf Bieterseite entscheidend zur Wirtschaftlichkeit der Umsetzungskonzeption bei. Dabei ausschlaggebende Faktoren sind unter anderem die Konstellation leistungsfähiger Bieterkonsortien, die Optimierung der Umsetzungskonzepte im Rahmen der Angebotserstellung und Verhandlungen sowie die Überwachung der Umsetzung vor dem Hintergrund der Maximierung der eigenen Rendite. Der Wettbewerb auf Seiten der Finanzintermediäre und deren Leistungsfähigkeit sind für die öffentlichen Auftraggeber in Anbetracht der Vergütung ihrer Leistungen von hoher Bedeutung für die Wirtschaftlichkeit von PPP-Projekten.

Durch ein Wachstum des Primärmarktes und die Etablierung eines Sekundärmarktes gewinnt das PPP-Segment für Finanzintermediäre an Attraktivität und es ist zu erwarten, dass die Anzahl und die Leistungsfähigkeit bzw. Spezialisierung der tätigen Finanzintermediäre zunimmt. Durch diese Belebung des Wettbewerbes sind eine Reduktion der Margen sowie weitere Spezialisierungseffekte zu erwarten, woraus Effizienzgewinne für PPP resultieren. Ein Blick auf den englischen PFI-Markt zeigt, dass der Comptroller and Auditor General für den englischen Markt durch den verstärkten Wettbewerb mit einem Rückgang der Eigenkapitalrendite von ca. 2% rechnet.[594] Mit der Etablierung eines Sekundärmarktes geht zudem der Effekt einher, dass vermehrte Änderungen in den Gesellschafterstrukturen der Projektgesellschaften zu erwarten sind. Die langfristige Partnerschaft bezieht sich somit nicht auf einen ausgewählten Finanzintermediär, sondern auf die Projektstruktur mit einer bestimmten Finanzierung und die vertraglich gebundenen Nachunternehmer. Im Rahmen der Vertragskonzeptionen wird dieser Tatbestand bisher ausschließlich nachrangig gewürdigt. Eingriffsrechte und Regulierungen bei Änderungen der Gesellschafterstruktur müssen vor dem Hintergrund der Wertschöpfung der Finanzintermediäre betrachtet werden. Durch vertragliche Regulierungen der Gesellschafterstruktur kann die Attraktivität von PPP-Beteiligungen durch die Beeinträchtigung der Wertschöpfungskette und der Preisfindung auf dem Sekundärmarkt erheblich beeinflusst werden.

Neben den Kosten auf der Bieterseite belasten die auf Seiten des öffentlichen Auftraggebers entstehenden Transaktionskosten die Wirtschaftlichkeit von

594 Vgl. Comptroller and Auditor General (2006), S. 30.

PPP-Projekten. Durch die Standardisierung und Vereinfachung der Verfahren können eine Reduktion der entstehenden Kosten und damit ein Anstieg der Wirtschaftlichkeit von PPP-Konzeptionen erreicht werden. Die Umsetzung des Standardisierungsprozesses von PPP-Verfahren im dezentralen organisierten Deutschland sollte sich im Vergleich zur Umsetzung in zentral organisierten Ländern als problematisch erweisen, da die Einflussbereiche zentraler Einrichtungen geringer sind.

Bedingt durch die langfristige vertragliche Konzeption können auf Ebene der Projektgesellschaft Refinanzierungspotentiale entstehen. Aus Perspektive der öffentlichen Hand sollte versucht werden, an diesen zu partizipieren. Eine Möglichkeit der Umsetzung ist eine vertragliche Regulierung, wie sie auf dem PFI-Markt mit dem „Code of Conduct" erfolgt.

5.4.3 Perspektive der operativen Marktteilnehmer

Operative Marktteilnehmer treten in der dargestellten Konzeption, mit der Gründung einer Projektgesellschaft und der Eigenkapitalstellung durch die Finanzintermediäre, als Nachunternehmer der Projektgesellschaft auf. Es kann unterstellt werden, dass die Verträge zwischen der Projektgesellschaft und dem Auftraggeber direkt an die Nachunternehmer durchgestellt werden. Folglich sind die zwischen dem Auftraggeber und der Projektgesellschaft vereinbarten vertraglichen Regelungen für die operativen Beteiligten von hoher Bedeutung. Die Integration von Finanzintermediären ist für operative Marktteilnehmer aus verschiedenen Gründen wichtig. Erstens kann durch den Einbezug spezifischen Know-hows von Finanzintermediären die Wettbewerbsfähigkeit von Bieterkonsortien entscheidend gesteigert und die Projektkonzeption optimiert werden. Die Optimierung der Projektkonzeption umfasst beispielsweise die Weiterentwicklung der Risikoallokation im Rahmen des Verhandlungsverfahrens oder die Ausgestaltung und Verhandlung der Finanzierungsbedingungen. Zweitens kann unterstellt werden, dass für die Erbringung der Finanzierungsleistung ein Partner notwendig ist, ohne den die Teilnahme an PPP-Projekten nicht oder nur eingeschränkt möglich ist. Und zum Dritten können die Kosten vor der Zuschlagserteilung teilweise auf die Finanzintermediäre übertragen und dadurch das eigene Risiko reduziert werden.

Die Etablierung eines Sekundärmarktes ist für operative Projektbeteiligte nur dann notwendig, wenn sie als Industrielle Sponsoren auftreten. Durch die Etablierung eines Sekundärmarktes wird die Möglichkeit generiert, Beteiligungen vorzeitig zu veräußern. Durch die Sicherstellung der Veräußerungsmöglichkeit zu Marktkonditionen kann die Grundlage für das Auftreten als Industrieller Sponsor geschaffen werden. Zu berücksichtigen ist dabei, dass durch die frühzeitige Integration von Finanzintermediären in die Finanzierung dem Scheitern der Integration in fortgeschrittenen Projektphasen aufgrund von Details im Rahmen der Vertragsausgestaltung entgegengewirkt werden kann.

Aufgrund der Notwendigkeit der Einbringung der Finanzierungsleistung in PPP-Projekten und der in der Regel begrenzten Eigenkapitalausstattung operativer Marktbeteiligter empfiehlt sich für diese die Überlegung nach strategischen Partnerschaften mit Finanzintermediären. Durch solch langfristige Partnerschaften können auf Grundlage einer Vertrauensbasis die Prozesse innerhalb eines Bieterkonsortiums effizienter gestaltet und die Erfolgsaussichten erhöht werden.

6 Zusammenfassung und Ausblick

6.1 Zusammenfassung

Die vorliegende Arbeit erfasst, strukturiert und analysiert die Leistungen von Finanzintermediären bei Beteiligungen an projektfinanzierten PPP-Projekten im deutschen Hochbau. Zentraler Bestandteil ist die Betrachtung des PPP-spezifischen Beteiligungsprozesses und der konzeptionellen Leistungen vor der Zuschlagserteilung. Die Betrachtung ist vor dem Hintergrund einer für den PPP-Markt zu erwartenden Eigenkapitalfinanzierungslücke und bestehender Informationsasymmetrien aller Projektbeteiligten von hoher wissenschaftlicher und praktischer Relevanz.

Die Grundlage für die Erfassung und Strukturierung des Beteiligungsprozesses bildet der Private Equity Cycle, der den Beteiligungsprozess in die Teilschritte Investition, Monitoring und Exit untergliedert. Um eine detaillierte Betrachtung der Teilschritte zu ermöglichen, wird der Investitionsprozess weiter in die Bestandteile Investitionssuche, Beteiligungsprüfung und Beteiligungsverhandlung zerlegt und die zur Informationsgewinnung elementare Due Diligence analysiert. Darüber hinaus erfolgen die Betrachtungen möglicher Leistungen im Rahmen des Monitorings, anhand der Ergebnisse einer empirischen Studie, und möglicher Exitstrategien.

Um das Fundament für die PPP-spezifische Betrachtung des Beteiligungsprozesses zu schaffen, geht die Arbeit zunächst auf Projektfinanzierungen im Allgemeinen sowie auf die PPP-Entwicklung und die durch PPP gestellten Rahmenbedingungen ein. Aufbauend auf diesen Erkenntnissen und den praktischen Erfahrungen des Autors bei der Umsetzung und Konzeption von PPP-Projekten wird die detaillierte Betrachtung der Projektstruktur und der Finanzierung von projektfinanzierten PPP-Projekten, der Risiken bei PPP-Modellen sowie der öffentlichen Hochbausegmente ermöglicht. Als geeignete zeitliche Gliederungsstruktur für die konzeptionellen Leistungen und den Investitionsprozess vor der Zuschlagserteilung wird das typische PPP-Vergabeverfahren identifiziert.

Basierend auf diesen Erkenntnissen erfolgt als erster zentraler Bestandteil der vorliegenden Arbeit die theoretische Untersuchung des Leistungsspektrums von Finanzintermediären bei PPP-Beteiligungen. PPP-Projekte im deutschen Hochbau weisen als zentrale Einflusskriterien für Projektfinanzierungen auf, dass die Cash Flows langfristig durch die öffentliche Hand besichert werden und im Rahmen von PPP-Konzeptionen eine effiziente Risikoallokation zwischen den Projektbeteiligten ermöglicht wird. Die Analyse des Leistungsspektrums kommt zu den folgenden Ergebnissen:

1. Finanzintermediäre müssen konzeptionelle Leistungen vor der Zuschlagserteilung erbringen, die fachlich hohe Ansprüche haben, Kosten verursachen und die Wettbewerbsfähigkeit des Bieterkonsortiums entscheidend prägen. Die zentralen Leistungselemente sind die Auswahl von Nachunternehmern, die Gründung eines Bieterkonsortiums, die Qualifikation für das Vergabeverfahren und die Erstellung ausgewählter Bestandteile des Angebotes.
2. Der Investitionsprozess muss an das PPP-Vergabeverfahren angepasst werden. Das heißt, die Beteiligungssuche orientiert sich an Ausschreibungen, die Beteiligungsprüfung bezieht sich auf das Angebot, welches gemeinschaftlich durch das Bieterkonsortium vorgelegt wird, und die integrierten Nachunternehmern. Die Beteiligungsverhandlungen werden mit der ausschreibenden Stelle geführt. Wesentliche Einflussmöglichkeiten auf den Projekterfolg haben Finanzintermediäre durch die Erbringung der konzeptionellen Leistungen, durch die Auswahl der Nachunternehmer und durch die Verhandlungen mit der ausschreibenden Stelle.
3. Das Monitoring bei PPP-Beteiligungen beschränkt sich vorrangig auf das Risikomanagement, weil die Einflussmöglichkeiten auf das Unternehmensmanagement und die Projektstruktur vergleichsweise schwach sind. Strukturelle Änderungen können in erster Linie im Rahmen der Finanzierung realisiert werden.

4. Das Bestehen eines Sekundärmarktes ist essentiell, um risikosuchenden Finanzintermediären des Primärmarktes nach den risikobehafteten Lebenszyklusphasen die vorzeitige Realisierung von Wertsteigerungen zu ermöglichen und für risikoaverse Finanzintermediäre Anlagemöglichkeiten zu schaffen. Die Preisfindung auf dem Primärmarkt ist die zentrale Einflussgröße auf die Rendite der Primär- und Sekundärmarktintermediäre. Bedingt durch die aktuelle Marktentwicklung in Deutschland, sind die Sekundärmarktbedingungen nicht als optimal zu bewerten. Es ist eine positive Entwicklung zu erwarten.

Die Wertschöpfung erfolgt in der stark risikotragenden Bauphase über Wertsteigerungen im Rahmen der Baumaßnahmen. In der risikobehafteten frühen Betriebsphase erfolgt die Wertschöpfung über Wertsteigerungen durch die Etablierung des Betriebes in einem funktionsfähigen Gebäude und über Entgeltzahlungen durch die öffentliche Hand, in der etablierten Betriebsphase in erster Linie über Entgeltzahlungen. Die konzeptionellen Leistungen beeinflussen im Rahmen der Wertschöpfung die Beauftragungswahrscheinlichkeit und die künftig zu erwartenden Cash Flows. Die Grundlage der Renditerealisierung bilden die über den Wettbewerb im Rahmen der Vergabe festgelegten Entgeltzahlungen und die Zahlungen durch entstehende Kosten bei der Umsetzung. Darüber hinaus können Refinanzierungsmaßnahmen und -potentiale die Rendite der Finanzintermediäre stark beeinflussen.

Als zweiter zentraler Bestandteil der vorliegenden Arbeit werden die Ergebnisse und die Vorgehensweise der durchgeführten empirischen Studie zum Beteiligungsprozess von Finanzintermediären bei projektfinanzierten PPP-Projekten im deutschen Hochbau vorgestellt und die theoretischen und empirischen Ergebnisse gegenübergestellt und interpretiert.

Die empirische Studie bestätigt die theoretischen Überlegungen zum Beteiligungsprozess und schärft sie dahingehend, dass für die Investition das Cash Flow-Risiko-Profil das wichtigste Einflusskriterium darstellt und eine projektspezifische Betrachtung unumgänglich ist.

Ein weiterer wesentlicher Bestandteil der empirischen Studie ist die detaillierte Betrachtung der Auswirkungen PPP-spezifischer Kriterien auf den Eigenkapitalbeteiligungsprozess. Die theoretischen Erkenntnisse werden teilweise bestätigt, teilweise wiederlegt und teilweise erweitert. Als Ergebnisse können festgehalten werden, dass die PPP-Vertragsmodelle und die Hochbausegmente, mit Ausnahmen des Bereiches Sport und Unterhaltung, sich nur unwesentlich in der Attraktivität unterscheiden. Darüber hinaus wird ermittelt, dass die Besicherungsansprüche der finanzierenden Bank in Form von Eigenkapitaleinlagen über den Lebenszyklus variieren und im Wesentlichen durch die Risikobehaftung determiniert werden. Eindeutige Erkenntnisse zur erwarteten Rendite können nicht erhoben werden. Die theoretischen Überlegungen zu möglichen Refinanzierungspotentialen werden bestätigt. Refinanzierungspotentiale sind insbesondere in der fortgeschrittenen Betriebsphase zu erwarten. Als letzter Bestandteil untersucht die empirische Studie den Risikotransfer. Die theoretischen Überlegungen können größtenteils bestätigt werden. Es zeigt sich, dass nur eine Übertragung beeinflussbarer Risiken auf die Projektgesellschaft wirtschaftlich sinnvoll ist. Durch die Projektgesellschaft steuerbare Risiken sind insbesondere in den Bereichen Bau, Betrieb und Finanzierung zu finden. Risiken in den Bereichen Grundstück, Rechtssprechung und Force Majeur sollten größtenteils bei dem öffentlichen Auftraggeber verbleiben. Für das Planungsrisiko, die Markt- und Auslastungsrisiken sowie das Restwertrisiko wird tendenziell eine Risikoteilung präferiert.

Für Finanzintermediäre kann vereinfachend festgehalten werden, dass Primärmarktinvestitionen für risikosuchende Finanzintermediäre lukrativ sind, die über ein umfassendes fachliches Know-how verfügen und in der Lage sind, die konzeptionellen Leistungen, die Verhandlungen mit der ausschreibenden Stelle sowie das Risikomanagement zu erbringen. Primärmarktinvestitionen sind dadurch geprägt, dass die Cash Flow-Rückflüsse zeitlich versetzt nach der Planungs- und Bauphase generiert werden. Sekundärmarktbeteiligungen eignen sich für risikoaverse Finanzintermediäre, die ausschließlich geringfügige Beteiligungsbetreuungsleistungen erbringen und in langfristig stabile Cash Flows investieren wollen. Aus Perspektive der öffentlichen Hand und der operativen Projektbeteiligten ist die Integration von Finanzintermediären zur Schließung der aufgezeigten Finanzierungslücke unumgänglich. Durch die Integration von Finanzintermediären ist eine Erhöhung der Wirtschaftlichkeit von PPP-Vorhaben durch die Verbesserung der Wettbewerbsfähigkeit von Bieterkonsortien zu erwarten.

Um die Kosten bei den Bietern und der ausschreibenden Stelle bei PPP-Projekten zu verringern und PPP-Beteiligungen lukrativer zu gestalten, sollte der Vergabeprozess standardisiert werden. Darüber hinaus können Finanzintermediäre und operative Projektbeteiligte ihre Wettbewerbsfähigkeit durch strategische Partnerschaften erhöhen.

6.2 Ausblick

Die Betrachtung der Refinanzierungsmaßnahmen zeigte auf, dass Finanzintermediäre bei PPP-Projekten ihre Eigenkapitalrendite erheblich beeinflussen können. Vor dem Hintergrund einer partnerschaftlichen Zusammenarbeit, der langfristigen fixierten Bindung der öffentlichen Hand im Rahmen von PPP-Konzepten und der durch die öffentliche Hand bei der Standardisierung und Forcierung von PPP-Konzeptionen erbrachten Vorleistungen stellt sich die Frage, wie Refinanzierungsgewinne künftig gehandhabt werden sollen und wie diese am effizientesten generiert werden können. In Deutschland wird die Thematik der Refinanzierung größtenteils vernachlässigt. Es kann dringender Handlungs- und Forschungsbedarf konstatiert werden. Von besonderer Relevanz erscheinen in diesem Kontext die Auswirkungen der Subprime-Krise. Eine praktikable Lösung stellt die Teilung der Gewinne dar, um sowohl auf Seiten der Finanzintermediäre als auch auf Seiten der öffentlichen Hand Anreize zu schaffen.

Die Standardisierung der PPP-Prozesse kann als wichtiges Kriterium für die künftige Marktentwicklung identifiziert werden. Die Bestrebung der Bundesregierung, den PPP-Standardisierungsprozess voranzutreiben, ist nicht zuletzt durch die Gründung der an der PUK orientierten PDG erkennbar. Ob eine Umsetzung analog zum zentralistisch organisierten Großbritannien im föderalen Deutschland realisierbar ist, wird sich in naher Zukunft zeigen.

Ein weiterer wichtiger Aspekt im Rahmen der Finanzierung von PPP-Projekten ist die Refinanzierung von Finanzintermediären. Basierend auf den vorliegenden Forschungsergebnissen wird es künftigen Forschungsarbeiten ermöglicht, die Refinanzierung detailliert zu betrachten. Besonderes Augenmerk sollte dabei Portfolioeffekten und Projektbündelungen gelten.

Im Rahmen der Generierung notwendiger Volumen ist, insbesondere vor dem Hintergrund der oftmals kleinen Projektvolumen in der Praxis, die Bündelung von Projekten wichtig. Bedingt durch die Besicherung durch die öffentliche Hand sollten sich PPP-Beteiligungen als lukrative Portfoliobestandteile erweisen.

Die vorliegende Arbeit konnte durch ihren explorativen Charakter verschiedene vielversprechende Themenkomplexe aufzeigen, die weiter im Detail analysiert werden müssen, um die bis hierher erarbeiteten Erkenntnisse zu bestätigen und zu erweitern. Im Rahmen künftiger Forschungsarbeiten sollte vertieft auf die folgenden Aspekte aus der Perspektive von Finanzintermediären eingegangen werden:

- Steuerliche Untersuchung verschiedener Beteiligungskonstellationen
- Weiterführende, empirische Analyse der Hochbausegmente
- Bündelungsfähigkeit von PPP-Projekten
- Portfolioeffekte bei PPP-Investitionen
- Moral Hazard bei PPP-Investitionen
- Beteiligungsverhandlungen bei PPP-Investitionen und Vertragsausgestaltung unter dem Gesichtspunkt der Integration von Finanzintermediären
- Strategische Partnerschaften zwischen operativen Marktteilnehmern und Finanzintermediären
- Quantifizierung von Risiken.

7 Literaturverzeichnis

Albers, Sönke; Klapper, Daniel; Konradt, Udo; Walter, Achim; Wolf, Joachim (2006, Hrsg.): „Methodik der empirischen Forschung“, Wiesbaden 2006.

Aldering, Christoph; von Hutten, Christina Freiin (2002): „Due Diligence und Human Resources“, in: „Due Diligence bei Unternehmensakquisitionen“, Berens, Wolfgang; Brauner, Hans U.; Strauch, Joachim (Hrsg.), Stuttgart 2002, S. 409-426.

Alfen, Hans Wilhelm et al. (2006): „Der Wirtschaftlichkeitsvergleich“, in: „Public Private Partnership im öffentlichen Hochbau“, Littwin, Frank; Schöne, Franz-Josef (Hrsg.), Stuttgart 2006, S. 175-221.

Allen, Franklin; Gale, Douglas (2000): „Comparing Financial Systems“, Cambridge 2000.

Allen, Franklin; Santomero, Anthony, M. (1997): „The theory of financial intermediation” in: „Journal of Banking and Finance”, 21/1997, o. E. 1998, S. 1461-1485.

Allen, Franklin; Santomero, Anthony, M.(2001): „What do financial intermediaries do?“, in: „Journal of Banking and Finance”, 25/2001, o. E. 2001, S. 271-294.

Bader, Jürgen (2007): „Telefoninterview zum Spezialfonds Immosafe, vom 23.3.2007“, Regensburg 2007.

Beaumont, Alex (2004; Abruf: 08.07.2007): „The Secondary Equity PFI Market", unter:

www.publicprivatefinance.com.

Becher, Gerhard (2007): „7. Europäisches Symposium PPP – Secondary Markets, Berlin, 10. Mai 2007“, Vortrag auf dem 7. europäischen Symposium PPP, Berlin 2007.

Becher, Gerhard (2008-1): „Interview zur Refinanzierung von PPP-Projekten“, vom 22.02.2008, Stuttgart 2008.

Becher, Gerhard (2008-2): „PPP - Secondary Markets“, in: „PPP und Finanzierungsinstrumente – Perspektiven für Länder, Kommunen, Bauwirtschaft und Banken“, Jacob, Dieter; Stuhr, Constanze (Hrsg.), Freiberg 2008, S. 37-42.

Berens, Wolfgang; Brauner, Hans U.; Strauch, Joachim (2002): „Due Diligence bei Unternehmensakquisitionen“, Stuttgart 2002.

Berens, Wolfgang; Hoffjan, Andreas; Strauch, Joachim (2002): „Planung und Durchführung einer Due Diligence“, in: „Due Diligence bei Unternehmensakquisitionen“, Berens, Wolfgang; Brauner, Hans U., Strauch, Joachim (Hrsg.), Stuttgart 2002, S. 121-172.

Berens, Wolfgang; Mertes, Martin; Strauch, Joachim (2002): „Unternehmensakquisitionen“, in: „Due Diligence bei Unternehmensakquisitionen“, Berens, Wolfgang; Brauner, Hans U.; Strauch, Joachim (Hrsg.), Stuttgart 2002, S. 25-76.

Berens, Wolfgang; Strauch, Joachim (2002-1): „Due Diligence zur Überwindung von Informationsasymmetrien vor Vertragsschluss“, in: „Due Diligence bei Unternehmensakquisitionen“, Berens, Wolfgang; Brauner, Hans U.; Strauch, Joachim (Hrsg.), Stuttgart 2002, S. 173-192.

Berens, Wolfgang; Strauch, Joachim (2002-2): „Due Diligence bei Unternehmensakquisitionen – Eine empirische Untersuchung“, Frankfurt am Main 2002.

Betko, Hans; Reiml, Dieter; Schubert, Peter (2002): „Grundzüge der Umwelt Due Diligence“, in: „Due Diligence bei Unternehmensakquisitionen“, Berens, Wolfgang; Brauner, Hans U.; Strauch, Joachim (Hrsg.), Stuttgart 2002, S. 427-446.

Bienert, Sven (2004): „Auswirkungen der neuen Eigenkapitalrichtlinien für Banken (BASEL II) auf die Projektfinanzierung in der Immobilienwirtschaft“, Dissertation, Freiburg 2004.

BMVBW (2003-1, Hrsg.): „PPP im öffentlichen Hochbau, Band I: Leitfaden – Teilband 1“, Berlin 2003.

BMVBW (2003-2, Hrsg.): „PPP im öffentlichen Hochbau; Band II: Rechtliche Rahmenbedingungen – Teilband 1“, Berlin 2003.

BMVBW (2003-3, Hrsg.): „PPP im öffentlichen Hochbau; Band III: Wirtschaftlichkeitsuntersuchung – Teilband 1“, Berlin 2003.

BMVBW (2003-4, Hrsg.): „PPP im öffenltichen Hochbau; Band III: Wirtschaftlichkeitsuntersuchung – Teilband 2“, Berlin 2003.

BMVBW (2007, Hrsg.): „Möglichkeiten und Grenzen des Einsatzes von Public Private Partnership Modellen im kommunalen Hoch- und Tiefbau – PPP Mustervertrag Inhabermodell“, Berlin 2007.

Bodie, Zvi; Merton, Robert, C. (2003): „Finance“, Upper Saddle River, 2003.

von Boehm-Bezing, Philip (1998): „Eigenkapital für nicht börsennotierte Unternehmen durch Finanzintermediäre“, in: „Studienreihe der Stiftung Kreditwissenschaften“, von Stein, Joh., Heinr. (Hrsg.), Dissertation, Sternenfels 1998.

Boll, Philip (2007): „Investitionen in Public Private Partnership Projekte“, in: „Schriften zur Immobilienökonomie“, Schulte, Karl-Werner; Bone-Winkel, Stephan (Hrsg.), Band 43, Dissertation, Köln 2007.

Braun, Inga (2005): „Discounted Cash-Flow-Verfahren und Einfluss von Steuern – Der Unternehmenswert unter Beachtung von Bewertungsnormen“, in: „Rechnungs-wesen und Unternehmensüberwachung“, Böcking, Hans-Joachim; Kommel, Michael (Hrsg.), Wiesbaden 2005.

Braune, Georg (2006): „6. Kapitel: Finanzierung“, in: „Public Private Partnership im öffentlichen Hochbau“, Littwin, Frank; Schöne, Franz-Josef (Hrsg.), Stuttgart 2006, S. 263-318.

Brauner, Hans U.; Grillo, Ulrich (2002): „Due Diligence aus strategischer Sicht“, in: „Due Diligence bei Unternehmensakquisitionen“, Berens, Wolfgang; Brauner, Hans U.; Strauch, Joachim (Hrsg.), Stuttgart 2002, S. 271-292.

Brauner, Hans U.; Lescher Julia (2002): „Due Diligence aus finanzwirtschaftlicher Sicht“, in: „Due Diligence bei Unternehmensakquisitionen“, Berens, Wolfgang; Brauner, Hans U.; Strauch, Joachim (Hrsg.), Stuttgart 2002, S. 325-362.

Brealey, Richard; Myers, Stewart; Allen, Franklin (2006): „Corporate Finance. Eight Edition", New York 2006.

Brebeck, Frank; Bredy, Jörg; Welbers, Hartwig (2002): „Due Diligence aus bilanzieller und steuerlicher Sicht", in: „Due Diligence bei Unternehmensakquisitionen", Berens, Wolfgang; Brauner, Hans U.; Strauch, Joachim (Hrsg.), Stuttgart 2002, S. 293-324.

Bryant, J. (1980): „A Model of Reserves, Bank Runs and Deposit Insurance", in: Journal of Banking and Finance, 2/1980, o. E. 1980, S. 335-344.

Bundesgesetzblatt (2005): „Jahrgang 2005 Teil I Nr. 56: Gesetz zur Beschleunigung der Umsetzung und der Verbesserung der Rahmenbedingungen von Öffentlich Privaten Partnerschaften", Bonn 2005.

Busch, T. (2003): „Risikomanagement in Generalunternehmungen: Identifizierung operativer Projektrisiken und Methoden zur Risikobewertung", Dissertation, Zürich 2003.

BVK, PWC (2005, Hrsg.): „Der Einfluss von Private Equity-Gesellschaften auf die Portfoliounternehmen und die deutsche Wirtschaft", München 2005.

BVK (2006, Hrsg.): „Private Equity in Europa 2005", Berlin 2006.

Chemmanur, Thomas; Fulghieri, Paolo (1999): „A Theorie of the Going-Public Decision", in: „Review of Financial Studies", Volume 12, Oxford 1999, S. 249-279.

Comptroller and Auditor General (2006): „Update on PFI debt refinancing and the PFI equity market ", National Audit Office (Hrsg.), London 2006.

Cornelli, Francesca; Yosha, Oved (2003): „Stage Financing and the Role of Convertible Securities“, in: „Review of Economic Studies”,Volume 70, Oxford 2003, S. 1-32.

Damaschke, Dominik, Schröder Stefan (2007): „Private Equity: Secondary Markets“, in: „Enzyklopädisches Lexikon, Auflage 2007“, Bartmann et al. (Hrsg.), Frankfurt am Main 2007, Artikel Nr. 4262.

Deutscher Bundesrat (2007): „Entwurf eines Gesetzes zur Änderung des Investmentgesetzes und zur Anpassung anderer Vorschriften, Drucksache 274/07“, Berlin 2007.

Deutscher Bundestag (2007): „Vorbereitung für ein zweites ÖPP Beschleunigungsgesetz - Drucksache 16/0705“, Berlin 2007.

Deutscher Bundestag (2007): „Antwort auf die Kleine Anfrage der Abgeordneten Dr. Hermann Otto Solms, Frank Schäffler, Carl-Ludwig Thiele, weiterer Abgeordneter und der Fraktion der FDP - Drucksache 16/4640“, Berlin 2007.

Deutscher Städtetag (2001, Abruf: 02.10.2007): „Notwendige Investitionen der Kommunen bis 2009 würde 1342 Milliarden DM (686 Milliarden Euro) kosten“, unter:

http://www.difu.de/index.shtml?/presse/010813.shtml.

Deutsches Venture Capital Institut (2006, Hrsg.): „Private Equity Fonds“, Baden-Baden 2006.

Die Deutsche Bauindustrie (2006, Hrsg): „Bauindustrie sieht Zukunftsmärkte im Verkehrswegebau und Stadtumbau“, in: „Bauindustrie aktuell; 5-6/2006“, Berlin 2006.

DIfU (2005, Abruf: 02.10.2007, Hrsg.): „PPP als Lösung der kommunalen Investitionskrise?“, unter:

http://www.difu.de/publikationen/difu-berichte/1_05/07.phtml.

DIfU (2008, Abruf 09.02.2008, Hrsg.): „PPP-Projekte als Betätigungsfelder für mittelständische Unternehmen“, unter:

http://www.difu.de/publikationen/difu-berichte/4_07/09.phtml.

Dowling, Michael (2002, Hrsg.): „Gründungsmanagement: Vom erfolgreichen Unternehmensstart zu dauerhaftem Wachstum“, Berlin 2002.

Drukarczyk, Jochen (2003-1); „Finanzierung – 9. Auflage“, Stuttgart 2003.

Drukarczyk, Jochen (2003-2): „Unternehmensbewertung – 4. Auflage“, München 2003.

Eckermann, Matthias (2005): „Venture Capitalists´ Exit Strategies under Information Asymmetries – Evidence from the US Venture Capital Market”, Dissertation, Dresden 2006.

Elbing, Clemens (2006): „Risikomanagement für PPP-Projekte“, Dissertation, Lohmar 2006.

Elkemann-Reusch, Manfred; Zickenrott, Walter (2001): „Die Praxis der Expansionsfinanzierung des Mittelstands: Direktbeteiligung (IKB) und Mezzanine-Kapital“, in: „Venture Capital und Private Equity – Erfolgreich wachsen mit Beteiligungskapital“, Stadler, Wilfried (Hrsg.), Köln 2001, S. 107-116.

Engelen, K. (2001): „Basel II könnte das Eigenkapital der europäischen Banken wundersam vermehren“, in: „Handelsblatt vom 19.01.2001“, Düsseldorf 2001.

Eppinger, Frank; Käsewieter, Hans-Wilhelm; Miksch, Jan (2005): „Die Bedeutung der Finanzierung innerhalb eines PPP-Projektes“, in: „Public Private Partnership. Gestaltung von Leistungsbeschreibung, Finanzieurng, Ausschreibung und Verträgen in der Praxis“, Meyer-Hofmann, Bettina; Riemschneider, Frank, Weihrauch Oliver (Hrsg.), Köln/Berlin/München 2005, S.290-333.

Eppinger, Frank (2007): „Finanzierungsinstrumente aus Sicht einer ausländischen Bank“, Vortrag auf dem 7. europäischen Symposium PPP, Berlin 2007.

Erdinger, Michael (2007): „Public Private Partnership im Bäderbereich“, in: „KOPRA 2007, Tagungsunterlagen“, ARTE GmbH (Hrsg.), Essen 2007.

Esty, Benjamin (2004): „Modern Project Finance – A Case Book“, o. E. 2004.

EVCA (2006, Hrsg.): „Annual Survey of Pan-European Private Equity & Venture Capital Activity – EVCA Yearbook 2006”, o. E. 2006.

Faust, Helmut (2008): „Kreditrisiken bei PPP“, in: „PPP und Finanzierungsinstrumente – Perspektiven für Länder, Kommunen, Bauwirtschaft und Banken“, Jacob, Dieter; Stuhr, Constanze (Hrsg.), Freiberg 2008, S. 12-21.

Fleischer, K.; Effenberger, S. (2006): „Infrastrukturfonds – Neue Finanzierungsquellen für PPP“, in: „Immobilien und Finanzierung“, 18/2006, o. E. 2006, S. 16-19.

Finanzministerium des Landes NRW (2004, Hrsg.): „Public Private Partnership im öffentlichen Hochbau. Erste Schritte: PPP-Eignungstest", Düsseldorf 2004.

Finanzministerium des Landes NRW (2005, Hrsg.): „Public Private Partnership im Hochbau. Vertragliche Aspekte am Beispiel von PPP-Schulprojekten", Düsseldorf 2004.

Finanzministerium des Landes NRW (2007-1, Hrsg.): „Public Private Partnership im Hochbau. Anleitung zur Prüfung der Wirtschaftlichkeitsuntersuchung von PPP-Projekten im öffentlichen Hochbau", Düsseldorf 2007.

Finanzministerium des Landes NRW (2007-2, Hrsg.): „Public Private Partnership. Wirtschaftlichkeitsuntersuchung bei PPP-Projekten", Düsseldorf 2007.

Finanzministerium des Landes NRW (2007-3, Hrsg.): „Public Private Partnership im Hochbau. Public Private Partnership und neues kommunales Finanzmanagement", Düsseldorf 2007.

Fondberatung24 (2005, Abruf: 17.11.2005): „Renditeerwartung: Offener Immobilienfonds", unter:

http://www.fondsvermittlung24.de/offener-immobilienfond.html.

Fritzsche, Michael (2002): „Due Diligence aus rechtlicher Sicht", in: „Due Diligence bei Unternehmensakquisitionen", Berens, Wolfgang; Brauner, Hans U.; Strauch, Joachim (Hrsg.), Stuttgart 2002, S. 363-388.

Frommann, Holger; Dahmann, Attila (2005): „Zur Rolle von Private Equity und Venture Capital in der Wirtschaft", BVK (Hrsg.), Berlin 2005.

Gneuss, Michael (2005): „Finanzierung per öffentlich-privater Partnerschaft wird aktiver. Bauindustrie sucht neue CoFinanzintermediäre.“, in: „Die Welt“, 30.01.2005, Berlin 2005.

Gompers, Paul; Lerner, Josh (2006): „The Venture Capital Cycle“, 2. Auflage,Cambridge 2006.

Gührs, Eckhard (2006): „Justizvollzugsanstalten“, in: „Praxishandbuch Public Private Partnership“, Weber, Martin; Schäfer, Michael; Hausmann, Friedrich Ludwig (Hrsg.) München 2006, S. 692-699.

Hartmann-Wendels, Thomas; Pfingsten, Andreas; Weber, Martin (2007): „Bankbetriebslehre“, Berlin, Heidelberg, New York 2007.

Hauptverband der Deutschen Bauindustrie (2007-1, Hrsg.): „PPP-Projekte im öffentlichen Hochbau mit Zuschlag – Stand 1.10.2007“, Berlin 2007.

Hauptverband der Deutschen Bauindustrie (2007-2, Hrsg.): „PPP-Projekte im öffentlichen Hochbau in Vorbereitung – Stand 1.10.2007“, Berlin 2007.

Hauptverband der Deutschen Bauindustrie (2007-3, Abruf 15.09.2007, Hrsg.): „Markt für PPP-Projekte: 2006 – erfolgreichstes Jahr für PPP-Hochbauprojekte“, unter:

www.bau-saar.de/miscdb/ppp_2006.pdf.

Henschel-Bätz, Marion (2005): „Eigenkapitalbeschaffung aus Sicht mittelständischer Bauunternehmen“, in: „Strategien der Eigenkapitalbeschaffung für PPP-Projekte“, Die Deutsche Bauindustrie (Hrsg.), Berlin 2005, S. 14-22.

Hensel, Rüdiger (2008): „Infrastrukturfonds – Bereitstellung von Eigenkapital für PPP-Projekte“, Vortrag auf Public Infrastructure 2008, Hannover 2008.

Himme, Alexander (2006): “Gütekriterien der Messung: Reliabilität, Validität und Generalisierbarkeit“, in: „Methodik der empirischen Forschung“, Albers, Sönke; Klapper, Daniel; Konradt, Udo; Walter, Achim; Wolf, Joachim (Hrsg.), Wiesbaden 2006, S. 383-400.

HM Treasury (2007, Hrsg.): „Standardisation of PFI Contracts – Version 4“, Norwich 2007.

House of Commons (2007, Hrsg.): „Update on PFI dept refinancing and the PFI equity market”, London 2007.

IDW (2005): „Grundsätze zur Durchführung von Unternehmensbewertungen (IDW S1), Stand 18.10.2005“, in: „Die Wirtschaftsprüfung“, institut der Wirtschaftsprüfer in Deutschland (Hrsg.), Düsseldorf 2005, S. 1303-1321.

Jacob, Dieter; Baumgart, Christian (2007): „Die Auswirkungen von Basel II auf Projektfinanzierungen“, in: „Baumanagement und Bauökonomie – Aktuelle Entwicklung“, Liebchen, Jens H.; Viering, Markus G.; Zanner, Chrisitan (Hrsg.), S. 215ff.

Jacob, Dieter; Kochendörfer, Bernd (2000): „Private Finanzierung öffentlicher Bauinvestitionen – ein EU-Vergleich“, Berlin 2000.

Jacob, Dieter; Kochendörfer, Bernd (2002): „Effizienzgewinne bei privatwirtschaftlichen Realisierungen öffentlicher Infrastrukturvorhaben“, Köln 2002.

Jacob, Dieter; Stuhr, Constanze (2006): „Finanzierung und Bilanzierung in der Bauwirtschaft, Basel II – neue Vertragsmodelle – International Financial Reporting Standards“, in: „Leitfaden des Baubetriebs und der Bauwirtschaft“, Berner, Fritz, Kochendörfer, Bernd (2006, Hrsg.), Wiesbaden 2006.

Jacob, Dieter; Stuhr, Constanze (2008, Hrsg.): „PPP und Finanzierungsinstrumente – Perspektiven für Länder, Kommunen, Bauwirtschaft und Banken“, Freiberg 2008, unter:

http://www.wiwi.tu-freiberg.de/baubwl/index.htm.

Jacob, Dieter; Winter, Christoph; Stuhr Constanze (2003): „PPP bei Schulbauten – Leitfaden Wirtschaftlichkeitsvergleich“, in: „Freiberger Arbeitspapiere“, Technische Universität Freiberg (Hrsg.), Heft 09/2003, Freiberg 2003.

Jensen, Michael; Meckling, William (1976): „Theory of the firm: Managerial Behaviour, Agency Costs and Ownership Structure“, in: “Journal of Financial Economics”, Volume 3, Rochester 1976, S. 305-360.

Jost, Sebastian (2008, Abruf 09.05.2008): „McKinsey Studie – Deutsche Banken sind Bremsklotz der Wirtschaft“, WeltOnline, unter:

http://www.welt.de/wirtschaft/article1979495/Deutsche_Banken_sind_Bremsklotz_der_Wirtschaft.html.

Käufl, Andreas (2006): „Risikomanagement – Anforderungen und Umsetzung bei mittelständischen Unternehmen“, BDI; KPMG (Hrsg.), Berlin 2006.

Kames, Christian (2000): „Unternehmensbewertung durch Finanzanalysten als Ausgangspunkt eines Value Based Measurement“, in: „Europäische Hochschulschriften“, Frankfurt am Main 2000.

Klein, Klaus-Günter; Jonas, Martin (2002): „Due Diligence und Unternehmensbewertung", in: „Due Diligence bei Unternehmensakquisitionen", Berens, Wolfgang; Brauner, Hans U.; Strauch, Joachim (Hrsg.), Stuttgart 2002, S. 173-192.

Klug, Walter (2004): „Offene Immobilienfonds, Zeit für Stabile Werte", Frankfurt am Main 2004.

Knabe, Andreas; Walther, Ursula (2005): „Zur Unterscheidung von Eigenkapital und Fremdkapital – Überlegungen zu alternativen Klassifikationsansätzen der Außenfinanzierung", in: „Freiberger Arbeitspapiere", Technische Universität Freiberg (Hrsg.), Heft 08/2005, Freiberg 2005.

Knütel, Christian (2007): „Projektvertrag", in: „Rechtshandbuch Projektfinanzierung und PPP", Siebel, Ulrich; Röver, Jan-Hendrik; Knütel, Christian (Hrsg. 2007), 2. Auflage, Köln/München 2007, S. 385-442.

König, Thomas; Zorn, Nils (2001): „Umwelt-Due-Diligence bei Unternehmenstransaktionen", in: „Due Diligence in der Praxis – Risiken minimieren bei Unternehmenstransaktionen", Wiesbaden 2001, S. 139-152.

Kohnke, Tanja (2007): „Interview zu den Spezifika der verschiedenen Hochbausegmente, vom 10.09.2007", Bonn 2007.

Von Krosigk, Gisela (2005): „Mezzanine-Finanzierung für PPP-Projekte und Möglichkeiten der KfW IPEX-Bank", in: „Strategien der Eigenkapitalbeschaffung für PPP-Projekte", Die Deutsche Bauindustrie (Hrsg.), Berlin 2005, S. 23-29.

Lenz, Eberhard; Zinell, Alexander (2001): „Projektträger", in: „Projekte und Projektfinanzierung", Siebel, Ulrich (Hrsg.), München 2001.

Lerner, Josh; Hardymon, Felda; Leamon, Ann (2005): „Venture Capital & Private Equity – A Casebook", New Caledonia 2005.

Lessat, Vera et al. (1999): „Beteiligungskapital und Technologieorientierte Unternehmensgründung", Wiesbaden 1999.

Littwin, Frank (2006): „Allgemeiner Teil", in: „Public Private Partnership im öffentlichen Hochbau", Littwin, Frank; Schöne, Franz-Josef (Hrsg.), Stuttgart 2006, S. 1-49.

Zu Löwenstein, Prinz Michael (2001): „Garantien und Sicherungsrechte im Projektgeschäft", in: „Projekte und Projektfinanzierung", Siebel, Ulrich (Hrsg.), München 2001.

Lüdicke, Oliver (2003): „Ratingverfahren und –agenturen", in: „Risikomanagement und Rating", Reichling, Peter (Hrsg.), Wiesbaden 2003.

Lyonnet du Moutier, Michel (2006): „Financement sur projet et partenariats public-privé", Paris 2006.

Marke, Dana (2007): „Interview zu den Spezifika der verschiedenen Hochbausegmente, vom 11.11.2007", Bonn 2007.

Miksch, Jan (2007): „Sicherungsstrukturen bei PPP-Modellen im Schulbau aus Sicht der öffentlichen Hand", Berlin 2007.

Mittendorf, Roland (2001): „Venture Capital im Lebenszyklus von Wachstumsunternehmen", in: „Venture Capital und Private Equity – Erfolgreich wachsen mit Beteiligungskapital", Stadler, Wilfried (Hrsg.), Köln 2001, S. 141-184.

National Audit Office (2000, Hrsg.): „The Refinancing of the Fazakerley PFI Prison Contract", London 2002.

Natusch, Ingo (2002): „Due Diligence aus der Sicht einer Beteiligungsgesellschaft", in: „Due Diligence bei Unternehmensakquisitionen", Berens, Wolfgang; Brauner, Hans U.; Strauch, Joachim (Hrsg.), Stuttgart 2002, S. 535-554.

Nieland, Marius (2001): „Financial Due Diligence bei Unternehmenstransaktionen", in: „Due Diligence in der Praxis – Risiken minimieren bei Unternehmenstransaktionen", Wiesbaden 2001, S. 54-90.

Noth, Corinna (1996): „Die Eigenkapitalausstattung deutscher Gesellschaften mit beschränkter Haftung – Eine theoretische und empirische Analyse", in: „Reihe: Finanzierung, Steuern, Wirtschaftsprüfung – Band 19", Steiner, Manfred (Hrsg.), Dissertation, Köln 1996.

o. V. (2002-1, Abruf: 08.07.2007): „Secondary Market pushes forward", unter: www.publicprivatefinance.com.

o. V. (2007-1, Abruf: 19.04.2007): „Privates Beteiligungskapital", unter: http://de.wikipedia.org/wiki/Private_Equity.

Pankotsch, Frank (2005): „Kapitalbeteiligungsgesellschaften und ihre Portfoliounternehmen – Gestaltungsmöglichkeiten und Erfolgsfaktoren der Zusammenarbeit", Dissertation, Wiesbaden 2005.

Parzych, Andreas; Weber, Martin (2004): „Public Private Partnership und das allgemeine Preisrisiko“, in: „Finanz Betrieb“, 5/2004, Düsseldorf 2004, S. 376-381.

PDG (2008, Abruf. 01.08.2008): „Operativer Start der Partnerschaften Deutschland Gesellschaft im zweiten Halbjahr 2008“, unter:

http://www.partnerschaftendeutschland.de/index.html.

Perridon, Louis; Steiner, Manfred (2007): „Finanzwirtschaft der Unternehmung”, 14. Auflage, München 2007.

PFInet (2006, Hrsg., Abruf: 10.09.2007): „Swindon Hospital completes PFI Refinancing Deal”, unter:

http://www.thepfi.net/article.asp?articleID=1734.

Pindyck, Robert; Rubinfeld, Daniel (2003): „Mikroökonomie“, München 2003.

Pitter, Thomas (2005): „Geleitwort“, in: „Zur Rolle von Private Equity und Venture Capital in der Wirtschaft“, Frommann, Holger; Dahmann, Attila (2005), BVK (Hrsg.), Berlin 2005.

Polster, Dirk (2001): „Finanzintermediation und institutioneller Wandel“, in: „Münstersche Schriften zu Kooperation“, Theurl, Theresia (Hrsg.), Dissertation, Aachen 2001.

Popper, Karl (1966): „Logik der Forschung“, Tübingen 1966.

PUK (2007-1, Abruf: 10.09.2007, Hrsg.): „PUK Mission“, unter: http://www.partnershipsuk.org.uk/AboutPUK/PUKMission.asp.

PUK (2007-2, Abruf: 10.09.2007, Hrsg.): „PUK Scope“, unter: http://www.partnershipsuk.org.uk/AboutPUK/PUKScope.asp.

Rack, Oliver; Christophersen, Timo (2006): „Experimente“, in: Albers, Sönke; Klapper, Daniel; Konradt, Udo; Walter, Achim; Wolf, Joachim (Hrsg.): „Methodik der empirischen Forschung“, Wiesbaden 2006, S. 19-36.

Rambold, Peter (2005): „Alternative Wege zur Eigenkapitalbeschaffung für PPP-Projekte“, in: „Strategien der Eigenkapitalbeschaffung für PPP-Projekte“, Die Deutsche Bauindustrie (Hrsg.), Berlin 2005, S. 6-13.

Rehkugler, Heinz (2003): „Die Immobilien-AG, Bewertung und Marktattraktivität“, Dissertation, München/Oldenburg 2003.

Reichardt, Bent (2005): „Corporate Venture Capital: Rollen, Struktur, Management“, Dissertation, Bamberg 2005.

Riemschneider, Frank; Nitzsche Florian; Bernold, Torben (2005): „FM-gerechte PPP-Ausschreibungen unter Berücksichtigung eines ganzheitlichen Betriebskonzeptes“, in: „Public Private Partnership – Gestaltung von Leistungsbeschreibung, Finanzierung, Ausschreibung und Verträgen in der Praxis“, Meyer-Hofmann, Bettina; Riemschneider, Frank; Weihrauch, Oliver (Hrsg.), Köln 2005“, S. 35-110.

Rigby, Peter; James, Penrose (2005): „Project Finance Summary – Debt Rating Criteria“, in: „2006 Global Project Finance Yearbook”, Standard & Poor´s (Hrsg.), New York 2005, S. 82-95.

Röver, Jan-Hendrik (2001): „Projektfinanzierung“, in: “Projekte und Projektfinanzierung”, Siebel, Ulrich, München 2001.

Röver, Jan Hendrik, et al. (2007): „Finanzierung eines Projekts“, in: „Rechtshandbuch Projektfinanzierung und PPP“, Siebel, Ulrich; Röver, Jan-Hendrik; Knütel, Christian (Hrsg. 2007), 2. Auflage, Köln/München 2007, S. 489-831.

Rohn, Anne (2006): „Subjektive versus objektive Erfolgsmaße“, in: „Methodik der empirischen Forschung“, Albers, Sönke; Klapper, Daniel; Konradt, Udo; Walter, Achim; Wolf, Joachim (Hrsg.), Wiesbaden 2006, S. 99-114.

Rottke Nico (2004): „Investitionen mit Real Estate Private Equity. Herleitung eines anreizkompatiblen Beteiligungsmodells unter Berücksichtigung der Transaktionskosten- und Agency-Theorie“, in: „Schriften zur Immobilienökonomie“ Schulte, Karl-Werner et al. (Hrsg.), Band 29, Dissertation, Köln 2004.

Schede, Christian; Pohlmann, Markus (2006): „Vertragliche Grundlagen“, in: Weber, Martin; Schäfer, Michael; Hausmann, Friedrich Ludwig (Hrsg.): „Praxishandbuch Public Private Partnership“, München 2006, S. 102-156.

Schefczyk, Michael (2006): „Finanzierung mit Venture Capital“, Stuttgart 2006.

Scherer-Leydecker, Christian (2008): „Brüssel gibt grünes Licht; Interview mit Dr. Johannes Schuy“, in: „PNewsletter“, CMS Hasche Sigl (Hrsg.), 04/2008, Berlin 2008.

Schöne, Franz-Josef et al. (2006): „2. Kapitel: ausgewählte Rechtsfragen“, in: „Public Private Partnership im öffentlichen Hochbau“, Littwin, Frank; Schöne, Franz-Josef (Hrsg.), Stuttgart 2006, S. 81-127.

Scholtens, B; van Wensveen, D. (2000): „A citique on the theory of financial intermediation“, in: „Journal of Banking and Finance”, 24/2000, o. E. 2000, S. 1243-1251.

Schramm, Frank (2006): „BBB – Bond Beats Bank Debt? Trend, Challenges And Opportunities Of Bond Financing Based On Recent Projects”, Vortrag auf der Transfin 2006, Nice 2006.

Scott, Cornelia (2001): „Due Diligence in der Praxis – Risiken minimieren bei Unternehmenstransaktionen“, Wiesbaden 2001.

Siebel, Ulrich (2001): „Projekte und Projektfinanzierung”, München 2001.

Siebel, Ulrich; Röver, Jan-Hendrik; Knütel, Christian (Hrsg. 2007): „Rechtshandbuch Projektfinanzierung und PPP“, 2. Auflage, Köln/München 2007.

Sotelo, Ramon (2007): „REITs und offene Immobilienfonds als Finanzierungsinstrument bei PPP-Projekten“, Vortrag auf dem 7. Europäischen Symposium PPP, Berlin 2007.

Spengler, Arleen (2005): “Rating Criteria for Project Developers“, in: “2006 Global Project Finance Yearbook”, Standard & Poor´s (Hrsg.), New York 2005, S. 113-120.

Stein, Ingrid (2004): „Venture Capital Finanzierungen: Kapitalstruktur und Exitentscheidung“, in: „Reihe: Entrepreneurial Finance und Private Equity“, Achleitner, Ann-Kristin; Hommel, Ulrich; Rudolph, Bernd; Schiereck, Dirk (Hrsg.), Dissertation, Bad Soden 2004.

Stier, Winfried (1996): "Empirische Forschungsmethoden", Berlin, Heidelberg, New York, Barcelona, Budapest, Hongkong, London, Mailand, Paris, Santa Clara, Singapur, Tokio 1996.

Stringfellow, Martin (2001): „Venture Capital im Lebenszyklus von Wachstumsunternehmen", in: „Venture Capital und Private Equity – Erfolgreich wachsen mit Beteiligungskapital", Stadler, Wilfried (Hrsg.), Köln 2001, S. 117-122.

Süchting, Joachim (1995): „Theorie und Politik der Unternehmensfinanzierung", 6. vollständig überarbeitet und erweiterte Auflage, Wiesbaden 1995.

Tinsley, Richard (2000): „Advanced Project Financing. Structuring Risk.", First Edition, London 2000.

Trauten, Andreas (2008): „Zur Effizienz von Wertpapieremissionen über Internetplattformen", Dissertation, Wuppertal/Hamburg 2008.

Treasury Task Force (1999): „Technical Note No. 5. How to construct a public sector comparator", London 1999.

Walther Ursula (2007): „Risikoallokation und Finanzierung bei PPP-Projekten", Vortrag auf dem 7. europäischen Symposium PPP, Berlin 2007.

Walther Ursula (2008): „Risikoallokation und Finanzierung bei PPP-Projekten – Die Rolle der Kapitalmärkte und Finanzintermediäre", in: „PPP und Finanzierungsinstrumente – Perspektiven für Länder, Kommunen, Bauwirtschaft und Banken", Jacob, Dieter; Stuhr, Constanze (Hrsg.), Freiberg 2008, S. 4-11.

Walther, Ursula; Hundt, Irina (2006): „Private Equity für den deutschen Mittelstand“, in: „RKW-Handbuch, Führungstechnik und Organisation“, Franz, Otmar (Hrsg.), Berlin 2006.

Weber, Martin; Moß, Oliver; Bachhuber, Falk (2006): „Anforderungen und Besonderheiten bei der Finanzierung von PPP-Projekten“, in: Weber, Martin; Schäfer, Michael; Hausmann, Friedrich Ludwig (Hrsg.): „Praxishandbuch Public Private Partnership“, München 2006, S. 599-638.

Werner, Horst (2006): „Das Private Placement zur Kapitalbeschaffung“, 2. aktualisierte Auflage, Köln 2006.

Wewel, Uwe (2008): „Infrastrukturfonds nach dem Investmentgesetz“, Vortrag auf Public Infrastructure, Hannover 2008.

Willert, Florian (2006): „Was determiniert die Größe von Private Equity-Gesellschaften? – Eine fallstudienbasierende Untersuchung des Geschäftsmodells von Beteiligungsgesellschaften zur Erklärung von Größenmustern von Fonds und Organisationen “, Marburg 2006.

Yescombe Consulting Ltd. (2002, Hrsg.): „Principles of Project Finance”, London 2002.

8 Anhang

Fragebogen

Grundlagen

Im Rahmen der Dissertation zum Thema: "Eigenkapitalbeteiligungen an projektfinanzierten PPP-Projekten im deutschen Hochbau – Perspektive von Finanzintermediären" bei Prof. Dr.-Ing. Dieter Jacob, TU Bergakademie Freiberg, wird eine empirische Erhebung durchgeführt. Die Zielsetzung besteht in der Ermittlung der Attraktivität des deutschen PPP-Marktes für Finanzintermediäre von Eigenkapital und in der Identifikation wesentlicher Kriterien und Prozesse aus Sicht von Finanzintermediären.

Der folgende Fragebogen umfasst standardisierte Fragen und die Teilnehmer werden anonymisiert. Die Beantwortungszeit sollte bei ca. 10 bis 15 Minuten liegen. Es ist nicht zwingend notwendig alle Fragen zu beantworten.

Gegenstand der nachfolgenden Erhebung sind Eigenkapitalbeteiligungen an projektfinanzierten PPP-Projekten im Hochbau in Deutschland.

Die Strukturierung der PPP-Projekte erfolgt über eine Lebenszyklusbetrachtung. In der ersten Lebenszyklusphase, der Planungs- und Bauphase, können Finanzintermediäre in den Primärmarkt eintreten, d. h. Kapital zur Realisierung von PPP-Projekten bereitstellen. Nach der Planungs- und Bauphase schließen sich zwei Betriebsphasen an. Die erste trägt aufgrund unsicherer Cash Flows mehr Risiko als die zweite. In der zweiten Betriebsphase liegen sichere Cash Flows vor. In den Betriebsphasen können Finanzintermediäre über den Sekundärmarkt Beteiligungen an der Projektgesellschaft (SPV) erwerben. Die Strukturierung von Eigenkapitalbeteiligungen erfolgt über den Private Equity Zyklus. Der Investitionsvorgang wird in die Phasen Investitionsauswahl, Beteiligungsbetreuung und Exit untergliedert.

Frage	Antwortbereich	Bewertungsskala
1. Sollen die Ergebnisse der Erhebung zur Verfügung gestellt werden?	Ja/Nein	

Frage	Antwortbereich	Bewertungsskala
2. Sind Sie direkt am Eigenkapitalinvestitionsprozess beteiligt?	Ja/Nein	

Frage	Antwortbereich	Bewertungsskala
3. Wie lange setzten Sie sich bereits mit PPP auseinander?	< 1 Jahr	
	1 bis 3 Jahre	
	3 bis 5 Jahre	
	5 bis 7 Jahre	
	7 bis 10 Jahre	
	Länger als 10 Jahre	

Frage	Antwortbereich	Bewertungsskala
4. Wie beurteilen Sie die Attraktivität der verschiedenen PPP-Hochbausegmente für Eigenkapitalinvestoren?	Öffentliche Verwaltung	1 (schlecht) -
	JVA/Sicherheit	6 (gut)
	Bildung	
	Gesundheit/Alter	
	Sport/Unterhaltung	

Frage	Antwortbereich	Bewertungsskala
5. Wie beurteilen Sie die Attraktivität von PPP-Projekten für Eigenkapitalinvestoren?	Primärmarkt: Bauphase	1 (schlecht) -
	Sekundärmarkt: Betriebsphase - Erwerbermodell (Eigentum an Immobilie während der Laufzeit: SPV; Vertragsende: Rückfall an die öffentliche Hand (öH))	6 (gut)
	Sekundärmarkt: Betriebsphase - Inhabermodell (Eigentum an Immobilie verbleibt bei der öH)	
	Sekundärmarkt: Betriebsphase - Leasingmodell (Eigentum an Immobilie während der Laufzeit: SPV, Vertragsende: Rückkaufoption für die öH)	
	Sekundärmarkt: Betriebsphase - Mietmodell (Eigentum geht permanent auf das SPV über)	
	Sekundärmarkt: Betriebsphase – Projekte mit Auslastungsrisiko	
	Sekundärmarkt: Betriebsphase – Projekte ohne Auslastungsrisiko	

Frage	Antwortbereich	Bewertungsskala
6. Wie beurteilen Sie mittelfristig das Verhältnis zwischen dem Volumen des potentiellen Eigenkapitals und den vorhandenen PPP-	Investitionsvolumen des potentiellen Eigenkapitals	1 (niedrig) -
	PPP-Projektvolumen	6 (hoch)

Frage	Antwortbereich	Bewertungsskala
7. Wie beurteilen Sie die Bedeutung der folgenden Aspekte für Risikobeteiligungen an PPP-Projekten der Reihenfolge nach? (1 → wichtigster Aspekt)	Cash Flow-Risiko-Profil	1 (wichtigster Aspekt) -
	Volumen des Projektes	6 (unwichtigster Aspekt)
	Investitionsvehikel des Finanzintermediärs	
	PPP-Vertragsmodell	
	Hochbausegment	
	Zins- und Kapitalmarktentwicklung	

Frage	Antwortbereich	Bewertungsskala
8. Welche Kennzahlen halten Sie für die Performancemessung von Eigenkapitalinvestitionen am geeignetsten?	ROI	
	ROE	
	ROA	
	RoRaC	
	RoRoC	
	IRR	
	NPV	
	Sonstige	

Frage	Antwortbereich	Bewertungsskala
9. Welche Kennzahlen halten Sie für die Unternehmensbewertung am geeignetsten?	Equity Ansatz	
	Entity Ansatz	
	APV	

Frage	Antwortbereich	Bewertungsskala
10. Finden Projektfinanzierungskennzahlen bei der Bewertung von PPP-Investitionsalternativen Anwendung? Wenn ja, welche?	ICR	
	DSCR	
	LLCR	
	PLCR	
	Finden keine Anwendung	
	Andere, und zwar …	

Frage	Antwortbereich	Bewertungsskala
11. Wie wichtig sind die folgenden Unternehmensspezifika der Projektgesellschaft (SPV) bzw. der integrierten Unternehmen (Bank, BU) für PPP-Investitionen?	SPV: Finanzlage und Kapitalstrukur	1 (unwichtig) – 6 (wichtig)
	SPV: Ertragskraft	
	SPV: Marktposition	
	SPV: Qualität des Managements	
	Unternehmen: Finanzlage und Kapitalstruktur	
	Unternehmen: Ertragskraft	
	Unternehmen: Marktposition	
	Unternehmen: Qualität des Managements	
	Unternehmen: Track Record	
	Bestehen weitere, wenn ja, welche?	

Frage	Antwortbereich	Bewertungsskala
12. Wie wichtig sind die folgenden Ausgestaltungen der Zahlungsmechanismen des PPP-Vertrages für Finanzintermediäre? (Bonus-Malus-Zahlungen umfassen ausschließlich Mehr- und Minderzahlungen, keine Nichterfüllung)	Anreizbildendes Bonus-Malus-System	1 (unwichtig) –
	Bonus-Malus-System zur Regulierung eines qualitätsabhängigen Entgeltes	6 (wichtig)
	Begrenzung der Kürzungsmöglichkeiten des Entgeltes durch die öffentliche Hand	

Frage	Antwortbereich	Bewertungsskala
13. In welchem Umfang ist eine Übertragung der folgenden Risiken auf den Finanzintermediär sinnvoll, um eine effiziente Risikoallokation zu erreichen?	Grundstücks- und Bestandsrisiko	Keine Übertragung/ Gering (<25%)/ Mittel (25% - 75%)/ Hoch (>75%)
	Planungsrisiko	
	Baurisiko	
	Betriebsrisiko	
	Finanzierungsrisiko	
	Markt- und Auslastungsrisiko	
	Rechtsprechungsrisiko	
	Force Majeur	
	Restwertrisiko	
	Bestehen weitere Risiken, wenn ja, welche?	
	Welche der genannten Risiken haben den stärksten Einfluss?	
	Welche der genannten Risiken haben den zweitstärksten Einfluss?	

Frage	Antwortbereich	Bewertungsskala
14. Wie wird die Rendite in den einzelnen Phasen erwirtschaftet?	Planung und Bau	Wertsteigerung/ Ausschüttung
	Betrieb 1	
	Betrieb 2	

Frage	Antwortbereich	Bewertungsskala
15. Welche Renditebandbreite erwarten Sie für die folgenden Projekte in den jeweiligen Phasen?	Planung und Bau: mit Auslastung	
	Betrieb 1: mit Auslastungsrisiko	
	Betrieb 2: mit Auslastungsrisiko	
	Planung und Bau: ohne Auslastungsrisiko	
	Betrieb 1: ohne Auslastungsrisiko	
	Betrieb 2: ohne Auslastungsrisiko	
	Planung und Bau: mit Restwertrisiko	
	Betrieb 1: mit Restwertrisiko	
	Betrieb 2: mit Restwertrisiko	
	Planung und Bau: ohne Restwertrisiko	
	Betrieb 1: ohne Restwertrisiko	
	Betrieb 2: ohne Restwertrisiko	

Frage	Antwortbereich	Bewertungsskala
16. Wie beurteilen Sie die erwartete Performance von PPP-Projekten in %?	Outperformance	Konstantenumfrage
	Marketperformance	
	Underperformance	

Frage	Antwortbereich	Bewertungsskala
17. Welche Investitionsmotive bestehen für PPP-Investitionen?	Kurzfristig spekulativ	
	Mittelfristige Wertsteigerung aufgrund aktiver Einflussnahme	
	Langfristig stablie Cash Flows	
	Diversifikationspotential	
	Nicht-renditeorientierte	
	Sonstige	

Frage	Antwortbereich	Bewertungsskala
18. Wie beurteilen Sie die folgenden Kriterien der Reihenfolge nach bei der Due Diligence? (1 → wichtigster Aspekt)	Finanzwirtschaftliche Kennzahlen	1 (wichtigster Aspekt) - 6 (unwichtigster Aspekt)
	Unternehmensspezifika	
	Markteinschätzung	
	Steuerliche Due Diligence	
	Technische Due Diligence	
	Human Resource Due Diligence	

Frage	Antwortbereich	Bewertungsskala
19. Wie hoch schätzen Sie die Kosten der Due Diligence von PPP-Projekten?	< 100.000€	
	100.000€ - 150.000€	
	150.000€ - 200.000€	
	250.000€ - 300.000€	
	300.000€ - 350.000€	
	>350.000€	

Frage	Antwortbereich	Bewertungsskala
20. Wie beurteilen Sie den Nutzen der folgenden Beratungsleistungen durch Finanzintermediäre für PPP-SPVs?	Optimierungspotential von PPP-SPVs durch Finanzintermediäre	1 (niedrig) - 6 (hoch)
	Finanzielle Beratung	
	Kompetenter Diskussionspartner	
	Netzvermittler	
	Beratung Unternehmensstrategie	
	Beratung Marketing	
	Beratung bei der Auswahl von Lieferanten und Nachunternehmern	
	Beratung bei der Personalentwicklung	
	Einfluss der Beratungsleistungen auf die Rendite	
	Einfluss von Refinanzierungsmaßnahmen auf die Rendite	

Frage	Antwortbereich	Bewertungsskala
21. Welche Mindesteigenkapitalquote ist in den jeweiligen PPP-Projekten notwendig?	Planung und Bau mit Auslastungsrisiko	>5%/ 5% - 7,5%/ 7,5% - 10%/
	Planung und Bau ohne Auslastungsrisiko	10% - 12,5%/
	Betriebsphase mit Auslastungsrisiko	12,5% - 15%/
	Betriebsphase ohne Auslastungsrisiko	15% - 17,5%
	Betriebsphase mit Restwertrisiko	17,5% - 20%
	Betriebsphase ohne Restwertrisiko	>20%

Frage	Antwortbereich	Bewertungsskala
22. In welchem Ausmaß besteht das Potential für Refinanzierungsmaßnahmen in den verschiedenen Lebenszyklusphasen des SPVs?	Planung und Bau	1 (niedrig) - 6 (hoch)
	Betrieb 1	
	Betrieb 2	

Frage	Antwortbereich	Bewertungsskala
23. Fragen zur Eignung von PPP-Investitionen für Minderheits- und Mehrheitsgesellschafter	Wie beurteilen Sie die Eignung von PPP-Projekten für Mehrheitsgesellschafter?	1 (schlecht) - 6 (gut)
	In welchem Ausmaß braucht ein Mehrheitsgesellschafter technisches Know-how und Branchen-Know-how?	
	Wie beurteilen Sie die Eignung von PPP-Projekten für Minderheitsgesellschafter?	
	In welchem Ausmaß braucht ein Minderheitsgesellschafter technisches Know-how und Branchen-Know-how?	

Frage	Antwortbereich	Bewertungsskala
24. Welches Mindestinvestitionsvolumen ist für Mehr- und Minderheitsgesellschafter notwendig?	Minderheitsgesellschafter	<2 Jahre/ 2 – 4 Jahre/ 4 – 6 Jahre/ 6 – 8 Jahre/ 8 – 10 Jahre/
	Mehrheitsgesellschafter	>10 Jahre

Frage	Antwortbereich	Bewertungsskala
25. Wie lange schätzen Sie die geplante Investitionsdauer der verschiedenen Finanzintermediäregruppen ein?	Minderheitsgesellschafter	
	Mehrheitsgesellschafter	

Frage	Antwortbereich	Bewertungsskala
26. Wer soll aus Perspektive der Finanzintermediäre das verbleibende Eigenkapital halten?	Minderheitsgesellschafter	Operative Projektbeteiligte/ Öffentliche Hand/ Andere Finanzintermediäre/
	Mehrheitsgesellschafter	Sonstige

Frage	Antwortbereich	Bewertungsskala
27. Wie beurteilen Sie den Sekundärmarkt für PPP-Investitionen?	Wie wichtig ist das Bestehen eines Sekundärmarktes für PPP-Investitionen?	1 (unwichtig) – 6 (wichtig)
	Wie beurteilen Sie das künftige (mittelfristige) Exitpotential von PPP-Projekten nach der Planungs- und Bauphase?	
	Wie beurteilen Sie das künftige (mittelfristige) Exitpotential von PPP-Projekten nach der ersten, risikobehafteten Betriebsphase?	
	Wie beurteilen Sie das künftige (mittelfristige) Exitpotential von PPP-Projekten in der Betriebsphase mit stabilen Cash Flows?	

FSC
www.fsc.org
MIX
Papier | Fördert
gute Waldnutzung
FSC® C083411

Kolibri 360 GmbH
Ferdinand-Jühlke-Straße 7
99095 Erfurt, Deutschland
produktsicherheit@kolibri360.de